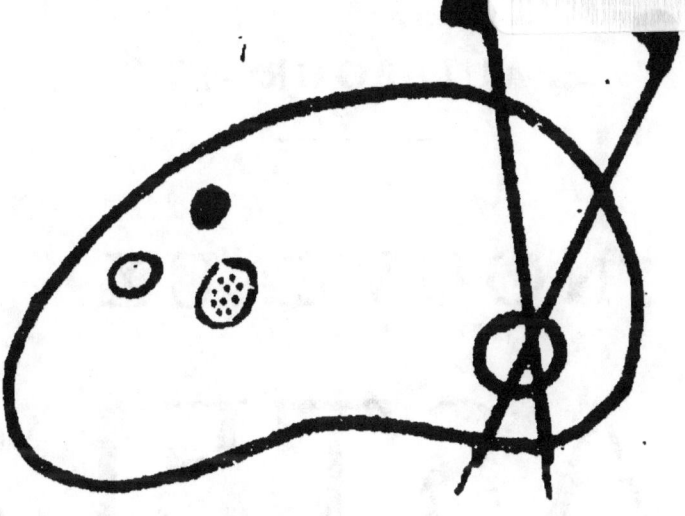

Couvertures supérieure et inférieure
en couleur

PAUL BOURGET

NOUVEAUX
PASTELS

(DIX PORTRAITS D'HOMMES)

PARIS
ALPHONSE LEMERRE, ÉDITEUR
23-31, PASSAGE CHOISEUL, 23-31

M DCCC XCI

A LA MÊME LIBRAIRIE

OEUVRES
DE
Paul Bourget

Édition elzévirienne

Poésies (1872-1876). *Au bord de la Mer.* — *La Vie inquiète. Petits Poèmes.* 1 vol. . . . . 6 f. »
Poésies (1876-1882). *Edel.* — *Les Aveux.* 1 vol. . . . 6 »
L'Irréparable. — *L'Irréparable.* — *Deuxième Amour.* — *Profils perdus.* 1 vol. . . . . 6 »
Cruelle Énigme. 1 vol. . . . . 6 »

Édition in-18
CRITIQUE

Essais de Psychologie contemporaine. (*Baudelaire.* — *M. Renan.* — *Flaubert.* — *M. Taine.* — *Stendhal.*) 1 vol. 3 50
Nouveaux Essais de Psychologie contemporaine. — (*M. Dumas fils.* — *M. Leconte de Lisle.* — *MM. de Goncourt.* — *Tourguéniev.* — *Amiel.*) 1 vol. . . . 3 50
Études et Portraits. (*I. Portraits d'écrivains.* — *II. Notes d'esthétique.* — *III. Études Anglaises.* — *IV. Fantaisies.*) 2 vol. . . . . 7 »

ROMAN

L'Irréparable. — *L'Irréparable.* — *Deuxième Amour.* — *Profils perdus.* 1 vol. 3 50
Pastels (*Dix portraits de femmes*). 1 vol. 3 50
Nouveaux Pastels (*Dix portraits d'hommes*) 3 50
Cruelle Énigme. 1 vol. 3 50
Un Crime d'amour. 1 vol. 3 50
André Cornélis. 1 vol. 3 50
Mensonges. 1 vol. 3 50
Le Disciple. 1 vol. 3 50
Un Cœur de femme. 1 vol. 3 50
Physiologie de l'Amour moderne. 1 vol. 3 50

EN PRÉPARATION

Une Idylle tragique, roman. 1 vol. 3 50

Paris. — Imp. A. Lemerre, 25, rue des Grands-Augustins.

NOUVEAUX PASTELS

ŒUVRES
DE
Paul Bourget

Édition elzévirienne

Poésies (1872-1876). *Au bord de la Mer.* — *La Vie inquiète. Petits Poèmes.* 1 vol.	6 f. »
Poésies (1876-1882). *Edel.* — *Les Aveux.* 1 vol.	6 »
L'Irréparable. — *L'Irréparable.* — *Deuxième Amour.* — *Profils perdus.* 1 vol.	6 »
Cruelle Énigme. 1 vol.	6 »

Édition in-18

CRITIQUE

Essais de Psychologie contemporaine. (*Baudelaire.* — *M. Renan.* — *Flaubert.* — *M. Taine.* — *Stendhal.*) 1 vol.	3 50
Nouveaux Essais de Psychologie contemporaine. — (*M. Dumas fils.* — *M. Leconte de Lisle.* — *MM. de Goncourt.* — *Tourguéniev.* — *Amiel.*) 1 vol.	3 50
Études et Portraits. (I. *Portraits d'écrivains.* — II. *Notes d'esthétique.* — III. *Études Anglaises.* — IV. *Fantaisies.*) 2 vol.	7 »

ROMAN

L'Irréparable. — *L'Irréparable.* — *Deuxième Amour.* — *Profils perdus.* 1 vol.	3 50
Pastels (*Dix portraits de femmes*). 1 vol.	3 50
Nouveaux Pastels (*Dix portraits d'hommes*)	3 50
Cruelle Énigme. 1 vol.	3 50
Un Crime d'amour. 1 vol.	3 50
André Cornélis. 1 vol.	3 50
Mensonges. 1 vol.	3 50
Le Disciple. 1 vol.	3 50
Un Cœur de femme. 1 vol.	3 50
Physiologie de l'Amour moderne. 1 vol.	3 50

EN PRÉPARATION

Une Idylle tragique, roman. 1 vol.	3 50

Tous droits réservés.

PAUL BOURGET

NOUVEAUX PASTELS

(DIX PORTRAITS D'HOMMES)

PARIS

ALPHONSE LEMERRE, ÉDITEUR

23-31, PASSAGE CHOISEUL, 23-31

M DCCC XCI

I

Un Saint

A MADAME GEORGE S. R. T.

UN SAINT

JE me trouvais, au mois d'octobre 188., voyager en Italie, sans autre but que de tromper quelques semaines en revoyant à mon aise plusieurs des chefs-d'œuvre que je préfère. Ce plaisir de la seconde impression a toujours été, chez moi, plus vif que celui de la première, sans doute parce que j'ai toujours senti la beauté des arts en littérateur, autant dire en homme qui demande d'abord à un tableau ou à une statue d'être un prétexte à *pensée*. C'est là une raison peu esthétique, et dont tout peintre, véritablement peintre, sourirait. Elle seule cependant m'avait amené, dans le mois d'octobre dont je parle, à passer plusieurs jours à Pise. J'y voulais revivre à loisir avec le rêve de Benozzo Gozzoli et d'Orcagna. — Entre parenthèses, et pour ne point paraître trop ignorant aux connaisseurs en histoire de la peinture, j'appelle de ce nom d'Orcagna l'auteur du *Triomphe de la Mort* au *Campo Santo* de cette vieille Pise, en sachant très bien que la critique moderne discute à ce maître la paternité de ce travail. Mais pour moi et pour tous ceux qui gardent dans leur mémoire les admirables vers du *Pianto* sur cette fresque tragique, Orcagna en est, il en restera le seul auteur. — Et puis Benozzo n'a pas perdu, devant cette douteuse et fatale critique de catalogues, son titre à la décoration du mur de l'Ouest dans ce cimetière. Mon Dieu! que j'aurai éprouvé, dans ce petit coin du monde, des sensations intenses, à me souvenir que Byron et Shelley ont habité la vieille cité toscane; que mon cher maître, M. Taine, a décrit la place avoisinante dans sa page la plus éloquente; que ce grand lyrique du *Pianto* est venu ici; enfin que Benozzo Gozzoli, le laborieux ouvrier de poésie peinte, repose enseveli au pied de ce mur où s'effacent doucement ses fresques.

J'ai vu, dans cet enclos du *Campo Santo* pisan, et sur cette terre rapportée de Palestine en des siècles pieux, le printemps nouveau faire s'épanouir des narcisses si pâles au pied des noirs cyprès; j'ai vu des hivers y semer des flocons si légers d'une neige aussitôt dissoute; j'ai vu le ciel torride d'un été italien peser sur cet enclos sans ombre d'un poids si dur!... Et je n'en suis pas blasé puisque j'y revenais cette automne-là sans m'attendre au drame moral auquel cette visite devait m'associer sinon comme acteur, du moins comme spectateur très ému, et presque malgré moi.

Le premier épisode de ce drame fut, comme celui de beaucoup d'autres, un incident assez vulgaire et que je rapporte pourtant avec plaisir, quoiqu'il ne tienne au reste de l'histoire que par un lien très frêle. Mais il évoque pour moi deux figures plaisantes de vieilles filles anglaises. Au cours de mes visites au Campo Santo, j'avais remarqué ce couple qui, par son étrange laideur et par la singularité utilitaire du costume, semblait une illustration vivante et caricaturale du vers si touchant d'un poète à une morte:

Tu n'as plus de sexe ni d'âge...

La plus rousse des deux, — à la rigueur l'autre pouvait passer pour une blonde un peu ardente, — s'acharnait à laver une aquarelle d'après la femme du *Triomphe de la Mort :* celle qui, dans la cavalcade de gauche, se tient de face avec ses yeux candides et sa bouche fine, des yeux et une bouche qui n'ont jamais pu mentir et que l'on n'oublie pas lorsqu'on les a aimés. La pauvre Anglaise ne possédait pas le moindre talent, mais le choix de ce modèle et la conscience de son labeur m'avaient intéressé. Puis, comme ces demoiselles habitaient le même hôtel que moi, j'avais assez indiscrètement cédé à ma curiosité en cherchant leurs noms sur la pancarte destinée aux étrangers. J'y avais vu que l'une des deux s'appelait miss Mary Dobson et l'autre miss Clara Roberts. C'étaient deux filles d'environ cinquante ans, en train d'exécuter cette tournée « abroad, » comme elles disent, que des milliers de leurs courageuses collègues en célibat forcé ou volontaire entreprennent chaque année hors de la Grande Ile. Elles se mettent à deux, à trois, quelquefois à quatre, et les voilà parties seules pour des quinze et des vingt mois, s'installant dans des pensions clandestines dont toute une franc-maçonnerie de voyageuses comme elles se transmet l'adresse, apprenant des langues nouvelles malgré leurs mèches grises, s'appliquant à comprendre les arts avec une héroïque persévérance, traversant les pires milieux avec leur pureté d'anges, et partout elles retrouvent une église anglaise, un cimetière anglais, une pharmacie anglaise, sans compter qu'elles n'ont pas cessé un jour, fût-ce au fond des Calabres ou sur le Nil, de se préparer leur thé à l'anglaise et aux heures où elles étaient habituées de le déguster dans leur salon du Devonshire ou du Kent. J'ai une telle admiration pour l'énergie morale qui se cache derrière les ridicules extérieurs de ces créatures, qu'au cours de mes trop nombreux vagabondages j'ai toujours lié conversation avec elles, ayant d'ailleurs éprouvé que le goût du fait précis qui domine leur race les rend souvent précieuses à consulter. Elles ont toujours vérifié toutes les assertions du guide, et quiconque a erré, un Bædeker à la main, dans une province perdue d'Italie, avouera que ces vérifications-là sont trop utiles. Aussi, le troisième soir de mon séjour à Pise, le départ de quelques convives ayant, à la table d'hôte, rapproché mon couvert de celui des deux vieilles filles, je commençai de leur parler, sûr d'avance qu'elles ne perdraient pas cette occasion de *pratiquer* leur français.

Vous voyez d'ici le décor et la scène, n'est-ce pas ? une pièce d'un ancien palais transformée en salle à manger d'hôtel et plus ou moins meublée à la moderne, un plafond peint de couleurs vives, une longue table avec un petit nombre de couverts, car la saison d'hiver n'est pas commencée. Sur cette table se balancent dans leurs appuis de cuivre des *fiaschi*, de ces délicieuses bouteilles au col long, à la panse garnie d'osier où l'on enferme le vin dit de Chianti. Si la petite montagne de ce nom fournissait de quoi remplir les flacons étiquetés à son enseigne, elle devrait donner une récolte par semaine!... Mais ce faux Chianti est du vrai vin tout de même, dont la saveur un peu âpre sent bien le raisin, et sa chaleur colore les teints des sept à huit personnes échouées à cette table : un couple allemand qui accomplit de ce côté-ci des Alpes le classique voyage de noce; un négociant milanais, avec une figure à la fois sensuelle et chafouine; deux bourgeois liguriens venus en visite dans les environs et qui se sont arrêtés ici pour embrasser un neveu, officier de cavalerie. Il est à table, avec nous, ce neveu, en costume de capitaine, élégant, jovial, et qui parle haut avec l'accent un peu guttural de la Rivière. Ses discours, coupés de grands rires, m'apprennent l'odyssée de ses parents, à laquelle je m'intéresserais davantage si miss Mary Dobson n'avait commencé un récit qui passionne en moi le quattrocentiste, l'amoureux des fresques et des tableaux sur bois d'avant 1500. C'est la plus rousse des deux Anglaises, celle dont le pinceau d'aquarelliste affadissait si gauchement le rude dessin du maître primitif; et, après une longue dissertation sur le problème de savoir si le fameux *Triomphe* doit être attribué à Buonamico Buffalmaco ou à Nardo Daddi, voici qu'elle me demande :

— « Vous êtes allé au couvent du Monte-Chiaro? »

— « Celui qui est entre Pise et Lucques, dans la montagne, de l'autre côté de la Verruca? » lui répondis-je; « mais non. J'ai vu dans le guide qu'il fallait six heures de voiture, et, pour deux malheureuses terres cuites de Luca della Robbia qu'il signale et quelques peintures de l'école de Bologne... »

— « De quand est votre guide? » me demanda sèchement miss Clara.

— « Je ne sais trop, » fis-je un peu interloqué par l'ironie avec laquelle cette bouche aux longues dents m'interrogeait : « J'ai la superstition de garder toujours le même depuis que je suis descendu en Italie pour la première fois. Il y a déjà un peu de temps, c'est vrai... »

— « Voilà qui est bien français..., » reprit miss Clara. Le préraphaélitisme de celle-là, je le compris aussitôt, n'était qu'une forme de sa vanité. Je ne relevai pourtant pas cette épigramme nationale, comme j'eusse pu le faire, du tac au tac, en soulignant simplement la bienveillance par trop britannique de cette remarque. En présence des Anglais de l'espèce agressive, le silence est l'arme véritable et qui les blesse au vif de leur défaut. Ils ont soif et faim de contradiction, par cet instinct de combativité propre à leur sang et qui précipite cette race à toutes les conquêtes comme à tous les prosélytismes. Je subis donc avec la magnanimité d'un sage le regard aigu des yeux bleus de miss Clara, qui défiait en champ clos le peuple entier des Gallo-Romains, d'autant plus que miss Mary continuait :

— « C'est qu'on y a découvert, il y a deux ans, de si belles fresques de votre cher Benozzo, et aussi fraîches, aussi brillantes de coloris que celles de la chapelle Riccardi, à Florence... On savait bien qu'il avait travaillé dans le couvent et qu'il y avait peint, entre autres choses, la légende de saint Thomas. Ce calomniateur de Vasari le raconte. Mais de ce travail que le maître exécuta environ à la même époque que celui de Pise, pas de trace, et voyez le hasard... Le Père Griffi, le vieux bénédictin qui garde le monument depuis que le cloître a été *nationalisé*, ordonne un jour au domestique de nettoyer une toile d'araignée tendue dans l'angle d'une des cellules qui servent aujourd'hui à loger les hôtes... Un morceau de plâtre se détache sous le premier coup de balai donné trop fort. L'abbé demande une échelle. Il grimpe en haut malgré ses soixante-dix ans passés. — Il faut vous dire que ce couvent c'est son amour, sa passion. Il l'a vu peuplé de deux cents moines, et il a accepté cette mission d'y rester comme gardien, lors du décret, avec la certitude qu'il le reverra de même. Sa seule idée est qu'au jour de la rentrée les Pères trouvent l'antique bâtiment sauvé de toute souillure. C'est pour cela qu'il a consenti à cette pénible charge de prendre en pension les touristes de passage. Il a eu peur qu'il ne s'établît une auberge à la porte, comme au Mont-Cassin, et cette auberge à côté de son couvent, avec des Américaines qui auraient dansé au piano le soir, il n'en a pas supporté l'idée !... »

— « Mais quand il fut au haut de l'échelle ?... » dis-je pour couper ce panégyrique de dom Griffi. J'appréhendais qu'il n'aboutît par réaction à quelque attaque d'un protestantisme intolérant, et miss Clara n'y manqua point :

— « Le fait est, » dit-elle en profitant de cette interruption, « que je n'aurais jamais cru, avant de le connaître, qu'on pût être aussi intelligent et aussi actif sous un tel habit. »

— « Quand il fut au haut de l'échelle, » reprit miss Mary, « il gratta avec beaucoup de soin un peu de plâtre encore tout autour. Il put distinguer un front et des yeux, puis une bouche, enfin le visage entier d'un Christ. Tous ces Italiens sont des artistes. Ils ont cela dans leurs veines. L'abbé se rendit compte qu'il y avait une fresque de grande valeur sous ce badigeon de plâtre... »

— « Les moines, » interrompit de nouveau miss Clara, « n'ont rien eu de plus pressé que de passer à la chaux tous les chefs-d'œuvre du XVe siècle ou de remplacer par des ornements de style baroque et des fresques de décadence les décorations des vieux maîtres... »

— « Ils les avaient commandées pourtant, » dis-je, « ces décorations, ce qui prouve que le bon et le mauvais goût ne tiennent aucunement aux convictions que l'on professe... »

— « Naturellement, » reprit la terrible Anglaise, « étant Parisien, vous êtes sceptique... »

— « Laissez-moi finir mon histoire, » fit miss Mary, dont je constatai qu'elle n'était pas simplement préraphaélite; elle était bonne aussi, ce qui, par notre temps de cabotinage esthétique, est plus rare. Elle souffrait visiblement des dispositions trop militantes de sa compagne à mon égard. « Chère miss Roberts, vous discuterez ensuite... Comment donc faire, se demanda le brave abbé, pour débarrasser ce mur de son revêtement de chaux sans endommager la fresque?... Voici le procédé qu'il a employé : coller une serviette sur le plâtre, et la laisser sécher jusqu'à ce que la toile adhère fortement; alors arracher le tout, puis gratter, gratter pouce à pouce... Il lui a fallu des mois, au bon vieil homme, pour découvrir ainsi tout un premier pan du mur où se trouve représenté le saint Thomas justement qui met son doigt dans la plaie du Sauveur, et puis un second où l'on voit l'apôtre reçu en audience par le roi des Indes Gondoforus... »

— « Mais connaissez-vous cette légende? » me demanda brusquement miss Clara. Cette fois je ne lui donnai pas la satisfaction de constater derechef la superficialité française. J'avais lu ce récit, — oh! bien par hasard, dans le livre de Voragine, un jour que j'y cherchais un sujet de conte et pour un journal du boulevard, faut-il l'avouer? — Je m'en souvenais à cause du noble symbolisme qu'il renferme, en même temps que son caractère exotique lui donne un charme de pittoresque. Comme saint Thomas se trouvait à Césarée, Notre-Seigneur lui apparut et lui ordonna de se rendre chez Gondoforus, attendu que ce roi cherchait un architecte afin de se bâtir une demeure plus belle que le palais de l'empereur de Rome. Thomas obéit; il arrive à la cour du prince; il offre ses services; il est agréé. Gondoforus, sur le point de partir pour une guerre lointaine, lui donne une énorme quantité d'or et d'argent destinée à la construction du palais. A son retour, il demande au Saint où en est le travail. Thomas avait distribué aux pauvres tous les trésors qui lui avaient été confiés, jusqu'au dernier sou, et pas une pierre du palais promis n'avait été seulement remuée. Le roi, furieux, fait emprisonner cet étrange architecte et il commence à méditer sur les supplices raffinés qu'il réserve au traître. Mais voici que la même nuit il voit se dresser au pied de son lit le spectre de son frère, mort depuis quatre jours, et qui lui dit : « L'homme que tu veux torturer est un serviteur de Dieu. Les anges m'ont montré une merveilleuse demeure d'or et d'argent et de pierres précieuses qu'il a bâtie pour toi dans le Paradis... » Bouleversé par cette apparition et par ce discours, Gondoforus court se jeter aux pieds du prisonnier, qui le relève en lui répondant : « Ne savais-tu donc pas, ô roi, que les seules maisons qui durent sont celles qu'élèvent pour nous au ciel notre Foi et notre Charité ?... »

— « Il est certain, » dis-je après avoir rappelé cette légende non sans une complaisance maligne, « que c'est là un sujet très intéressant pour un peintre épris, comme Benozzo, des somptueux costumes, des architectures compliquées, des paysages aux flores démesurées, des animaux chimériques... »

— « Ah ! » s'écria miss Dobson en repoussant dans son exaltation le plat de figues noires et vertes que lui offrait le garçon, un drôle à la joue raide d'une barbe de six jours et dont l'habit noir râpé s'ouvrait sur d'étonnants boutons de corail rose piqués dans un plastron de chemise élimé. « Vous ne vous imaginez pas la magnificence du Gondoforus, une espèce de Maure, avec une robe de soie verte relevée d'or et en relief, avec des bottes jaunes garnies d'éperons qui sont en or aussi; et un coloris fluide et d'une fraîcheur!... Pensez donc, ce badigeon de plâtre a dû être appliqué sur ce mur vers la fin du xvie siècle. Pas une dégradation, pas une retouche. Et il reste dans cette cellule, qui fut, paraît-il, l'oratoire des évêques en visite, un grand mur à découvrir et le dessus d'une fenêtre... »

Nous en étions là de notre entretien et je demandais à miss Mary quelques détails sur les moyens de communication entre Pise et ce couvent, — il m'attirait déjà à n'y pas résister par cette révélation sur ces œuvres inédites de mon peintre favori, — quand la porte s'ouvrit et donna passage à un couple sans doute déjà connu des deux Anglaises, car je vis miss Mary rougir et baisser les yeux, tandis que miss Clara disait en anglais à son amie :

— « Mais c'est ce Français et cette femme que nous avons rencontrés à Florence à la trattoria. Comment un hôtel respectable reçoit-il des personnes pareilles ?... »

Je regardai à mon tour et je vis en effet s'asseoir à une des petites tables placées à côté de la grande un ménage dont l'irrégularité était trop flagrante pour que je pusse accuser de calomnie ma redoutable voisine. Nier la nationalité du jeune homme m'était également impossible. Il pouvait avoir vingt-cinq ans, mais ses traits tirés, son teint pâle, ses épaules maigriotes et la nervosité visible de tout son être, lui donnaient une physionomie un peu vieillotte, que corrigeaient deux yeux noirs très vifs et très beaux. Il était vêtu avec une demi-élégance qui sentait à la fois la prétention et un rien de bohémianisme. Comment? Je ne saurais pas rendre cette nuance avec des mots, pas plus que je ne saurais expliquer le caractère général qui faisait de cet inconnu un type exclusivement, inévitablement français. C'est une coupe d'habit et c'est un geste, c'est une manière de s'asseoir à table et de prendre la carte pour commander, et vous savez que vous avez à deux pas de vous un compatriote. J'aurai le courage de l'avouer, dussé-je blesser ce qu'un humoriste appelle plaisamment le patriotisme d'antichambre: une telle rencontre doit plutôt effrayer que charmer. Il semble que le Français en voyage mette au dehors ses pires défauts, comme l'Anglais et l'Allemand, d'ailleurs. Seulement, ceux de l'Anglais me sont indifférents, ceux de l'Allemand me divertissent, et ceux du Français me font souffrir, parce que je sais combien ils calomnient notre cher et brave pays. Je n'ai jamais entendu dans un café d'Italie un Parisien de passage parler haut et « blaguer » la ville où il se trouvait et celle d'où il venait, avec des phrases malicieusement dépréciantes, sans songer qu'il y a autour du causeur vingt oreilles à comprendre ses plaisanteries, — ou du moins la lettre de ces plaisanteries. Car cinq étrangers sur dix savent notre langue, et combien savent son esprit, je veux dire l'innocence foncière de sa moquerie ? Un sur cent peut-être. Que d'absurdes malentendus nationaux s'entretiennent et s'enveniment de la sorte par ces inconsidérés bavardages en public, comme par des articles griffonnés, sans mauvaise intention, dans un coin de bureau de journal, pour faire de la *copie?* Mon inconnu appartenait, heureusement pour mes nerfs, à l'espèce qui existe aussi, grâce au ciel, des Français silencieux. D'ailleurs sa compagne de ce soir-là absorbait son attention d'une manière qui justifiait presque la violente sortie de miss Roberts. Elle pouvait, cette amie mystérieuse, avoir près de trente-cinq ans, et s'il était, lui, par tout son aspect, un Français de la classe bourgeoise, elle était, elle, Italienne, de sa petite tête à ses petits pieds, depuis son visage un peu trop marqué jusqu'aux fanfreluches de sa robe, et depuis l'extrémité de son bras chargé de bracelets jusqu'à la pointe de son soulier au talon un peu haut. Ses yeux très noirs traduisaient, de leur côté, en regardant le jeune homme, une passion qui ne devait pas être jouée. Ni l'un ni l'autre ne paraissait se douter qu'ils pussent être l'objet d'une observation quelconque, et, bien qu'un je ne sais quoi lui donnât, à lui, une vague expression de sournoiserie et de défiance, cet air d'un sentiment partagé me les rendit du coup assez sympathiques pour que j'entreprisse de les défendre contre miss Roberts qui insistait :

— « Avec cela qu'elle a au moins vingt ans de plus que lui... »

— « Mettons en dix, » interrompis-je en riant; « elle est très jolie... »

— « Chez nous, jamais un *gentleman* ne s'afficherait ainsi avec une créature qui est aussi peu une *lady*... »

Je lui sus gré d'avoir prononcé cette phrase en anglais, que mon jeune compatriote ne comprenait peut-être pas, d'autant qu'elle l'avait lancée d'une voix très claire. Je ne pus cependant m'empêcher de lui répondre dans le même idiome, un peu par vanité, j'en conviens.

— « Mais comment savez-vous que ce n'est pas une lady ?... »

— « Comment je le sais ? » Ah ! ma petite vanité de lui prouver que je parlais sa langue, j'en fus puni aussitôt, car elle rectifia ironiquement ma prononciation en répétant mes propres termes : « Mais regardez-la manger... »

Je suis obligé de confesser qu'en ce moment-là ces deux exemplaires de la race latine offraient un spectacle qui ne réalisait aucun des préceptes enseignés par les gouvernantes d'outre-Manche. En attendant que le potage fût servi, il avait attaqué, lui, le flacon de Chianti et le pain posé sur la table. Il s'amusait à tremper son pain dans son vin, tandis qu'elle, elle suçait à même un morceau de citron pris dans une des assiettes du couvert ! Le contraste entre la fille d'Albion, — comme on disait dans les romans de 1830, — et ces enfants de la nature était un peu trop fort. J'eus peur de mon rire, et, comme le dîner était achevé, je quittai la table en même temps que les Allemands, le Milanais, les parents de l'officier et l'officier lui-même. Je pensais que mes deux voisines auraient tôt fait de partir après moi, ce qui ne manqua point, et de laisser les deux amoureux en tête-à-tête sous la protection indulgente du « camérier » aux boutons de corail. Peut-être eus-je quelque mérite à ce départ un peu précipité, car j'avais flairé un petit roman dans la rencontre paradoxale de ce jeune Français et de cette Italienne. Mais je mourrai avant d'avoir pu pratiquer sans remords ce rôle d'espion que les écrivains modernes appellent la recherche du document, et dont ils se vantent comme d'une vertu professionnelle !

J'avais donc à peu près oublié ces deux convives plus ou moins morganatiques, pour ne penser qu'aux fresques découvertes par dom Griffi et au moyen d'aller au couvent de Monte-Chiaro. J'étais dans le bureau de l'hôtel à discuter ce petit voyage avec le secrétaire, un ex-garibaldien si fier d'avoir porté la blouse rouge des Mille qu'il en demeurait hébété de révolutionnarisme outrancier, tout en s'occupant avec la plus recommandable activité de l'eau chaude à envoyer au « 6 » ou du thé commandé au « 11. »

— « On est trop indulgent pour ces conspirateurs, » disait-il en me parlant des pauvres moines, au lieu de me répondre sur le chemin à suivre, le véhicule à prendre et le prix à offrir. Mes amies les Anglaises avaient, elles, profité d'une diligence, puis fait une partie de la route à pied. Je finis cependant par arracher au cavalier Dante Annibale Cornacchini, — ainsi s'appelait cet ancien compagnon du héros, — la promesse qu'un cocher de son choix m'attendrait avec une voiture légère, pour le *tocco*. Quelle jolie expression que celle-là et digne de ce peuple, tout de sensation! Cela veut dire un coup de marteau et aussi une heure après midi, l'heure d'un seul coup de sonnerie dans l'horloge! Quel fut mon étonnement, lorsque je quittai le bureau où la statuette bronzée du général en blouse et celle de Mazzini en redingote trônaient sous des annonces d'hôtels, et que je me trouvai en face du jeune homme de la veille. Il paraissait m'attendre et il m'aborda, non sans grâce. D'ailleurs quel écrivain ne serait indulgent à la démarche d'un inconnu qui lui débite une phrase dans le goût de celle-ci :

— « Monsieur, j'ai vu votre nom sur la liste

des étrangers, et comme j'ai lu tous vos ouvrages, je me permets?... »

Il suffit d'être entré dans la publicité à un titre quelconque pour savoir le peu que valent ces compliments. Mais l'enfantine vanité de l'homme de lettres est telle qu'il s'y laisse toujours prendre, et l'on fait comme je fis; car, après m'être bien juré de ne pas gâter ma sensation de la chère et morne Pise par des causeries oisives et des connaissances nouvelles, j'étais dix minutes plus tard à me promener le long du quai avec ce jeune homme; une demi-heure plus tard j'errais, encore avec lui, sous les voûtes du Campo Santo; à une heure je l'avais décidé à m'accompagner jusqu'au couvent, et nous montions ensemble dans la *carrozzella* à un cheval qui devait nous conduire au Monte-Chiaro. — Cette soudaine intimité de voyage s'était organisée sans que j'eusse l'excuse de me rapprocher au moins de la jolie et naturelle Italienne qui dînait avec lui la veille. Un de ses premiers soins avait été, bien entendu, de m'en parler. J'appris ainsi que cette inconnue aux traits si expressifs, à la pâleur si passionnée, aux gestes presque populaires, était une actrice d'une troupe en tournée à Florence, qu'elle avait dû repartir le matin pour jouer la comédie ce soir même, et qu'il n'avait pu la suivre. Il ne m'en donna pas la raison. Je la devinai par tout le reste de son histoire qu'il me raconta dès la première demi-heure. Même sans l'attrait romanesque de cette petite aventure, le personnage m'eût assez vivement saisi comme le type très nettement dessiné de toute une classe de jeunes gens que je crois pourtant connaître assez bien. Mais on ne fréquente jamais trop les représentants de la génération qui vient. Comment leur être secourable, ce qui est notre devoir à nous tous qui tenons une plume, sans causer avec eux, et beaucoup? Hélas! ce n'est pas des impressions de cet ordre que j'étais venu chercher sur le bord du glauque et mélancolique Arno. Devrai-je donc retrouver ainsi un peu de ce que j'aime le moins dans Paris, toujours et partout, sans pouvoir me retenir de m'y intéresser comme si je l'aimais, et ma curiosité de l'âme humaine ne cessera-t-elle jamais d'être plus forte que mes sages projets d'existence tout idéale parmi les belles œuvres d'art?

Ce jeune homme s'appelait simplement du nom peu aristocratique de Philippe Dubois. Il était le quatrième fils d'un universitaire assez haut placé, mais peu fortuné. Après des études brillantes dans son lycée de province, il était venu à Paris, comme boursier, d'abord de licence, puis d'agrégation. Il avait passé ses deux examens, et la protection d'un des amis de son père lui avait fait obtenir une mission en Italie, en vue de recherches archéologiques. Cette mission était terminée du mois présent, et il rentrait en France. J'ai trop vécu durant ma jeunesse dans un milieu analogue à celui-là pour ne pas m'être rendu aussitôt compte de ce que les conditions faites par sa famille à Philippe devaient représenter de médiocrité serrée. Il devait ne lui rester que juste assez d'argent pour son retour. Voilà pourquoi l'actrice était partie sans qu'il la suivît. En résumant ici l'ensemble de ces confidences je reconnais, une fois de plus, combien les faits extérieurs ne sont rien et comme tout réside dans l'âme qui en ressent le contre-coup. Elle prend déjà une physionomie de jolie idylle sentimentale, n'est-ce pas? cette aventure survenue entre un jeune savant, épris de ce monde antique où tout n'est que beauté, et une bonne fille d'artiste passionnée et désintéressée. Il a fallu se quitter. On a beaucoup pleuré. Puis on a accepté d'aller chacun où la destinée vous appelle. C'est tout le romanesque du caprice, cela, et toute sa poésie. Je n'eus pas de peine à constater que Philippe Dubois n'éprouvait aucune des émotions tristes et touchantes que comportait son petit roman. Il n'y avait pas la moindre nuance de tendresse dans les phrases par lesquelles il m'initiait à cette facile intrigue. Il ne laissait transparaître que la vanité d'avoir été aimé par une femme que j'ai su depuis être assez en vue. Mais quoi ! S'il eût été l'amoureux naïf qu'il aurait dû être, aurait-il captivé mon attention, comme il fit, lorsque je découvris que toute cette existence de studieuse jeunesse n'avait été qu'un décor, de même que cette amourette n'était pour lui qu'un accident ? Ce qui constituait le fond même de l'être chez ce garçon, c'était l'une des plus violentes ambitions littéraires que j'aie rencontrées depuis que je fréquente des débutants, et une ambition d'autant plus âpre que son orgueil, joint à une certaine timidité farouche, l'avait jusqu'alors empêché précisément de débuter. A travers les quatre ou cinq années d'arides études qui le séparaient de sa sortie du collège, il avait ainsi cultivé en lui le *monstre littéraire* dans toute la candeur cruelle que cette maladie représente. Il y avait en lui, distinctement, deux personnes : l'une officielle et soumise, le fils de l'universitaire, en mission ;

l'autre, le romancier et le poète inédit, avec toutes les âpretés de rancune précoce que suppose la vocation comprimée. Cette dualité attestait une nature volontaire, mieux encore, supérieure par la souplesse et par la puissance de se dominer soi-même. Mais cette âcreté décelait en même temps une âme sans amour, et qui rêvait surtout, dans la carrière d'écrivain, les satisfactions brutales de la renommée et de l'argent.

— « Vous comprenez bien, » me disait-il après m'avoir détaillé plusieurs scènes de ses relations avec la pauvre actrice, où il jouait un rôle suffisamment Juanesque pour se complaire à ce souvenir, « vous comprenez bien que je n'ai pas laissé perdre ces émotions-là... J'ai presque fini un petit volume de vers que je vous montrerai... Ah! Ce que j'en ai assez des tombeaux étrusques, des inscriptions grecques et de ce travail de cuistre auquel je n'ai consenti que pour avoir un gagne-pain... Mais, aussitôt docteur, je demande un congé et je débute. J'ai dans la tête une série d'articles... J'en ai envoyé déjà quelques-uns à plusieurs journaux, signés d'un pseudonyme... Ils n'ont pas paru... Je sais, ce sont des envieux qui les lisent... »

— « Il faut excuser les malheureux directeurs

de n'avoir pas le temps de tout examiner eux-mêmes, » lui dis-je. « Ils ont des engagements pris, et puis il faut bien admettre les situations acquises, les talents connus... »

— « Parlons-en, » fit-il en riant avec un rire amer, où j'achevai de reconnaître la colère sourde de l'écrivain inédit, déjà empoisonné par l'envie, avant même de s'être mesuré à ses rivaux ; et il commença de me prendre un par un les écrivains les plus en renom de l'heure actuelle. Celui-ci n'était qu'un anecdotier sans pensée ; celui-là qu'un imagier d'Épinal pour ouvriers ; cet autre un Paul de Kock modernisé ; ce quatrième un intrigant de salon, habile à sucrer Stendhal et Balzac pour l'estomac affadi des femmes du monde... A tous il accolait de ces basses anecdotes comme il s'en colporte par milliers à Paris, dans ce petit monde enfantinement cruel des débutants littéraires. Je le laissais aller avec une profonde tristesse ; non que j'attache une importance extrême à ces sévérités des nouveaux venus pour leurs aînés, dont je suis déjà. Elles ont existé de tout temps et elles ont leur valeur bienfaisante : c'est le sarcasme de Méphistophélès qui contraint Faust à travailler. Mais je devinais sous cette espèce de dureté par laquelle il s'imaginait peut-être me plaire, en critiquant mes confrères, — le pauvre enfant! — une souffrance réelle. J'y retrouvais surtout cette excessive fureur d'orgueil prématuré propre à notre âge, — j'entends dans le monde de ceux qui pensent. Car autrefois la dureté des ambitions était pareille, seulement elle sévissait moins chez les lettrés. Aujourd'hui que l'universel nivellement donne à l'artiste connu une situation plus brillante, au moins en apparence, les lettres apparaissent à beaucoup comme une chance de fortune rapide. Ils les abordent donc, comme d'autres entrent à la Bourse, exactement pour les mêmes motifs. Il y a pourtant une différence. Le « féroce » de la coulisse ou de la remise se sait un homme d'argent. Le « féroce » de lettres prend volontiers sa fièvre de parvenir pour une fièvre d'apostolat. Cela fait, vers quarante ans, si le succès n'est pas venu, des âmes terribles où les passions les plus douloureuses et les plus viles saignent à la fois. On l'a trop vu parmi certains écrivains de la Commune. Tout en écoutant discourir ce jeune homme, je sentais percer en lui le réfractaire enragé pauvre; mais c'était un réfractaire à la date du jour et de l'heure. Il s'était gardé à carreau, par un fond de prudence bourgeoise et aussi par un goût de la haute culture qui eût dû le sauver, qui le sauverait peut-être. N'avait-il pas eu assez d'intelligence et de patience pour acquérir, malgré sa fièvre d'artiste cupide, une science, un métier ? Et cela me donnait l'idée qu'une lutte devait s'être livrée, se livrer encore en lui.

— « Vous êtes bien sévère pour vos aînés, » lui dis-je pour l'arrêter dans sa nomenclature de calomnies parisiennes. Je les connais toutes. Elles sont si monotonement misérables et fausses !

— « Vous verrez quand j'écrirai ! » fit-il avec une fatuité à la fois naïve et scélérate ; « hé ! hé ! il faut traiter nos devanciers comme on traite les vieillards en Océanie. On les fait monter sur un arbre que l'on secoue. Tant qu'ils ont la force de se tenir, tout va bien. S'ils tombent, on les assomme et on les mange... »

Je ne relevai pas la jeune sauvagerie de ce paradoxe. Philippe Dubois me « faisait poser, » pour employer un mot très expressif d'un argot un peu démodé. Je ripostai en l'interrogeant sur ses travaux d'archéologie, ce qui le mit visiblement d'assez mauvaise humeur ; puis je lui donnai nettement le conseil, sitôt rentré en France, de ne pas commencer par le journalisme et d'accepter une place en province, où il fût utile et d'où il débutât par quelque grand livre. Hélas! on m'a donné, à moi aussi, des conseils pareils, quand j'avais son âge, et je ne les ai pas suivis. Ce qui prouve que cette loterie de misère et de gloire qu'on appelle la profession d'homme de lettres tentera toujours de même certaines âmes de jeunes gens. Faut-il l'avouer? Je trouvai une certaine ironie, presque une hypocrisie, dans ce rôle de moraliste que je jouais auprès de lui. Cela me donna quelque remords, et puis, comme le fonds de mécontentement intérieur sur lequel il paraissait vivre m'apitoyait, malgré tout, je finis par lui proposer cette excursion au couvent. Elle devait amener ce drame rapide à l'explication duquel ces trop longs préparatifs étaient pourtant nécessaires. Il ne s'agissait pour Philippe que de reculer son voyage de deux jours; il accepta, et nous partions comme une heure sonnait, suivant la promesse de l'ex-Mille dont je ne puis m'empêcher de citer encore un mot délicieux. Comme nous attendions le cocher, il saisit cette occasion de me communiquer ses idées sur le Parlement français actuel: « Ils ont perdu les traditions des révolutionnaires, » me dit-il, et, après un discours terroriste que je ne transcris pas, il conclut, avec la plus comique mélancolie : « Enfin, je les crois même capitalistes !... »

Grâce à cette phrase, dont Philippe se divertit autant que moi, nous partîmes *in high spirits*, comme eût dit miss Mary Dobson, moi très disposé, et lui de même, à jouir de la route. Celle qui conduit de Pise à Monte-Chiaro court d'abord parmi le plus gracieux paysage de vignes entrelacées à des mûriers. Des roseaux gigantesques frémissent au vent, des villas entourées de cyprès montrent des lions de marbre sur les colonnes de leur entrée, et toujours au fond se creusent les gorges de cette montagne dont parle Dante, et qui empêche les Pisans de voir Lucques :

> *Cacciando 'l lupo e i lupicini al monte,*
> *Per che i Pisan veder Lucca non ponno**.

— « Voilà ce qui nous manque en France, » dis-je à mon compagnon après lui avoir cité ces deux vers. « Un poète qui ait attaché une légende de gloire aux moindres coins de la terre natale. »

— « Vous trouvez ? » répliqua-t-il ; « moi, ce

---
* *Inf.*, c. XXXIII, v. 29-30.

côté guide Joanne m'a toujours dégoûté de la *Divine Comédie.* »

Sur cette réponse et voyant que sa gaieté de tout à l'heure était déjà passée, je commençai à regretter de l'avoir emmené. Je prévoyais que s'il se mettait à jouer du paradoxe, il ne désarmerait pas, et un jeune homme de cette sorte, une fois engoncé dans une attitude de vanité, s'y raidit de plus en plus, dût-il se faire très mal à lui-même. Je tombai donc dans le silence et je m'efforçai de m'absorber davantage dans la nature qui déjà s'ensauvageait. La légère voiture allait au pas maintenant. Nous nous engagions dans une contrée presque sans végétation. Des mamelons nus se dressaient de toutes parts, énormes boursouflures d'argile grise, ravinées par les pluies. Plus de ruisseaux, plus de vignes, plus d'oliviers, plus de villas : mais une véritable approche de désert. Le cocher était descendu de son siège. C'était un petit homme à la face carrée et fine qui interpellait sa jument grise du nom de Zara, et il transformait, comme tous les Toscans, le *c* dur du commencement des mots en *h* aspirée : *Huesta havalla*, disait-il en parlant de sa bête au lieu de *questa cavalla*, « cette jument. »

— « Je l'ai achetée à Livourne, cher monsieur, » me racontait-il, « elle m'a coûté deux cents francs parce qu'on la croyait boiteuse... Vous voyez si elle boite. — Hé! Zara, courage! — Elle me suit, cher monsieur, comme un chien. Aussi je l'aime, je l'aime!... Ma femme en est jalouse, mais je lui réponds : « La Zara me gagne « mon pain, et toi, tu me le manges... » Tenez, cher monsieur, regardez ces rochers, c'est là que Laurent de Médicis faillit être assassiné après le massacre des Pazzi... »

— « Est-ce assez curieux, » dis-je à mon compagnon, « cet homme qui n'est qu'un cocher de louage, et, dans la même phrase, il nous parle de sa jument Zara et de Laurent de Médicis?... Ah! ces Italiens!... Comme ils savent l'histoire de leur cher pays et comme ils en sont fiers!... »

— « Oui, je sais, » dit Philippe en haussant les épaules, « il y a un mot d'Alfieri sur eux : « La plante humaine naît plus verte ici qu'ail- « leurs... » La vérité, c'est qu'ils apprennent dès leur bas âge à exploiter l'étranger... On les dresse à la chasse au pourboire. Ça n'a pas fini de téter que c'est déjà *cicerone*... Ah! j'en écrirai un roman sur l'Italie moderne et sa colossale mystification!... J'ai toutes mes notes... Je montrerai ce que c'est que ce peuple... »

Et il s'engagea dans une violente diatribe contre la douce contrée où résonne le *si* et que je continuerai, pour ma part, à voir toujours comme elle m'est apparue en 1874 pour la première fois, la patrie unique de la Beauté ! Cette sortie me rappela davantage encore les conversations que j'entendais dans mes années de début, quand je fréquentais les cénacles des poètes et des romanciers à venir. Presque tous employés de ministère et cruellement enragés de leur vie médiocre, ils dépensaient des heures à s'injecter l'âme de fiel, inondant de leur mépris choses et gens, avec une espèce d'âcre éloquence qui, en ces temps-là, me faisait douter de tout et de moi-même. J'ignorais alors, ce que j'ai trop constaté à l'user, que cette éloquence est une forme de l'envie impuissante et qui déjà se sait telle. Tout grand talent commence et finit par l'amour et l'enthousiasme. Les dégoûtés précoces sont des malheureux qui perçoivent d'avance leur stérilité future et ils s'en vengent déjà. Mon Dieu ! Comme j'aurais voulu que ce garçon me parlât, fût-ce avec une exaltation un peu ridicule, de cette Florence où il avait travaillé, où il avait été aimé, qu'il me parlât de cet amour surtout !... Il avait si bien l'air de l'oublier, et au lieu de cela, il s'engageait, à propos de son livre sur l'Italie, dans des questions nouvelles sur le salaire des principaux auteurs.

— « Est-il vrai que Jacques Molan ait un franc cinquante par volume? on m'a dit que Vincy est payé deux francs la ligne... Ah! le misérable!... » Ce que je discernais maintenant derrière cette critique aiguë et cette dureté excessive de désillusion, c'était le furieux désir de l'argent, et, par une inconséquence pourtant explicable, je lui pardonnais ce sentiment-là plus que son ironie. Elle pèse si dure, la main de fer de la nécessité, sur une tête dans laquelle fermentent toutes les énergies de la jeunesse et qui voit dans un peu d'or l'affranchissement de sa personne intime!

— « Et dire, » conclut-il avec une amertume infinie, « que mon père ne me donnera seulement pas les trois premiers mille francs qu'il me faudrait pour passer six mois à Paris avant de débuter. Oui, cela me suffirait pour connaître mon terrain et livrer la première bataille. Trois mille francs! ce que rapportent à un médiocre comme *** (ici nouveau nom d'un auteur en vogue) cinquante pages de copie! »

J'ai négligé de dire que dans l'entre-temps il m'avait esquissé de son père et de sa mère un portrait peu flatté. Comment expliquer qu'avec tout cela il continuât de m'intéresser? Il m'énonçait précisément les idées que je déteste. Il me montrait les sentiments qui me paraissent les plus opposés à ceux qu'un artiste jeune doit éprouver. Mais je le sentais souffrir et je comptais sur le retour, une fois son premier effet produit, pour reprendre mes sages conseils et rectifier, s'il était possible, deux ou trois de ses absurdes points de vue; d'autant que sa manière de s'exprimer et ses références achevaient de révéler une véritable culture et une intelligence plus que fine, — forte et originale. Cependant l'horizon était devenu plus farouche encore. Nous avions laissé derrière nous, très au loin, l'immense plaine où repose Pise. Le dôme et la tour penchée reparaissaient par moments, entre deux pics, comme sculptés sur une carte en relief. Livourne alors se profilait là-bas et la mer toute bleue, tandis qu'autour de nous s'ouvraient en abîmes ces grands trous creusés dans cette terre friable et que l'on appelle dans le pays des *balze*. Des cimes surplombaient, nues et menaçantes. Les bœufs qui paissaient, plus rares maintenant, n'étaient plus ces belles bêtes blanches de la Maremme, aux longues cornes. Leurs cornes, à ceux-là, étaient courtes et retournées, leur robe grisâtre comme le sol. Pour la première fois depuis notre départ, Philippe Dubois dit quelques mots qui révélaient un abandon à la sensation présente :

— « Ne trouvez-vous pas que c'est un paysage couleur de bure et vraiment fait pour y construire un cloître ? »

Presque au même instant le cocher, dressé sur son siège, m'interpellait pour me crier :

— « Monsieur, voici Monte-Chiaro. »

Et du bout de son fouet tendu il nous montrait dans un détour de la montagne une vallée plus ravinée encore que les autres, au milieu de laquelle se dressait sur un monticule planté de cyprès une longue bâtisse construite en brique rouge. Par ce jour tout bleu, cette couleur des murs contrastait d'une manière si vive avec le noir des feuillages qu'elle justifiait aussitôt ce surnom de Monte-Chiaro. Je n'ai vu qu'au mont Olivet, près de Sienne, un sanctuaire de retraite aussi farouchement placé loin de toute approche de vie humaine. D'après les renseignements du garibaldien de Pise, qui complétaient ceux des Anglaises, je savais que l'abbé avait accepté, dans ses plus humbles détails, la charge d'héberger les hôtes venus pour visiter le couvent, sécularisé depuis 1867.

— « Quelle cuisine va-t-on nous faire dans cette thébaïde ? » dis-je à mon compagnon, à qui j'avais expliqué les conditions d'après lesquelles nous allions passer cette soirée et le lendemain.

— « Puisqu'il y a un tarif de cinq francs par jour, » répondit-il, « ce prêtre ne serait pas de ce pays s'il n'en mettait pas trois dans sa poche. »

— « Enfin, un beau Benozzo Gozzoli vaut bien un mauvais dîner, » répliquai-je en riant.

Une demi-heure après avoir ainsi aperçu du haut de la route cet ancien asile de bénédictins, autrefois célèbre dans toute la Toscane et aujourd'hui si tristement solitaire, la blanche jument Zara commençait à gravir la colline plantée de cyprès. Nous étions descendus pour mieux regarder les petites chapelles construites de cinquante pas en cinquante pas, au bord de l'allée, saisis, mon compagnon comme moi, et quoiqu'il en eût, par la majesté mélancolique de cette approche de cloître. Je revoyais en pensée les innombrables frocs de laine blanche qui avaient défilé dans ces sombres avenues, les bénédictins du Monte-Chiaro s'étant, comme ceux du Monte-

Oliveto, voués à la Vierge. — Mon Anglaise m'avait renseigné encore sur ce petit point de costume. — Je songeais aux âmes simples pour lesquelles ce farouche horizon avait marqué le terme du monde, aux âmes lasses et qui s'y étaient reposées, aux âmes violentes, et rongées, ici comme ailleurs, par l'envie, par l'ambition, par tous ces appétits d'orgueil que l'apôtre range avec tant de justesse entre les œuvres de chair. Mon absorption dans cette rêverie se fit si profonde que je fus comme réveillé en sursaut, lorsque le cocher, qui marchait à cette dernière montée en tenant sa Zara par la bride pour l'aider et qui causait avec elle pour l'encourager, m'interpella tout d'un coup :

— « Cher monsieur, voici le Père abbé qui vient au-devant de nous. Il aura entendu la voiture. »

— « Mais c'est feu Hyacinthe du Palais-Royal ! » s'écria Philippe; et c'était vrai qu'ainsi aperçu sur le seuil du couvent et à l'extrémité de l'allée, le pauvre moine se présentait sous un aspect bien minable. Il portait une soutane délabrée, dont la nuance, primitivement noire, tournait au verdâtre. J'ai su depuis par lui-même qu'il avait été reconnu par l'État comme administrateur du couvent confisqué à la condition de renoncer au beau costume blanc de son ordre. Son grand long corps, que l'âge voûtait un peu, s'appuyait sur un bâton, et son chapeau montrait la corde. Son visage, en ce moment tendu vers les nouveaux venus, et tout glabre, ressemblait vaguement en effet à celui d'un acteur comique, et un nez infini s'y développait, un vrai nez de priseur de tabac, rendu encore plus long par la maigreur des joues et par le pli de la bouche où manquaient les dents de devant. Mais le regard du vieillard corrigeait aussitôt cette première impression. Quoique ses yeux ne fussent pas grands et que la couleur d'un vert brouillé en fût indécise, une flamme y brûlait qui eût arrêté toute plaisanterie chez mon jeune compatriote, s'il avait eu la moindre expérience de ce que vaut une physionomie humaine. Sa phrase impertinente de mauvais plaisant me choqua d'autant plus qu'il l'avait prononcée à voix très claire dans le grand silence de cette fin d'après-midi d'automne. Mais dom Gabriele Griffi savait-il le français, et, le sût-il, que lui représentait le nom du pauvre comédien qui jouait si drôlement Marasquin dans le *Mari de la débutante?* Dans un éclair, à cause de cette maudite plaisanterie, les scènes de cette pièce délicieuse s'évoquèrent devant moi, — quel contraste ! — et les quatre petites filles qui disaient si gaiement sous le nez désespéré du même Hyacinthe en levant leur joli pied en l'air toutes à la fois : « ... Sa femme l'a quitté... pour aller faire la noce... et allez donc... » Et cependant l'ermite dont nous allions devenir les hôtes nous disait, lui, dans un italien excessivement élégant et pur :

— « Vous venez visiter le couvent, messieurs; mais pourquoi ne pas m'avoir prévenu par un mot? Tu n'as donc pas averti ces messieurs, Pasquale, qu'il faut m'écrire à l'avance?... » ajouta-t-il en s'adressant au cocher.

— « Mais j'ai cru que ces messieurs l'avaient fait, Père abbé, quand le secrétaire de leur hôtel me les a confiés pour les conduire ici. »

— « Enfin, ils mangeront ce qu'il y aura; » et, s'adressant à nous avec un bon sourire et montrant le ciel : « Quand les choses vont mal, il faut fermer les yeux et se recommander là-haut... »

Je balbutiai, moi, dans un italien médiocrement correct, une excuse que le Père coupa d'un geste :

— « Venez d'abord voir vos chambres. Pour vous consoler du repas que vous serez obligés de manger, je vais vous faire abbés généraux. »

Il riait de nouveau en hasardant cette innocente plaisanterie que, sur le moment, je ne saisis pas bien. J'étais d'ailleurs pris trop complètement par le spectacle singulier qu'offrait, aux clartés du soleil baissé, ce vaste édifice tout rouge, et dont je pouvais mesurer la grandeur en même temps que j'en constatais la solitude. Monte-Chiaro a été bâti en plusieurs époques, depuis le jour où le chef de la famille della Gherardesca, l'oncle même du tragique Ugolin, se retira dans cette vallée perdue, pour y faire pénitence, avec neuf compagnons, en 1259. Au dernier siècle, plus de trois cents moines y logeaient à l'aise, et l'abbaye se suffisait à elle seule avec son four à pain, son vivier, ses pressoirs, ses écuries. Mais les innombrables fenêtres de cette grande ferme pieuse étaient maintenant toutes closes, et la couleur blanchâtre de leurs volets, jadis peints en vert, attestait l'abandon, comme l'herbe poussée sur la terrasse devant l'église, comme le voile de poussière tendu sur les murs des corridors dans lesquels nous nous engageâmes à la suite de dom Griffi. Les moindres détails de l'ornementation disaient l'ancienne puissance de l'abbaye, depuis le vaste lavabo de marbre à têtes de lions, placé à l'entrée du réfectoire, jusqu'à l'architecture des trois cloîtres successifs et tous les trois décorés de fresques. Mais ce premier coup d'œil suffisait pour reconnaître dans ces peintures le goût pédant du xviie siècle italien, et peut-être ce coloriage académique recouvrait-il quelque autre chef-d'œuvre spontané d'un Gozzoli ou d'un Orcagna. Nous gravîmes les marches d'un escalier le long duquel pendaient des toiles noircies par le temps, entre autres un charmant chevalier de Timoteo della Vite, le vrai maître de Raphaël, échoué là, par quelle aventure? Puis nous enfilâmes un nouveau corridor, au premier étage, cette fois, troué de portes de cellules, avec les inscriptions : *Visitator primus*, *Visitator secundus*, et ainsi de suite, pour nous arrêter devant une dernière en haut de laquelle se voyaient une mitre et une crosse. Le Père, qui n'avait pas prononcé un mot depuis le seuil, sinon pour nous indiquer le Timoteo, nous dit en français, cette fois, avec un léger italianisme et très peu d'accent :

— « C'est ici un des *quartiers* que je donne aux hôtes; » et, nous introduisant : « Voici les pièces que tous les supérieurs ont occupées pendant cinq cents ans. »

Je regardai du coin de l'œil le sieur Philippe, qui avait pris une physionomie assez penaude en constatant chez notre guide une connaissance aussi complète de notre langue. Il s'était de nouveau permis, le long des corridors, deux ou trois plaisanteries d'un goût très douteux. L'abbé les avait-il remarquées et tenait-il à nous prévenir qu'il comprenait nos moindres paroles ? Ou bien voulait-il, par une simple attention d'hospitalité, nous éviter l'effort de chercher nos mots ? Il me fut impossible de le deviner aux grands traits immobiles de son visage. Il paraissait tout entier absorbé par les souvenirs que l'aspect de cette vaste pièce voûtée éveillait en lui. Quelques chaises modernes, une table carrée et un canapé la meublaient pauvrement. Une porte entr'ouverte à l'un des angles laissait voir un autel avec des toiles enfumées, sans doute celui où le supérieur disait ses prières. Une autre porte, en face, et grande ouverte, montrait deux autres chambres en enfilade, chacune avec un lit de fer, des chaises aussi et des cuvettes posées à même sur de chétives commodes. Le carreau n'était même pas passé au rouge. Des fentes lézardaient le bois de ces portes et celui des fenêtres. Mais un paysage se découvrait, véritablement sublime. C'était, sur une hauteur, en face, un hameau aux maisons serrées, et de ce hameau jusqu'au monastère une végétation descendait, merveilleuse, non plus de mornes cyprès, mais de chênes dont le feuillage vert s'empourprait par places. D'autres traces de culture se découvraient dans le bas de ce vallon, placé au midi, où des oliviers alternaient avec les chênes. Là, évidemment, avait porté tout l'effort des moines exilés dans cette thébaïde. Au delà de cette oasis, la solitude recommençait, plus sévère encore, et dominée par le pic le plus élevé de ces montagnes pisanes, par cette Verruca où s'écroule un château ruiné, repaire de quelque seigneur contre lequel avait dû être construit le bastion carré qui défendait le couvent de ce côté-là. Ce petit fortin carré profilait aussi derrière cette fenêtre le renflement de son crénelage en pierre rousse, détaché sur le bleu du ciel semé de nuages roses. Mon compagnon ne songeait plus à plaisanter, frappé, comme moi, au plus vif de sa nature artiste, par la sévérité gracieuse de cet horizon qu'avaient dû regarder, dans des heures pareilles, les yeux aujourd'hui fermés de tant de moines; les uns occupés uniquement de l'autre monde, — et ceux-là entrevoyaient, dans des ciels rosés de ce doux rose, les mirages de roses paradis, au lieu que d'autres, des ambitieux et des dominateurs, rêvaient, à cette place et dans ce silence, le chapeau de cardinal, la tiare peut-être.

Puis le vaste et profond silence de la mort...

Ce vers des *Contemplations* me revint à la mémoire comme à chaque rencontre avec le passé, quand je subis cette sensation presque douloureuse que donne un contact trop immédiat avec ce qui fut et qui ne sera plus jamais. Cela dura une minute à peine, mais, pendant cette minute, la vie ancienne du monastère s'évoqua, pour moi, tout entière, incarnée dans les songes humbles ou superbes de ceux qui en avaient été les princes, et qui maintenant avaient pour successeur unique le vieil abbé, à la soutane usée, aux souliers non cirés, qui, rompant le premier le silence, nous disait :

— « N'est-ce pas que cette vue est admirable ? Il y a quarante ans que j'habite le couvent, sans en sortir, et je ne m'en suis pas lassé... »

— « Quarante ans ! » m'écriai-je presque

malgré moi. « Et sans en sortir!... Mais vous avez fait quelques voyages? »

— « C'est vrai, deux en tout, » répondit-il, « chacun de six jours... Je suis retourné à Milan, dans mon pays, à la mort de ma sœur qui m'a demandé pour lui porter les sacrements. Pauvre sainte âme d'ange! et je suis allé à Rome pour la remise du chapeau à mon vieux maître, le cardinal Peloro... Oui, » continua-t-il, en fixant dans l'espace un point imaginaire, « je suis arrivé ici en 1845. Comme Monte-Chiaro était beau alors, et quelles messes chantées! Avoir vu ce couvent comme je l'ai vu et le voir comme je le vois, c'est retrouver un corps sans âme là où on avait connu la jeunesse et la vie... Mais patience, patience!

> *Multa renascentur quæ jam cecidere, cadentque*
> *Quæ nunc sunt in honore...*

« Allons, messieurs, je vous quitte pour aller commander votre dîner... Luigi vous apporte vos valises. Avec lui, vous savez, patience, patience... Il faut fermer les yeux et se recommander à Dieu!... »

Dom Gabriele Griffi sortit sur ce conseil et

cette citation. Il n'eut pas plutôt passé le seuil de la porte que Philippe se laissa tomber sur un des fauteuils, en riant de son éternel mauvais rire :

— « Ma foi, » dit-il, « ce grotesque-là valait le voyage... »

— « Je ne sais pas où vous voyez du grotesque dans ce que vous a dit ce prêtre, » lui répondis-je ; « il vous a raconté fort simplement l'histoire de son couvent qui ne peut pas ne pas être une grande douleur pour lui, et il la supporte avec l'espérance d'un vrai croyant. J'ai près de quinze ans de plus que vous, j'ai couru le monde comme vous le courrez sans doute, à la poursuite de bien des chimères, et je sais, hélas ! qu'il n'y a rien de plus sage et de plus beau ici-bas qu'un homme qui travaille à la même œuvre, avec le même Idéal, dans un même coin de terre... »

— « *Amen,* » conclut mon jeune compagnon en riant davantage. « Que voulez-vous ? Ses belles messes chantées, son maître le cardinal, l'âme d'ange de sa sœur, et, brochant sur le tout, ces citations d'Horace et ces fonctions de maître d'hôtel !... Car enfin nous la payons bien, son hospitalité, et ça vaut bien une lire à la nuit, ce taudis-là, » continua-t-il en me prenant la main pour m'entraîner dans la première des deux chambres à coucher. « Mais, » conclut-il avec ironie, « puisque cela vous déplaît, cher maître... »

L'étrange garçon ! Je ne puis mieux comparer la sensation qu'il me causait qu'à celle d'un volet qui grince à tous les vents. A chaque nouvelle impression de la vie, il semblait que ses nerfs rendissent un son faux. Mais ce qu'il y avait de déconcertant et que je ne crois pas avoir assez vanté chez lui, c'était la flamme d'intelligence qui courait à travers ses boutades d'un enfant de méchante humeur et peu élevé. J'ai négligé de dire que le long de la route il m'avait étonné par deux ou trois remarques sur la composition géologique du pays que nous parcourions, et, s'étant avancé sur un balcon qui desservait nos deux chambres, voici qu'il commença, devant le petit fortin qui défendait l'abbaye, à me parler de l'architecture florentine comme quelqu'un qui a bien lu et bien regardé, — ces deux actions trop rares ! — Ces connaissances, si étrangères à celles qui révélaient ses diplômes, achevaient de me prouver une étonnante souplesse d'intelligence, à moi qui avais déjà constaté son énorme érudition de la haute et basse littérature contemporaine. Mais cette intelligence paraissait lui appartenir comme un bijou, ou mieux comme une machine. Elle était extérieure à lui. Elle n'était pas lui. Il la possédait et elle ne le possédait pas. Elle ne lui servait ni à croire ni à aimer. Involontairement je le comparai à ce dom Gabriele Griffi qu'il venait de railler. Certes, ce pauvre moine ne semblait guère briller par la subtilité intellectuelle, mais je l'avais aussitôt senti si vrai, si sincèrement dévoué à sa mission, à cette surveillance de son cher couvent jusqu'au retour espéré de ses frères. Des deux, quel était le jeune homme, quel était le vieillard, si la jeunesse consiste à embrasser son Idéal d'une forte, d'une invincible étreinte ? Mais tout consumé d'ironie et de nihilisme précoce, mon jeune compagnon était du moins de son propre avis. S'il formait une antithèse avec le pauvre prêtre préposé à la garde du monastère vide, c'était une antithèse franche, l'opposition de cette moitié de siècle à l'esprit simple et pieux des temps anciens. N'étais-je pas plus malheureux encore, moi qui aurai passé ma vie à comprendre également l'attrait criminel de la négation et la splendeur de la foi profonde, sans jamais m'arrêter ni à l'un ni à l'autre de ces deux pôles de l'âme humaine ?

Ces réflexions s'imposèrent à moi davantage lorsque je me trouvai assis, vers les sept heures, au repas que l'abbé avait fait préparer pour nous, dans une grande salle qui servait autrefois, nous dit-il, de réfectoire aux novices. Une lampe de cuivre à quatre becs et d'ancienne forme, avec son accessoire de mouchettes, d'aiguilles et d'éteignoirs pendus à des chaînettes du même métal, éclairait d'un jour un peu fumeux le coin d'une énorme table, garnie de carafes aux armes du couvent. Chacun de nous en avait deux à côté de lui, une remplie de vin et l'autre d'eau. C'étaient les bouteilles qui mesuraient aux moines la parcimonieuse quantité de liquide accordée à leur soif. Un plat de figues fraîches et un plat de raisins étaient là pour notre dessert. Des assiettes déjà remplies de potage nous attendaient, et du fromage de chèvre dans une assiette. Du jambon cru dans une autre, du pain rassis dans une troisième et des châtaignes bouillies complétaient ce menu, dont la frugalité provoqua chez le vieux moine une citation latine du même ordre que la précédente. Il avait dit le *Benedicite* en s'asseyant avec nous.

« *Castaneæ molles et pressi copia lactis,* »

fit-il en nous montrant les assiettes auxquelles s'appliquait le vers de Virgile.

— « Je l'attendais, » me chuchota Philippe, qui, de son plus grand sérieux, commença de discuter avec notre hôte sur la nourriture des anciens. J'appréhendais, non sans raison, que cette amabilité apparente ne servît d'acheminement à quelque mystification.

— « Mais quand vous n'avez pas d'hôtes de passage, vous mangez seul ici, mon Père ? » demandait-il.

— « Non, » dit l'abbé, « il y a encore deux autres frères dans le couvent. On nous avait laissés sept. Quatre sont morts de chagrin tout de suite après la suppression. Nous avons tous été malades les uns et les autres, et nous nous soignions entre nous comme nous pouvions... Mais Dieu n'a pas voulu que nous disparaissions tous... »

— « Et quand vous et les deux frères ne serez plus là ? » insista Philippe.

— « *Con gallo e senza gallo, Dio fa giorno,* » dit en italien le prêtre sur le front duquel passa un nuage aussitôt dissipé; cette question le touchait cruellement à la place la plus sensible de son être : « Avec ou sans coq, Dieu fait le jour, » traduisit-il.

— « Mais à quoi occupez-vous votre temps, mon Père ? » repris-je à mon tour, en proie à la curiosité la plus vive devant l'évidence d'une foi si profonde, que je m'imaginais être en présence d'un homme du moyen-âge.

— « Ah ! je n'ai le loisir de rien, » fit dom Griffi. « J'ai pris à ferme, tel que vous me voyez, le couvent et toutes les terres autour. J'emploie quinze familles de paysans à les cultiver. Depuis le matin, c'est un défilé chez moi, dans ma cellule, qui ne me laisse pas une heure ; et c'est des comptes à régler, c'est des confessions à recevoir, c'est un remède qu'ils viennent me demander... Je suis un peu médecin, un peu pharmacien, un peu juge, un peu instituteur. — Oui, c'est encore des enfants à qui je donne des leçons. Ainsi Luigi est un de mes élèves. Il ne me fait pas honneur, mais c'est un bon garçon... — Et cicerone, et c'est des étrangers à qui montrer le couvent. Oh ! pas beaucoup... »

— « J'ai rencontré justement à Pise deux demoiselles anglaises, miss Dobson et miss Roberts, qui venaient de Monte-Chiaro, » lui dis-je.

— « Hé ! » fit-il en riant, « ce sont mes deux rougets. Je les appelle comme cela, à cause de leurs cheveux rouges... Ce sont des protestantes, mais de bonnes âmes tout de même. *Lascia fare a Dio ch'è santo vecchio**. Elles vont à Rome. Je leur ai dit : Saint Pierre est un pêcheur, puisse-t-il prendre mes deux rougets dans son filet... L'Angleterre se rapproche de Dieu, chaque jour, depuis le Puséisme, » continua-t-il en se frottant les mains. « Vous verrez peut-être ce beau spectacle, vous qui êtes jeunes : tous les chrétiens sous un même père. Ensuite viendra l'Antéchrist, ensuite le Jugement dernier, et puis ce sera la grande paix... »

Ses yeux brillaient d'un feu de vision tandis qu'il prononçait ces mots. Un des croyants de l'An mil n'était pas plus fervent. Nous nous regardâmes, Philippe et moi. Je vis dans son regard à lui une malice, et je l'écoutai, avec stupeur, répondre :

— « Chez nous aussi, mon Père, le catholicisme fait beaucoup de progrès. Nous avons eu quelques bien édifiants exemples de sainteté. Notamment, un écrivain, M. Baudelaire, et quelques-uns de ses disciples. Ils sont si humbles qu'ils s'appellent eux-mêmes décadents. Ils écrivent des hymnes qu'ils récitent en commun. Ils

---

* Laissez faire Dieu, c'est le plus vieux des saints.

ont des journaux qui prêchent la bonne parole. Et rien n'est plus édifiant qu'une pareille foi dans un âge si jeune... »

— « Voilà ce que je ne savais pas, » répondit le Père. « Décadents, avez-vous dit ? »

— « Oui, » continua Philippe, « qui descendent, qui cherchent ceux d'en bas... »

— « Je comprends, » fit le Père, « ils se repentent, ils ont raison. Nous avons un proverbe en Italie : *Non bisogna aver paura che de' suoi peccati*. Il ne faut avoir peur que de ses péchés. »

— « Cher Père, » dis-je pour couper court à l'absurde plaisanterie de mon jeune compagnon et comme notre sobre souper s'achevait, « ne verrons-nous pas dès ce soir les fresques de Gozzoli dont ces demoiselles anglaises m'ont parlé ? »

— « Vous ne les jugerez peut-être pas très bien à la lumière, » fit dom Griffi ; puis, le plaisir de montrer sa découverte l'emportant : « Mais vous les reverrez encore demain. Ah ! Quand les moines reviendront, comme ils seront heureux de ces belles peintures ! J'espère avoir le temps de les nettoyer entièrement cet hiver. Luigi, va chercher le bâton avec la cire, tiens, à la chapelle, avec cette clef; » et il tira de sa poche un trousseau d'énormes clefs. « Il faut beaucoup fermer de portes ici, » dit-il, « avec ces paysans qui vont et qui viennent à toute heure. C'est de braves gens, mais il ne faut pas tenter le pauvre. »

Luigi revint bientôt, apportant une espèce de rat-de-cave attaché à l'extrémité d'un bâton qui servait visiblement à allumer les cierges. Le moine se leva et redit le *Benedicite*, puis, avec une gaieté d'enfant, il prit la lampe par l'anneau d'en haut. « Je marche devant vous, » reprit-il en riant, « et, comme nous allons entrer dans un vrai labyrinthe, vous pouvez dire avec Dante :

Per la impacciata via, retro al mio duca*... »

— « Encore le Dante ! » me soufflait Philippe à l'oreille; « ces animaux-là ne peuvent rien faire, pas même manger un morceau de gorgonzola, de leur infâme fromage vert, sans qu'il leur vienne un vers de leur grand niais de Florentin qui s'appelait Durante, c'est-à-dire Durand. Saviez-vous cela ? C'est Vallès qui a trouvé cette bonne plaisanterie. La Divine Comédie signée Durand !...

---

* Par la voie embarrassée derrière mon guide. (*Purg.* Ch. XXI, v. 5.)

J'ai envie de servir cette fumisterie à notre hôte. »

— « Vous tombez mal, » repris-je, « je vous ai déjà dit mon admiration pour ce grand poète. »

— « Je sais, » fit-il, « c'est votre côté idolâtre, dévotieux et sacrificateur. Mais moi, voyez-vous, je suis d'une génération d'iconoclastes, voilà toute la différence entre nos deux bateaux... »

Tandis que nous échangions ces propos à mi-voix, la soutane de notre guide, fantastiquement éclairée par la lampe dont les flammes sans protection tremblaient à l'air, s'enfonçait dans d'interminables corridors. Nous montions un escalier. Nous en descendions un autre. Nous contournions les arceaux d'un cloître. Parfois un oiseau de nuit s'envolait à notre approche, ou bien un chat courait, silencieux et effrayé. S'il eût fait un rien de clair de lune, c'eût été un extrême atteint dans le romantisme, à en subir le cauchemar, que cette promenade à travers cet énorme couvent. J'y évoquais en pensée les religieux des autres siècles qui avaient passé là, aux heures des ténèbres, pour les offices de nuit. Notre guide lui-même m'apparaissait à quarante ans en arrière, suivant les mêmes corridors dans la file de ses frères, jeune, fervent de croyance, épris de son ordre. Quels souvenirs devaient s'agiter en lui, maintenant qu'il survivait presque seul dans le vaste bâtiment abandonné? Hé bien, non! Non, il était gai dans ce désastre, presque jovial, par la fermeté de sa foi. Quelle puissance dans ce phénomène si mystérieux qui constitue la croyance absolue, entière, inattaquable?... Mais déjà dom Griffi s'était arrêté à une porte. Il cherchait de nouveau une clef dans le trousseau de geôlier qu'il tenait de sa main libre. La vieille serrure cria sur ses gonds, et nous entrâmes dans une haute pièce où la lumière tremblotante des quatre becs de la lampe éclaira vaguement deux murs peints à fresque et un quatrième qui, au premier regard, me parut encore tout blanc de chaux.

— « Mon enfant, » disait l'abbé à Luigi, « donne-moi le rat-de-cave, que je l'allume. Tu ferais encore tomber de la cire sur ma soutane qui n'en a pas besoin. »

Il avait en effet posé la lampe à terre, et soigneusement vérifié l'attache du lumignon au bout de la gaule. Puis, ayant mis le feu à la petite mèche, il commença de faire aller et venir cette flamme le long du mur, et, comme par magie, les divers morceaux de la peinture du vieux maître se remirent à vivre à cette clarté. Le vieux moine la promena, cette petite flamme, sur un premier mur, et nous vîmes la plaie saignante du Christ, la main de l'apôtre blessant encore cette blessure, le douloureux regard du Sauveur, et sur le visage de saint Thomas un mélange de remords et de curiosité; et des anges emportaient au ciel les instruments de la Passion avec des larmes sur leurs fines joues. Nous vîmes, sur un autre mur, détail par détail, les broderies d'or et la tunique verte de Gondoforus; les pierreries précieuses débordaient des vases offerts à l'apôtre, tandis que des paons déployaient leurs queues ocellées sur des balcons, que des perroquets bariolés perchaient aux branches des arbres et que des seigneurs chassaient, traînant des guépards à la chaîne, dans des chemins de montagnes. Et la petite flamme continuait d'errer, pareille à un feu follet. Quand elle avait passé, le coin tiré de l'ombre vague y rentrait soudain. Juger l'ensemble de cette œuvre était impossible, mais, entrevue ainsi, elle avait un charme de fantastique étrangement approprié au lieu et à l'heure, d'autant plus que dom Griffi, en nous montrant ainsi ces deux fresques, obéissait enfantinement au passionné plaisir qu'elles lui procuraient. Il jouissait de les revoir, comme un avare qui manie les diamants de son trésor. N'était-ce pas sa création, à lui, le précieux joyau dont il avait enrichi son cher couvent? Et il parlait, mimant ses phrases avec les rides de sa vieille face expressive :

— « Voyez le doigt de l'apôtre, comme il hésite, et le geste de Notre-Seigneur, et sa bouche... On fait ainsi, voyez, quand on a très mal et que le médecin vous touche... Et le paysage, dans le fond, reconnaissez-vous la Verruca et la colline de Monte-Chiaro?... Tenez, à droite, là, ce sont vos chambres, et ces anges, comme leurs yeux sont devenus plus petits !... Ils pleurent, mais ils ne veulent pas pleurer, comme cela, et leur nez se fronce un peu, comme ceci... Et le roi noir?... Regardez ces boucles d'oreilles. Un de nos Pères, qui est mort ici, après la suppression, — Dieu ait son âme ! — avait fait quelques fouilles dans le voisinage d'un de nos couvents près de Volterra. Il a trouvé un tombeau étrusque et des boucles d'oreilles toutes semblables, à côté d'une tête de squelette... Je les ai gardées, je vous les montrerai... Et ceci?... »
En ce moment il se retourna, et je vis qu'il

dirigeait la lumière vers un coin à droite, sur le mur que j'avais d'abord jugé tout blanc. La flamme magique éclaira sur cette blancheur une place, grande comme la moitié de la main. Le hasard avait voulu qu'en commençant un essai de nettoyage, aussitôt interrompu, le vieux moine eût découvert juste la moitié d'un visage de madone : la ligne du menton, la bouche, le nez et les yeux. Ce sourire et ce regard de la Vierge ainsi dévoilés, sur ce large mur passé à la chaux, saisissaient, comme une apparition surnaturelle. La petite flamme vacillait un peu, attachée comme elle était à un bâton tenu par des mains de vieillard, et il semblait que les lèvres de la Madone remuaient, que ses joues respiraient, que ses prunelles tremblaient. On eût dit qu'une femme réelle était là, qui allait secouer ce linceul de plâtre et se révéler à nous dans la libre grâce de sa jeunesse. Notre hôte se taisait maintenant, mais sa physionomie, à lui, exprimait une piété d'admiration si profonde que je compris pourquoi il ne se hâtait pas de débarrasser du badigeon le reste de la fresque. Son sens d'artiste ingénu et la ferveur de sa foi lui faisaient sentir la poésie de ce divin sourire et de ces divins yeux, comme emprisonnés dans ce revêtement brutal. Nous nous taisions. Philippe était maintenant vaincu par la force de l'impression, et je l'entendis qui murmurait :

— « Mais c'est de l'Edgar Poe, c'est du Shelley... »

Le Père abbé, qui ne connaissait certes de nom ni l'un ni l'autre de ces deux auteurs, répondit naïvement, sans se douter qu'il formulait une trop juste critique sur la phrase et la sensation de son jeune voisin :

— « Mais non, c'est du Gozzoli... Je vous montrerai la preuve dans Vasari; et savez-vous ce qu'il y a derrière? Certainement le miracle de la ceinture... »

— « Quel miracle? » lui demandai-je.

— « Comment, » fit-il avec une stupéfaction visible, « vous n'avez pas vu, au dôme de Pistoie, la ceinture de la bienheureuse Sainte Vierge qu'elle a jetée à saint Thomas après son ascension?... Il était absent lorsqu'elle monta au ciel en présence des autres apôtres. Il revint au bout de trois jours, et, comme il doutait encore de la vérité de ce qu'il n'avait pas vu, la Madone eut la bonté de laisser tomber devant lui cette ceinture pour qu'il ne doutât plus jamais. »

Il nous racontait cette légende, — qui prouve,

entre parenthèses, que la vieille religion chrétienne avait prévu même les analystes et leur salut possible, — tout en soufflant le rat-de-cave qu'il rendit à Luigi et en verrouillant de nouveau la porte. La simplicité de conviction avec laquelle il parlait de ce miracle finit de m'attester qu'il vivait dans le surnaturel comme nous autres, enfants du siècle, nous vivons dans l'inquiétude et la moquerie. Je ne pus m'empêcher de le comparer en imagination au menu fragment de fresque qu'il venait de nous montrer sur le troisième mur. Ce coin de peinture suffisait pour animer ce vaste morceau de plâtre blanc, et lui seul, dom Gabriele, suffisait par sa seule présence pour animer ce vaste couvent désert. Il en était réellement l'âme, je le sentais à présent, et une âme qui *représentait*, au sens exact du mot, toutes les âmes de ses frères absents. J'ai vu, dans mon enfance, un officier de la Grande Armée passer sur un des trottoirs de la ville où je grandissais. Ce vieux brave traînait la jambe, ayant été blessé à Leipzig; il était pauvre, et sa rosette ornait un habit bien râpé. Il était cependant, pour moi, l'épopée entière de l'Empire, parce que je savais que l'Empereur l'avait décoré de sa main! J'éprouvais une impression analogue à suivre maintenant dom

Griffi. Il portait tout son ordre dans le pli de sa vieille soutane que Luigi soignait si mal. Telle est la grandeur que nous donnent les abdications absolues de notre personnalité au profit de quelque œuvre très large et très haute. Nous nous renonçons et nous nous grandissons à la fois, par une loi que les sociétés modernes, éprises d'individualisme grossier, méconnaissent étrangement. L'homme ne vaut que par son immolation à une idée, et qu'est-ce qu'une armée, qu'est-ce qu'un ordre, sinon une idée organisée et qui s'est assimilé ainsi des milliers d'existences? Chacune de ces existences participe à son tour aux forces réunies de toutes les autres. Qu'eût été dom Griffi sans son couvent? Sans doute un antiquaire à petit esprit et qui eût catalogué quelque musée. Car, son exaltation à peine passée, et tandis que nous remontions vers notre appartement, il nous tenait, lui aussi, de ces discours de collectionneurs qui oublient le fond de l'œuvre d'art pour discuter seulement ses alentours, ses ressemblances et son authenticité.

— « Il a été traité souvent, » disait-il, « ce sujet de la Madone à la ceinture et de saint Thomas. Vous trouverez à l'Académie de Florence un charmant bas-relief de Luca della

Robbia, où la Madone entourée d'anges donne cette ceinture à l'apôtre... Francesco Granacci a traité ce même motif deux fois, et Fra Paolino de Pistoie, et Taddeo Gaddi, et Giovanni Antonio Sogliani, et Bastiano Mainardi, — ce dernier à Santa Croce... Les rougets m'ont déjà envoyé des photographies de toutes ces peintures. Rien qu'à la tête de la Vierge je suis sûr que celle de notre Benozzino sera la meilleure... Mais voulez-vous entrer dans ma cellule, je vous montrerai les boucles d'oreilles et la petite collection de dom Pio Schedone... »

Nous acceptâmes, poussés, Philippe Dubois peut-être par un fonds d'archéologue qui persistait en lui sous le futur écrivain, et moi par la curiosité de voir la figure des objets parmi lesquels vivait notre hôte. La première pièce où il nous introduisit trahissait par son désordre l'incurie du falot serviteur qui répondait au nom de Luigi. Des livres s'y empilaient, dont la grosseur et la reliure révélaient des Pères de l'Église. A côté, une paire de tenailles, des marteaux et une boîte remplie de vis, de clous et de ferraille, témoignaient que dom Griffi savait au besoin se passer d'ouvriers pour quelque raccommodage de meuble ou de serrure. Des citrons séchaient dans une assiette. Des fiaschi à la paille noircie et souillée devaient contenir les échantillons des dernières récoltes en huiles et en vins. Un de ces vases de terre brune que les femmes de Toscane appellent un *scaldino* et qu'elles remplissent de braise pour s'y chauffer les mains en le tenant par son anse, représentait le confort unique de ce cabinet carrelé, où un chat très noir se prélassait paresseusement. Sans doute quelque voyageuse anglaise reconnaissante avait envoyé au pauvre moine le petit appareil d'argent à faire le thé, seule élégance de ce rustique capharnaüm. Mais Luigi s'étant bien gardé de nettoyer le métal de la cafetière, même ce petit ustensile noircissait sur son étagère. Un grand crucifix, posé sur son pied, dominait la table où des feuillets s'entassaient, couverts d'une large et ferme écriture.

— « Ce sont les sermons de mon maître que je me suis chargé de recopier, » dit dom Gabriele. « Le bon cardinal est aveugle, et il voudrait que son œuvre fût achevée d'imprimer avant sa mort... Il a quatre-vingt-sept ans... Ah! son écriture est terriblement *perfide*, » ajouta-t-il avec un nouvel italianisme, « et puis, j'ai si peu de temps... Heureusement je ne dors que quatre heures par nuit. Voyons, Nero, laisse cette chaise, laisse cette chaise, mon *micino*, mon *murzi*... » Il parlait au chat comme Pasquale à sa jument, et, comme s'il eût compris, Nero s'élança de la chaise sur les papiers qui contenaient les titres du vieux cardinal à la gloire. « Bon, asseyez-vous là, » me dit-il, « et vous, seigneur Filippo. » Il nous avait demandé nos prénoms dès le commencement du dîner pour ne plus nous nommer qu'ainsi, avec l'aimable familiarité de son pays. « Voyons, » continua-t-il, « où est cette diablesse de cassette? Bon, sous ce volume des Pères où j'ai cherché l'autre jour cette citation dans le traité de saint Irénée contre les Gnostiques... Il s'agissait de Basilidiens qui prétendaient se dérober au martyre sous le prétexte que nous ne devons pas faire connaître nos idées au vulgaire. Ah! l'orgueil! l'orgueil! Vous le trouverez à la base de toutes les hérésies et de tous les sophismes. Et c'est si bon de croire, c'est si simple surtout!... Mais, tenez, voilà la boîte. Elle est tout ouverte... Je ne ferme rien de ce qui est ici, parce que c'est à moi et non pas au couvent. Allons, où sont ces anneaux?... »

Il avait, en effet, durant ce discours, dégagé un coffret de cuir, dont la fermeture avait dû être assez compliquée pour qu'une fois faussée elle eût défié les pauvres ouvriers de ce trou perdu. Le couvercle levé, nous pûmes voir que l'intérieur contenait un assez grand nombre de menus objets soigneusement recouverts d'enveloppes de papier toutes étiquetées. La forme ronde de la plupart de ces plis indiquait suffisamment que la collection de feu dom Pio Schedone se composait surtout de médailles. Je constatai avec étonnement que le travail des boucles d'oreilles étrusques était très fin. Je pris au hasard un des petits paquets ronds, et je lus sur son papier : *Julii Cæsarius aureus.* Je crus reconnaître, en examinant la pièce d'or, qu'elle était absolument authentique. Je la tendis à Philippe qui me fit remarquer la tête de Marc-Antoine sur le revers et qui me dit :

— « C'est une très belle monnaie, extrêmement rare... »

J'en pris une seconde, une troisième, et je tombai avec un étonnement encore plus grand sur un Brutus dont je me trouvais par hasard savoir la valeur. Voici comment. Ayant, l'année précédente, à faire mes cadeaux de 1ᵉʳ janvier, j'avais eu l'idée d'offrir, à quelques-unes des dames chez lesquelles j'avais dîné, de petites médailles pour les suspendre à leurs bracelets, et mon cher ami Gustave S***, un des plus distingués numismates de l'heure présente, avait bien voulu m'accompagner à cet effet chez un marchand spécial. Là j'avais beaucoup admiré cette pièce d'or qui porte d'un côté la tête de Brutus le Jeune et de l'autre celle de Brutus l'Ancien. Mon ami S*** n'avait pu s'empêcher de sourire de mon ignorance quand, ayant dit : « Je prendrais volontiers celle-là, » l'antiquaire me répondit : « Pour vous, monsieur, à cause de Monsieur, ce sera treize cents francs. » Et cette pièce, cotée de la sorte sur la place, elle était là, parmi soixante autres, dans le coffret de dom Pio. Je ne pus retenir une exclamation et je montrai la monnaie à Philippe en lui racontant ce que je savais de son prix.

— « Je m'en serais douté, » me dit-il, « car j'ai un peu étudié aussi la numismatique ; et remarquez qu'elle est en parfait état et à fleur de coin... »

— « Mais vous avez là un trésor, mon Père, » dis-je à dom Griffi, qui m'avait écouté sans avoir trop l'air de prendre au sérieux mes paroles, et j'insistai, lui expliquant les raisons pour lesquelles je croyais pouvoir lui affirmer la valeur d'une au moins de ses pièces, et la compétence de mon compagnon.

— « C'est ce que me répétait dom Pio, » fit-il en changeant peu à peu d'expression. « Il avait ramassé ces monnaies de côté et d'autre, dans ses fouilles... Quand le pauvre Pio est mort, c'était le temps le plus dur, nous venions d'être frappés, et j'ai eu tant à faire que j'ai négligé de faire examiner sa collection par le professeur Marchetti que vous aurez vu à Pise. Je l'avais tout à fait oublié, et, sans le roi Gondoforus, je n'aurais jamais songé à les regarder seulement... C'est l'autre jour, en dérangeant ces bouquins, que je me suis souvenu d'avoir vu entre les mains de dom Pio une paire de boucles d'oreilles assez étranges. Je cherche dans le coffret, je les trouve, je vous en parle. Ma foi, » ajouta-t-il en se frottant joyeusement les mains, « je voudrais beaucoup que vous eussiez raison. Il y a une terrasse qui menace ruine près du donjon et le gouvernement me refuse de l'argent; avec quatre mille francs on en viendrait à bout; mais quatre mille francs!... » Et il hocha la tête avec incrédulité en montrant le coffret.

— « Mon Dieu, » lui répondis-je, « à votre place, je consulterais vraiment le professeur dont vous parlez, mon Père, car je trouve encore là un aureus de Domitien avec un temple à son revers, que je crois bien avoir vu aussi parmi les pièces rares... »

— « Rarissime, » dit Philippe, qui examina la monnaie de très près, « et ce Dide Julien, rarissime aussi, et cette Didia Clara... Ce sont de magnifiques échantillons. Il est probable qu'un paysan aura tout simplement trouvé près de Volterra quelque trésor d'une légion perdue à la suite d'une déroute et vendu le tout à dom Pio... »

— « Si c'était vrai, » dit l'abbé en se frottant de nouveau les mains, « ça prouverait une fois de plus que le cher cardinal a bien raison de répéter : *Dio non manda mai bocca, che non mandi cibo**. J'ai tant prié pour cette terrasse ! C'est là que les frères malades allaient prendre le soleil à leur convalescence. J'écrirai donc à M. Marchetti de venir me rendre visite aussitôt qu'il pourra. Ah ! c'est un de mes amis, et qui se plaît tant à Monte-Chiaro !... Demain matin, à ma messe, je remercierai le Seigneur et je prierai aussi pour vous... Bon, j'allais oublier de prévenir Luigi

---

* « Dieu n'envoie jamais de bouche sans envoyer aussi de la nourriture. »

qu'il doit être prêt à me la servir à six heures, à sept j'ai des rendez-vous... »

— « Savez-vous, » disais-je un peu plus tard à Philippe en lui souhaitant le bonsoir à mon tour, « que l'on comprend avec quelle facilité certaines circonstances prennent une apparence providentielle, quand on voit des aventures comme celle-là... Ce pauvre moine a besoin d'argent pour son couvent. Il prie Dieu de toutes ses forces, et deux étrangers lui découvrent qu'il le possède, cet argent, là, sous sa main... »

— « C'est la bêtise du hasard, » dit Philippe en haussant les épaules; « avez-vous jamais entendu raconter qu'un jeune homme de talent et auquel il ne manquerait qu'une petite somme pour être mis à même de montrer son talent, ait trouvé cette somme? Qu'un grand écrivain ait gagné un centime à une loterie? Tenez, j'ai connu des bourgeois riches et stupides, dans ma province, qui ont vu leurs obligations de la Ville de Paris sortir aux tirages et leur rapporter des deux cent mille francs. Un mien cousin m'en avait laissé une, à moi, de ces obligations-là. Je l'ai vendue, fort heureusement. En dix ans, vous croyez qu'elle est seulement sortie une fois! Pas même pour me rapporter six mille francs, deux mille francs, mille. — Et voilà ce frocard imbécile qui va les avoir, lui, ces six mille francs, plus peut-être, et il les emploiera, — à quoi? A consolider une terrasse pour des moines qui ne reviendront jamais... Chamfort disait que le monde est l'œuvre du diable devenu fou. S'il avait dit : devenu gâteux! »

— « En attendant, » fis-je avec une humeur jouée et comme si j'eusse parlé à un petit garçon malade, pour ne pas avoir à me fâcher contre ce qui n'était après tout qu'une plainte trop justifiée, « allez dormir et laissez-moi en faire autant. »

Comme le vent s'était levé, — un mélancolique vent d'automne qui tournait, doux et plaintif, autour du monastère, j'éprouvai une certaine difficulté à réaliser moi-même ce programme et à m'endormir dans le lit un peu dur des anciens abbés généraux. J'entendais Philippe Dubois aller et venir dans sa chambre, et je me demandais si, malgré son ironie, trop outrée pour n'être pas factice, il ne se sentait pas troublé, lui aussi, par le beau spectacle d'une vie si résignée, si pieuse, que notre hôte nous avait donné, tout ce soir. Les phrases du prêtre sur le caractère providentiel de certaines rencontres me revenaient. Est-il possible de réfléchir profondément, sincèrement à sa propre destinée et à celle de ses proches sans subir cette obscure intuition qu'un esprit plane en effet sur nous tous, qui nous mène, par des chemins quelquefois très détournés, vers des fins que nous ne comprenons pas ? Mais surtout dans le châtiment de nos fautes, ce mystérieux esprit révèle sa présence reconnue par les moralistes de tous les temps, depuis les poètes grecs qui adoraient la *Némésis*, l'obscure équité universelle, jusqu'à Shakespeare et Balzac, les maîtres de l'art moderne. Leur œuvre n'est-elle pas dominée par cette vision d'une grande justice finale enveloppant l'existence humaine ? Puis je me faisais des objections par cette triste habitude du pour et du contre que l'on ne dépouille pas avec tant de simplicité, quoi qu'en pensât notre hôte. Je songeais à cette autre loi de décroissance qui veut que tout meure des plus belles parmi les choses humaines, depuis un être moral comme est un couvent, jusqu'aux chefs-d'œuvre des arts. Les fresques de Benozzo venaient d'être retrouvées, après quatre cents ans, pour disparaître à nouveau dans quelques autres centaines d'années, mais détruites par l'invincible travail du Temps.

Oui, tout meurt, et tout recommence... Dom Gabriele Griffi a parlé tout à l'heure des Basilidiens, de leurs théories subtiles et de l'orgueil qui est à la base de toutes les hérésies. Je me souvins de l'étonnante analogie qui éclata pour moi, lorsque j'étudiai les doctrines d'Alexandrie, entre ces paradoxes et nos maladies morales d'aujourd'hui. Mon jeune compagnon n'en était-il pas la preuve, lui qui m'avait énoncé, à propos des relations des écrivains et du public, exactement ce sophisme du mensonge par mépris cher aux Gnostiques? Et je l'entendais marcher toujours, — en proie à quelle agitation? — jusqu'à ce qu'à travers ces raisonnements contradictoires je finis par fermer les yeux, et quand je me réveillai le matin, ce fut pour voir au chevet de mon lit l'innocent Luigi, les bras chargés d'un plateau sur lequel était préparé du café au lait, et presque aussitôt le moine entrait dans ma chambre :

— « Ah! bravo, » me dit-il, avec son bon rire, « vous avez pu bien reposer, et vous avez fait mentir le proverbe : *Chi dorme non piglia pesci*[*]. Car un paysan vous a apporté des truites

---

[*] « Qui dort ne prend pas de poissons. »

toutes fraîches pour votre déjeuner... Quant au seigneur Filippo, il est déjà à courir la montagne. Quand je suis revenu de la messe, à six heures et demie, je l'ai vu qui grimpait du côté du village, leste comme un chat... Quand vous serez levé, nous irons revoir les Benozzo au grand jour... Le seigneur Filippo sera revenu, sans doute... Vous verrez aussi la bibliothèque du couvent... Ah! si vous saviez comme elle était riche avant la première suppression, celle de Napoléon Ier... Mais patience, puisqu'il paraît que nous allons déjà ravoir notre terrasse. *Multa renascentur...* »

Une heure plus tard, j'étais levé, j'avais bu, sans trop faire la grimace, le café à base de chicorée passé par Luigi; le Père et moi nous rendions de nouveau visite au roi indien Gondoforus et au sourire de la Vierge. Dom Griffi eut le temps de me montrer les réfectoires, le grand et le petit; les bibliothèques, les chapelles, le vivier, les citernes, l'étroit jardin où il élevait des cyprès minuscules, en attendant de les planter. Philippe était toujours absent. S'était-il égaré, ou bien éprouvait-il pour la conversation et la société du Père une de ces antipathies dont les nerveux comme lui subissent les irrésistibles atteintes ? Je me serais posé ces questions avec une certaine indifférence, je l'avoue, tant son continuel persiflage m'avait agacé, si, vers les onze heures, et à notre retour de la visite à travers le couvent, je n'avais été littéralement frappé d'épouvante par un petit fait très inattendu et que je provoquai sans en avoir le moindre pressentiment. Dom Griffi venait de s'excuser. Il était obligé de me laisser seul jusqu'au déjeuner. Je n'avais pas de livres avec moi. Ma correspondance était, par extraordinaire, au courant. « Si je revoyais ces médailles d'hier ? » pensai-je, et voici que je demande le coffret au Père, qui me l'apporte lui-même. Installé paisiblement dans ma chambre, je déploie les papiers les uns après les autres, admirant ici un profil d'empereur lauré, là une Victoire. Je ne sais pourquoi la fantaisie me prend de revoir l'*aureus* de César avec la tête d'Antoine. Je cherche cette pièce parmi les autres. J'ai de la peine à la trouver. Je prends les médailles une par une, et je ne vois plus le nom du dictateur écrit sur aucune des enveloppes. « Nous les avons mal remises, » me dis-je, et j'ai la patience de les défaire toutes. Pas de médaille de César. Pas de médaille de Brutus non plus. Je ne crois pas avoir éprouvé dans ma vie une angoisse comparable à celle qui me serra le cœur quand je constatai cette absence de deux monnaies qui valaient certainement près de deux mille francs, et qui étaient là, encore hier au soir. Je les avais tenues dans ma main. J'en avais regardé le détail comme à la loupe. J'en avais moi-même indiqué le prix approximatif au Père, et elles avaient disparu. J'eus l'espérance qu'il les avait mises de côté, sur cette indication, pour les expédier à Pise aussitôt, et faire contrôler plus vite leur authenticité, et je courus à sa cellule, au risque de le déranger. Il m'eût été impossible de ne pas vérifier sur-le-champ cette hypothèse. Dom Griffi était occupé, avec un grand pendard de paysan roux, à recouvrer quelque créance, car le paysan tenait à la main un portefeuille de cuir des poches duquel sa main calleuse tirait, avec le plus comique regret, des coupures de cinq et de dix francs. L'abbé vit à ma figure que j'avais une nouvelle importante à lui annoncer :

— « Votre ami n'est pas malade ?... » me demanda-t-il vivement.

— « Non, » lui répondis-je. « Mais je voudrais me permettre de vous poser une question, mon Père. Avez-vous retiré du coffret de dom

Pio quelques-unes des pièces d'or que nous avons maniées hier ? »

— « Aucune, » fit le bonhomme ingénument, « le coffret est demeuré là, tel que nous l'avions laissé. »

— « Ah ! mon Dieu ! » m'écriai-je avec terreur, « c'est qu'il en manque au moins deux, et des plus importantes, le César et le Brutus... »

Je n'eus pas plutôt prononcé cette phrase que j'en sentis la terrible portée. Personne, jusqu'à notre arrivée, n'avait soupçonné ce que représentait d'argent la collection de dom Pio. Ce César et ce Brutus étaient justement, parmi les monnaies, celles que nous avions le plus remarquées. Elles avaient été dérobées. Ce n'était pas Luigi qui avait pu les choisir ainsi entre les autres, ni un des paysans pareils au rustre que je voyais en ce moment compter de nouveau avec son doigt calleux ses malpropres petits billets de banque. D'autre part, je ne pouvais pas être soupçonné. J'étais au lit au moment où le Père disait sa messe et où sa chambre était vide. Depuis, nous ne nous étions plus quittés. L'éclair d'une atroce évidence me fit dire tout haut :

— « Non, non, ce n'est pas possible... »

Je venais de voir Philippe tenté, aussitôt après

notre conversation d'hier, par le voisinage si proche de ce petit trésor. Le bruit de ses pas, la veille, très tard dans la nuit, me résonna dans la mémoire et s'expliqua pour moi d'une manière affreuse. Il m'avait tant parlé, durant la route, de son besoin d'une petite somme qui lui servît à débuter à Paris. Il avait vu cette somme à sa portée. Il avait lutté, lutté..., — et puis, il avait cédé. Il avait accompli ce vol si facile et deux fois infâme, puisque le pauvre vieux moine était notre hôte. Il lui avait suffi de se lever un peu avant l'heure de la messe. Il était sorti de sa chambre. Il s'était glissé jusqu'à celle du Père. Il avait pris les deux médailles qu'il savait les plus précieuses, sans doute d'autres encore. Puis il s'était en allé dans la campagne, afin de donner un prétexte d'une part à sa disparition matinale et aussi pour dompter le trouble dont il devait être bouleversé. Entre les paradoxes les plus hardis d'immoralité intellectuelle et une action honteuse comme celle-là, il y a un abîme. Je me sentis, devant cette accablante probabilité, saisi d'une telle émotion que les jambes me manquèrent et je dus m'asseoir tandis que dom Griffi disait à son paysan avec sa douceur habituelle :

— « Va m'attendre dans le corridor, Peppe. Je t'appellerai. »

Puis quand nous fûmes tous les deux seuls :

— « Voyons, mon enfant, » commença-t-il d'une voix que je ne lui connaissais pas encore, celle non plus de l'hôte amical, mias du prêtre, et en me prenant les mains. « Regardez-moi bien en face. Vous sentez que je sais que ce n'est pas vous, n'est-ce pas ? Ne me dites rien, ne m'expliquez rien, et faites-moi une promesse... »

— « De forcer ce malheureux à vous rendre ces pièces... Ah! mon Père, quand je devrais les lui arracher de mes mains ou le livrer moi-même aux gendarmes... »

— « Vous ne m'avez pas deviné, » reprit-il en secouant la tête, « et je veux au contraire que vous me promettiez sur l'honneur de ne pas prononcer un mot qui laisse soupçonner que vous avez découvert la disparition de ces médailles... Pas un mot, entendez-vous, et pas un geste... C'est mon droit de vous le demander, n'est-il pas vrai ?... »

— « Je ne comprends pas, » l'interrompis-je.

— « *Pazienza*, » dit-il en employant son mot favori, « promettez-moi seulement et laissez-moi finir avec ce terrible Peppe... Ah! ces gens-là me feront mourir avant que je n'aie pu revoir les frères ici... Ils disputent, cinq francs par cinq francs, le paiement de leurs fermages ; mais, vous savez, fermer les yeux et se recommander à Dieu... J'ai votre promesse ? »

— « Vous l'avez, » répondis-je, vaincu par une espèce d'autorité qui émanait de toute sa personne en ce moment.

— « Et voulez-vous me rapporter le coffret tout de suite ? »

— « Je vais vous le chercher, mon Père... »

Malgré la parole donnée, j'eus une peine infinie à me contenir quand, une demi-heure après cet entretien, je me retrouvai avec Philippe Dubois, enfin revenu de sa promenade. Je dois reconnaître, à son honneur, que son visage traduisait, à cette minute, une anxiété intérieure qui eût achevé de me convaincre si j'avais gardé le moindre doute sur sa culpabilité. Il devait cependant se croire assuré du secret, car c'était un bien étrange hasard que mon second examen du coffret, et, moi excepté, qui pouvait constater l'absence des médailles dérobées ? Nous les avions mentionnées trop vite pour que dom Griffi eût eu le temps d'en retenir les noms. Aussi ce n'était pas la crainte d'une découverte de ce vol qui mettait sur ce front intelligent et dans ces yeux, si vifs encore la veille, cette sombre expression d'inquiétude. Je devinai que le remords et la honte le déchiraient, tout simplement. Il était si jeune, malgré son masque de cynisme, si voisin, malgré sa corruption intellectuelle, du chaud foyer de sa famille, si nourri encore de loyauté provinciale! Il remarqua bien la tristesse de mon regard, mais s'il l'attribua d'abord à la véritable cause, le silence que j'observai, d'après ma promesse, dut le rassurer.

— « J'ai fait une magnifique promenade, » me dit-il sans que je lui demandasse aucun détail sur l'emploi de sa matinée; « seulement, je me suis égaré, et j'arrive trop tard pour visiter le couvent... Je ne le regrette pas, car j'aurais peur de gâter ma sensation d'hier en revoyant ces fresques au grand jour. A quelle heure repartons-nous ? »

— « Vers les deux heures et demie, » lui dis-je.

— « Alors, » fit-il, « si vous me permettez, je vais boucler ma valise. »

Il passa dans sa chambre sous ce prétexte. Je l'entendais qui allait et qui venait de nouveau comme cette nuit. Ma présence lui était, malgré tout, insupportable. Que serait-ce quand il reverrait l'abbé?... J'appréhendais, avec une inquiétude qui allait jusqu'à la douleur, l'instant où, tous les trois assis derechef à la vieille table des novices, nous devrions causer, sachant, le prêtre et moi, ce que nous savions, et lui avec ce poids sur le cœur. Une curiosité se mélangeait à cette inquiétude. En me demandant le silence absolu auprès de Philippe, dom Griffi avait certainement son plan. Allait-il essayer de confesser le jeune homme sans trop l'humilier, en tête-à-tête ? Ou bien, dans la divine bonté que révélaient ses yeux de vrai croyant, s'était-il décidé à pardonner en silence, comptant que le reste du trésor de dom Pio suffirait à payer la réparation de la fameuse terrasse ? Toujours est-il que l'heure du déjeuner arriva, — toutes les heures arrivent, — et dom Gabriele vint nous appeler, avec sa même voix gaie et cordiale :

— « Hé bien ! seigneur Filippo, » dit-il, « vous avez pris faim, dans votre promenade ?... »

— « Non, mon Père, » répondit Philippe à qui le Père avait saisi les deux mains affectueusement et que cette chaude étreinte paraissait gêner, « j'ai peur d'avoir eu un peu froid. »

— « Alors vous boirez un peu de mon *vino santo*, » reprit le moine, « vous savez pourquoi nous l'appelons ainsi ? Nous suspendons des raisins à sécher jusqu'au jour de Pâques, et alors nous les pressons. Il y a un proverbe toscan qui dit

Nell' uva sono tre vinaccioli, dans le raisin il y a trois pépins; *uno di sanità, uno di letizia, e uno di ubriachezza,* un de santé, un de gaieté, un d'ivresse. Mais, dans mon *vino santo,* il ne reste que les deux premiers. »

Et ce fut ainsi de sa part une suite de phrases doucement enjouées tout le long du repas, qui se composait cette fois des truites promises, de châtaignes grillées, d'œufs en omelette qualifiés de frits, et de grives, — de ces grives gorgées de raisins et de genièvre, qui font le régal d'automne dans ce coin béni d'Italie.

— « Je n'ai jamais pu toucher à un de ces petits oiseaux, » nous dit le Père, « je les vois voler de trop près ici. Mais nos paysans les chassent à la glu. Les avez-vous vus passer avec une chouette apprivoisée ? Ils disposent le long de la vigne des bâtons enduits de cette glu. Puis ils posent la chouette à terre, attachée à un autre bâton. Elle volète çà et là. Les oiseaux s'approchent par curiosité. Ils touchent aux baguettes, et les voilà pris. Je me suis toujours étonné qu'un poète n'ait pas fait une fable avec ce joli tableau... »

Mais d'allusion aux pièces disparues, pas un mot. Pas un mot non plus qui marquât une différence entre ses dispositions à mon égard et à l'égard de mon compagnon, — peut-être un peu plus de câlinerie cependant pour lui, que je voyais comme brisé par cette sympathie presque affectueuse de notre hôte si indignement trahi. Vingt fois je distinguai des larmes sur le bord des yeux de ce garçon, qui n'était évidemment pas né pour le mal. Vingt fois je fus sur le point de lui dire : « Allons, demande pardon à ce saint prêtre, et que ce soit fini... » Puis Philippe fronçait les sourcils, ses narines se crispaient. Le feu de l'orgueil séchait ses prunelles, et la conversation continuait, ou plutôt les monologues de dom Griffi, qui comparait maintenant son Monte-Chiaro au Monte-Oliveto, et il parlait avec tendresse de son ami qui est aussi le mien, le cher abbé de N***, préposé à une besogne de garde toute pareille. Puis il nous racontait toutes sortes d'anecdotes sur le couvent, les unes infiniment intéressantes, — une visite, par exemple, du connétable de Bourbon en marche sur Rome, et commandant en secret au prieur une messe pour le lendemain de sa mort; — d'autres, enfantines et relatives à des légendes naïves... Ce ne fut qu'après ce repas et une fois remontés dans notre salon, que je compris son intention et quelle idée lui avait suggérée une connaissance de cœur humain, qu'un confesseur peut seul avoir. Nous ayant quittés quelques minutes, il rentra, tenant à la main la cassette de dom Pio. Je regardais Philippe. Il était devenu livide. Mais le visage ridé de notre hôte n'annonçait cependant aucune sévère interrogation :

— « Vous m'avez enseigné le prix de ces médailles, » nous dit-il simplement en posant le coffret sur la table. « Il y en a bien trop pour ce que j'ai à faire reconstruire. Permettez-moi de vous demander d'en choisir pour vous, chacun deux ou trois, que vous garderez en souvenir du vieux moine, qui a prié pour vous deux ce matin... »

Il m'avait regardé, en prononçant ces quelques mots, d'un regard où je pus lire le rappel de ma promesse. Il était sorti, que nous étions là, Philippe Dubois et moi-même, immobiles. Je tremblais qu'il ne devinât que je savais son secret. La sublime indulgence de dom Griffi, destinée à produire un repentir presque foudroyant par l'excès de la honte, ne pouvait avoir son plein effet sur cette âme en détresse que si l'amour-propre blessé n'y mêlait pas son fiel.

— « Que c'est bon, un bon prêtre !... » dis-je simplement pour rompre le silence. Philippe ne répondit rien. Il s'était vivement retourné contre la fenêtre et il regardait le vert paysage que nous avions admiré le soir en entrant, plongé dans une rêverie profonde. J'avais ouvert le coffret, et pris au hasard une des médailles pour obéir à notre hôte, puis je passai dans ma chambre. Mon cœur battit, je venais d'entendre le jeune homme qui sortait en courant, et ses pas qui se dirigeaient vite, vite, vers la cellule du vieux moine. L'orgueilleux était vaincu. Il allait rendre les pièces volées et avouer sa faute. En quels termes parla-t-il à celui qu'il avait d'abord comparé si insolemment à feu Hyacinthe, et que lui répondit ce dernier ? Je ne le saurai jamais. Seulement, lorsque nous fûmes remontés tous deux en voiture et que Pasquale eut dit à sa jument : « Allons, Zara, cherche tes jambes..., » je me retournai pour revoir le couvent que nous quittions et saluer l'abbé, venu jusqu'au seuil, et je reconnus, dans le regard que mon compagnon jetait de son côté sur le simple moine, *l'aube d'une autre âme.* — Non, l'ère des miracles n'est pas close, mais il y faut des saints, — et ils sont trop rares.

Pérouse, novembre 1890.

II

Monsieur Legrimaudet

A FRANCIS MAGNARD.

MONSIEUR LEGRIMAUDET

I

SA VIE

J'AI pu étudier, depuis mon entrée dans ce pays bizarre qui s'appelle le Monde des Lettres, bien des figures originales, bien des existences de paradoxe, à faire trouver tout simple le Z. Marcas de Balzac et tout simple aussi ce neveu de Rameau, croqué sur le vif par le plus hardi prosateur du dix-huitième siècle. Je ne crois pas avoir connu de personnage aussi étrange qu'un parasite professionnel, ennemi justement du grand Diderot, mais ennemi personnel et fielleux comme le pire des rivaux, M. Jean Legrimaudet. Il est mort aujourd'hui, et son livre de calomnies contre les Encyclopédistes, qui obtint un succès de réaction vers 1855, est bien oublié. Bien oubliés ses deux volumes contre Victor Hugo, répertoire de racontars fantastiques, d'anecdotes aussi sottes et fausses que scandaleuses. Je ne sais qui disait de lui plaisamment : « Legrimaudet ! On est préservé de sa diffamation par son style..., » et, de fait, la phraséologie de ce cacographe, sa rhétorique vague et prétentieuse, la badauderie de son information toujours puérile et inexacte, les naïves iniquités d'un soi-disant catholicisme qui consiste à mettre hors la loi humaine tout adversaire suspect de libre pensée, rien, en un mot, dans les quelques livres qu'il a laissés, ne donne la moindre idée de l'originalité animale, si l'on peut dire, du pamphlétaire lui-même. Par un singulier caprice du hasard, chaque nouveau tournant d'année, — je dirai tout à l'heure pourquoi, — me rend présente à nouveau cette physionomie disparue d'un authentique Diogène et que j'ai pu voir de mes yeux, écouter de mes oreilles. Et voici que la tentation m'est venue d'esquisser en deux études le portrait de ce solitaire qui vivait plus abandonné dans Paris que Robinson dans son île. Je raconterai d'abord l'anecdote qui, pour moi, rattache bizarrement ce souvenir à cette fin du mois de décembre. Peut-être les curieux d'excentricités consulteront-ils avec intérêt ces deux « crayons d'après nature. » Peut-être aussi quelque lecteur, soucieux de conclusions pratiques, trouvera-t-il dans ce simple récit une preuve de plus à l'appui du grand précepte de l'Évangile, si profond, si méconnu : « Vous ne jugerez pas. » Il m'a semblé souvent que la plus haute moralité d'une œuvre d'art, j'entends d'une œuvre littéraire, consistait à redoubler en nous le sentiment du mystère caché au fond de tout être humain, du plus lamentable et du plus comique comme du plus sublime. « L'âme d'autrui, » disait Tourguéniev, « c'est une forêt obscure... » Ah! la belle parole! et qui l'aurait vivante en soi s'épargnerait tant de ces injustices quotidiennes, tant de ces meurtrissures du cœur des autres qui ne sont jamais que des ignorances!

Quand je rencontrai Legrimaudet pour la première fois, c'était en 1874, vers la fin de l'automne, chez mon plus ancien camarade de jeunesse, André Mareuil, qui fut, pendant une époque, chroniqueur à la mode, — et depuis !... Mais en ces temps-là il remplissait les modestes fonctions de simple employé à la Bibliothèque nationale. Dès lors il professait une espèce de goût enfantin pour ce qu'il croyait être la vie élégante. Avec ses dix-huit cents francs d'appointements, il habitait près du parc Monceau, sous les combles d'une grande diablesse de maison neuve. Je vis, ce jour-là, installé au coin du feu, dans le petit cabinet de travail de mon ami, un homme d'environ soixante ans, d'aspect minable et qui appuyait aux chenets deux pieds monstrueux de gibbosités, deux horribles pieds, déformés par les oignons et les engelures comme ceux d'un goutteux, et suppliciés dans des bottines évidemment achetées d'occasion ou données par quelque bienfaiteur peu généreux. La tête du personnage aurait fait dire au Philistin le plus ignorant des choses de l'art : « C'est un Daumier, » tant elle reproduisait le type favori de ce tragique dessinateur. Des cheveux grisonnants, verdâtres par place, encadraient une face terreuse, une face grise et flétrie où clignotaient entre des paupières rougies de petits yeux vairons d'une malice presque sauvage. Une bouche flétrie, une barbe sale, des rides pareilles à des raies noires s'harmonisaient à la misère du chapeau à haute forme que l'inconnu tenait sur ses genoux et qui montrait une soie délavée par d'innombrables averses. Cet homme portait un habit de soirée, échoué sur ses épaules, — après quels hasards ?... Un habit ? Non, un souffle d'habit, un tissu arachnéen, dont chaque fil était usé, dont la trame semblait devoir se déchirer au moindre geste, et qui croisait sur un gilet de tricot jadis marron. Une cravate bleue nouée autour d'un col de chemise effiloché, un pantalon en guenille, achevaient de lui donner cet aspect de délabrement auquel se reconnaît dans notre société le réfractaire définitif et inguérissable, le vaincu de la vie qui s'est résigné à subsister d'aumônes ; et cependant il garde, même dans sa détresse, une je ne sais quelle tenue bourgeoise qui le distingue encore de l'ouvrier déchu. Quoique je fusse très jeune alors et mal renseigné sur les variétés de cette vaste espèce : les mendiants de lettres, je n'hésitai pas à reconnaître, dans l'hôte singulier qui chauffait ses loques au foyer de Mareuil, un parasite de bas étage. Mon ami ne me le nomma pas tout d'abord ; il jouissait visiblement de la curiosité que m'inspirait le pittoresque inconnu qui, lui, ne semblait pas s'apercevoir de mon existence. Il avait, répandu sur toute sa personne, un air d'insolence outrageante, comme une carrure dans l'ignominie, qui déconcertait la pitié. J'ai su depuis qu'il lui échappait de dire en parlant de son frac :

— « Je suis l'homme de France qui porte le mieux l'habit. Voilà quinze ans que je n'ai pas quitté celui-ci... »

Et il était de bonne foi ! Toute son attitude révélait d'ailleurs son terrible orgueil, condensé en un mépris pour ce qui l'entourait dont j'eus le témoignage dès cette première entrevue. Tout en causant, André et moi, nous en étions venus à parler du *Journal de Lestoile* que mon ami lisait alors, et il m'en montrait un curieux exemplaire, avec annotations marginales du temps, emprunté à sa Bibliothèque. L'inconnu, qui n'avait pas ouvert la bouche depuis un quart d'heure, sinon pour cracher bruyamment dans le foyer, demanda tout d'un coup à Mareuil :

— « Voulez-vous me laisser regarder ce livre ? »

Il le prit de sa main décharnée, à la maigreur de laquelle on devinait le dépérissement de tout son pauvre corps, feuilleta quelques pages, et, rendant le volume à André :

— « Savez-vous, monsieur, » fit-il, « que c'est un mauvais métier que celui de bibliothécaire ? Ils sont trop tentés. Ils finissent tous par voler les ouvrages qui leur sont confiés. Adieu, monsieur. »

Il se levait, en effet, pour prendre congé sur cette extraordinaire impertinence. Je vis que Mareuil réprimait la plus violente envie de rire.

— « Attendez, » dit-il, « je veux vous présenter l'un à l'autre. » Et il me nomma. Puis, avec solennité : — « Monsieur Jean Legrimaudet, l'ennemi personnel de Diderot et de Hugo, l'auteur de l'*Histoire de l'ivrognerie en littérature.* »

— « Monsieur est homme de lettres ? » demanda Legrimaudet.

— « Poète, » répondit Mareuil.

— « Ah! monsieur est poète » (il prononçait poâte). « Faites-moi une ode, alors, monsieur, faites-moi une ode. Savez-vous comment M. Veuillot appelle le poète, monsieur? Un moineau lascif. Et quand il a publié ses vers, moi j'ai fait sur lui cette épigramme :

> *Veuillot,*
> *Tardif*
> *Moineau*
> *Lascif...*

Je suis donc votre confrère en Apollon. Monsieur et cher confrère, adieu... »

Et il sortit sur cette bouffonnerie, débitée avec une voix âcre, qui ne permettait pas de savoir s'il était sérieux ou plaisant, s'il divaguait de bonne foi ou si son affectation de plaisanterie, — et quelle plaisanterie ! — cachait une intention de bas persiflage. Il n'eut pas plutôt passé le seuil de la porte que Mareuil s'abandonna enfin à son fou rire, tandis que je lui demandais :

— « Qu'est-ce que c'est que cet homme-là ? Il ressemble vraiment trop à ses livres !... Et pourquoi reçois-tu des drôles pareils ? »

— « Pour un drôle, » dit André, « c'en est un. Mais que veux-tu ? J'ai pour lui un goût malsain. Il me divertit, et puis chacun a sa marotte en ce bas monde. La mienne, c'est de vouloir lui faire dire merci. Ça t'étonne ? Mais je te jure que je suis sérieux. Voilà deux ans que j'y travaille. Il n'y a pas moyen. J'ai fait pour lui vingt-cinq démarches. Je lui ai payé son terme. Je l'ai habillé. Je lui ai envoyé du vin quand il était malade, un médecin, fourni des remèdes... Jamais, tu m'entends, jamais autre chose qu'une insolence comme celle de tout à l'heure. Tu connais notre grand ami d'Altaï et tu sais que sa faiblesse est de cacher son âge. Hé bien! Il a nourri Legrimaudet pendant vingt ans. Devine ce que celui-ci a imaginé l'année dernière? Il écrivit à la mairie de la ville natale du pauvre d'Altaï pour avoir l'acte de naissance de son ancien bienfaiteur. Ci trois ou quatre francs, et il en est à deux sous près. Il s'est procuré des lettres en cuivre découpé, comme les enfants en ont pour leurs jeux, et nous avons été cent dans Paris à recevoir une carte sur laquelle M. Legrimaudet avait imprimé : — 2 novembre 1810. Naissance du jeune monsieur d'Altaï. — C'est un rien, mais exquis. Ah! je crois que c'est le scélérat complet, sans crime, entendons-nous! On devrait créer pour lui un titre: Grand Ingrat de France... Et c'est si naturel. Depuis son *Hugo,* il se croit un célèbre écrivain persécuté... Vrai! Je te jure que c'est un homme! »

Je me souviens que je ne répondis pas un mot à cette sortie de mon camarade. Il professait dès cette époque un dandysme de misanthropie que j'ai encore aujourd'hui beaucoup de peine à comprendre. L'infamie humaine l'égayait d'une gaieté que je jugeais affreuse et qui se conciliait en lui avec les plus rares délicatesses d'amitié. En lisant, depuis, la correspondance de Gustave Flaubert, j'y ai rencontré un sentiment identique, l'aveu d'une féroce allégresse devant la vilenie morale. Y a-t-il là un simple phénomène d'énervement, la souffrance d'une sensibilité froissée, mais qui, ne voulant pas s'avouer froissée, dissimule sa blessure sous une ironie d'une nature spéciale ? Est-ce la triste satisfaction d'un pessimisme qui se complaît à vérifier ses doctrines au spectacle de la bassesse où peut descendre cet animal prétentieux qui est l'homme ? Ou bien reste-t-il dans certains civilisés, enseveli au fond d'eux-mêmes, un sentiment analogue à ce goût du monstre qui se manifeste dans certains cultes primitifs, goût presque cruel et qui, plus près de nous, explique seul la présence autour des rois de nains difformes comme ceux dont Velasquez a immortalisé la laideur au musée du Prado ? Quand je grondais André sur cette disposition d'esprit, que je ne pouvais m'empêcher de trouver un peu avilissante, en lui disant : « Il faut s'indigner, » il me répondait un : « Oui, Prudhomme, » qui me désarmait. Je ne lui reprochai donc pas son Legrimaudet. Je pensai en moi-même que mon paradoxal ami avait une fois de plus bien mal placé sa fantaisie en s'engouant d'un grotesque et d'un misérable, et, malgré la silhouette si caractérisée de ce gueux de lettres, j'aurais sans doute perdu jusqu'à son souvenir, si le hasard ne m'avait mis de nouveau en présence du Grand Ingrat de France, comme disait baroquement Mareuil, dans des circonstances que, cette fois, je ne pouvais pas aussi vite oublier.

Quinze jours s'étaient écoulés depuis cette visite chez André. On était dans la dernière moitié de novembre. Il faisait une de ces après-midi froides, claires et sèches, où les plus paresseux aiment à marcher sur le pavé si net et à respirer sous le ciel si bleu. Je revenais d'un pied leste par une des rues qui avoisinent la vieille Sorbonne où je suivais en ces temps-là une conférence de philologie grecque à l'École des Hautes Études, et je m'arrêtai devant l'étalage d'un bouquiniste en plein vent à feuilleter quelques livres. Ai-je besoin de dire que ma vocation d'helléniste n'était guère sérieuse, et que je ne cherchais pas, dans les casiers ouverts aux passants, les ouvrages de Sophocle ou de Démosthène ? Mes trouvailles à moi étaient des volumes édités par des libraires du romantisme. L'estampille d'Urbain Canel m'était plus précieuse que celle d'Elzévir. J'ai récolté ainsi, dans cette glane le long des ruelles du quartier Latin, quelques livres qui me rappellent aujourd'hui mes plus naïves, mes plus douces joies de ces années d'apprentissage: la *Jacquerie*, de Mérimée, sortie des presses d'Honoré Balzac, imprimeur rue Visconti; — l'*Anglais mangeur d'opium*, par A. D. M., la première plaquette qu'ait donnée Musset avant les *Contes d'Espagne*; — un *Rouge et Noir*, de Beyle, publié par Levavasseur, avec un changement continu du titre, page à page et qui suit le texte de cette page. Par ce beau jour froid de novembre ma chasse aux premières éditions m'intéressait sans doute moins qu'à l'ordinaire, car je me laissai aller à examiner, au lieu du casier placé devant moi, l'intérieur de la boutique où les livres d'occasion s'entassaient par piles croulantes, puis, à droite et à gauche, mes voisins et confrères en bibliomanie. Ils étaient là quatre ou cinq, tous pauvrement et décemment mis, surveillés par un gardien de l'étalage dans lequel je reconnus avec stupeur le parasite d'André Mareuil, le mendiant qui n'avait jamais dit merci, M. Jean Legrimaudet lui-même! Je ne me trompais pas. Quand la ligne générale du personnage eût permis l'erreur, chaque détail m'eût convaincu que je ne rêvais pas, que c'était bien lui en train de surveiller la boutique, lui avec son chapeau roussâtre sur ses cheveux d'un blanc vert, lui avec ses pieds chaussés de bottines éculées et montueuses, lui avec sa cravate bleue nouée autour de son col de chemise en guenillon, lui avec son visage étique et insulteur, terreux et amer, inexpressif et rogue, lui enfin dans cet habit presque transparent d'usure, boutonné sur ce tricot fané. Les mains enfoncées dans les manches trop longues de ce frac comme dans un manchon, il allait et venait devant l'étalage. De temps à autre, ces deux mains crevassées sortaient du drap élimé pour reprendre quelque volume à un de ces humbles lecteurs comme il en foisonne autour de ces boutiques en plein vent, qui hument un livre au passage comme les affamés reniflent un repas à travers les soupiraux d'un restaurant. Durant cette opération de police, la face décolorée de M. Legrimaudet semblait plus arrogante encore. Pas un mot ne tombait de sa bouche dégoûtée, et il recommençait sa lente promenade. Certes, je n'étais pas suspect d'une sympathie analogue à celle de Mareuil pour le détestable pamphlétaire, pour le calomniateur d'un grand mort et d'un grand vivant, de Diderot et de Hugo. Je ne pus cependant me défendre d'un serrement de cœur à le voir, exerçant ce métier de misère, lui, l'auteur de sept à huit volumes, un homme de lettres, après tout. Et, d'autre part, comment l'exerçait-il sans que son protecteur Mareuil en sût rien? Il continuait d'aller et de venir sans daigner me reconnaître, sans même me regarder, avec une espèce d'impassibilité dans l'extrême détresse qui me rappela une anecdote, racontée par l'abbé de Pradt, je crois, sur un soldat de la garde impériale. Après la retraite de Russie, l'abbé voit ce grenadier appuyé sur son fusil, dans la cour de l'ambassade, à Varsovie, et en train de dormir debout. Il le réveille doucement et lui dit: « Il faut aller vous coucher, mon brave... » — « Ah! » répond l'autre, « on m'a trop fait lever. » Et il se rendort, toujours debout. L'immobile visage de Legrimaudet reflétait une endurance égale, toutes proportions gardées, à celle du vétéran de l'empereur. Mais comment se trouvait-il là, dans ce poste de surveillant d'un bouquiniste? L'avait-il accepté, ce poste, depuis peu de jours, afin de ne plus mendier? Dissimulait-il cette fonction à ses bienfaiteurs afin de cumuler ce maigre profit et leurs aumônes ?... J'eus bientôt l'explication de ce mystère, en voyant s'approcher de Legrimaudet un autre vieillard, cossu celui-là, le corps protégé par un pardessus en peau de bique, les mains prises dans des moufles attachées à son cou par un solide cordon, le chef coiffé d'une casquette à oreillettes, les pieds à l'aise dans des chaussons de laine et des galoches. Son teint rouge et les veines dessinées en bleu sur sa trogne témoignaient de libations fréquentes et de copieux repas. Aux premiers mots prononcés par ce nouveau venu, je compris que j'avais devant moi le véritable propriétaire de la boutique, suppléé par la complaisance de l'autre pour une petite heure.

— « Voilà ! monsieur Legrimaudet, » dit-il gaiement, « je ne vous ai pas trop fait languir ? »

— « Donnez-moi l'ouvrage dont j'ai besoin, » répliqua le vieil écrivain sans daigner répondre à la demi-excuse du libraire. « Par ces mois d'hiver la nuit tombe vite, et je n'ai pas trop de temps pour mes études... Je me couche à six heures... Ce n'est pas comme vous... »

— « Oh ! moi, » dit le bouquiniste, « une petite partie de rems avec des amis, une fois les volets bouclés et le dîner mangé... Et puis à onze heures, bonsoir, plus personne... Tenez, voici vos deux volumes. »

— « Allons, adieu, » reprit Legrimaudet en prenant les livres. « Soignez-vous, monsieur, soignez-vous... Votre frère est mort d'une attaque. C'est dans la famille, ces choses-là, et cette vie de café, à votre âge, hum! il faut vous en défier. Adieu, monsieur. »

Remarqua-t-il que je m'étais approché, pendant cet entretien, et me reconnut-il alors seulement? Ou bien, ayant attendu mon salut, tandis qu'il gardait les livres, éprouvait-il le besoin de me décocher quelqu'une de ces épigrammes goguenardes dont la cocasserie s'empoisonnait de fiel. Il n'avait pas plutôt pris congé du libraire qu'il s'avançait vers moi, et, me tirant un grand coup de chapeau :

— « Salut! monsieur le poète, » fit-il; « comment se porte votre Muse? Et votre ami M. Mareuil, est-il toujours aussi triste? Je ne sais pas ce qu'ont ces jeunes gens d'aujourd'hui à être là mornes comme des bonnets de nuit. Moi, monsieur, à votre âge, mais j'étais fou de gaieté... C'est l'ode à ma louange que vous avez là? »

dit-il, en avisant un cahier que je tenais sous mon bras.

— « Non, » répondis-je naïvement, « c'est le cahier des notes prises à mon cours de la Sorbonne. »

— « Alors, vous êtes étudiant là-bas?... Dites-moi, monsieur l'étudiant, avez-vous toujours le même recteur que l'année passée? »

— « Toujours, » lui répondis-je. « Vous le connaissez? »

— « C'est un âne, » dit-il simplement. « Voulez-vous que je vous le prouve? »

— « Je l'ai toujours entendu vanter, au contraire, comme un savant très distingué. »

— « Distingué, monsieur, distingué!... Vous allez en juger. » — Et je lui emboîtai le pas, entraîné par une invincible curiosité, tandis qu'il continuait : — « Vous savez, monsieur, quel bruit a fait dans le monde mon *Ménage et finances de Victor Hugo*. Ah! j'ai vécu là deux ans d'ivresse. Je ne pouvais pas ouvrir un journal sans y lire mon nom. » C'était vrai, mais il oubliait d'ajouter que d'ordinaire ce nom s'accolait de quelque épithète, telle que drôle, cuistre, vermine, abjecte canaille, maître-chanteur, galfâtre et autres aménités. « Monsieur, j'ai une malle pleine de ces articles. Quand je suis seul chez moi, il m'arrive d'en relire quelques-unes. Je peux mesurer ma gloire aux injures de mes envieux. J'ai des lettres, monsieur, des plus hauts personnages. Un grand fonctionnaire du Japon m'a complimenté. L'évêque d'Orléans m'a remercié de mon dernier livre en m'adressant ses dévoués hommages, ce qu'aucun évêque n'avait fait pour aucun laïque... Hé bien! monsieur, je reçois, l'an dernier, une lettre de votre recteur qui me convoque à son cabinet pour affaire me concernant. Je me consulte: « Que peut-il me vouloir? Ce sera pour « la croix, sans doute. Avec mes opinions, « puis-je l'accepter de la République? Bah! Je « la porterai en voyage... » Enfin, je me décide, et je vais à ce rendez-vous. J'arrive dans cette Sorbonne où vous prenez vos cours. On me fait attendre. Les professeurs ne savent pas ce que valent nos heures, à nous autres écrivains. On m'introduit. Savez-vous ce qu'il me dit, votre recteur distingué: « Monsieur Legri-« maudet, vous avez demandé un secours au « ministère de l'instruction publique comme « homme de lettres, avez-vous publié quelques « ouvrages? »

— « Qu'avez-vous répondu? » lui dis-je,

comme il se taisait; et il épiait dans mes yeux l'éclair d'indignation que devait y allumer cette méconnaissance de son génie.

— « Je me suis levé, » reprit-il, « et je lui ai dit : « Monsieur le recteur, vous ne lisez donc pas « les livres de votre bibliothèque ? Tous les « miens y sont, allez les lire. Ça vous instruira... » Et je suis parti. »

— « Et votre secours ? » lui demandai-je.

— « Monsieur, cet ignorant me l'a naturellement fait refuser. Mais j'y suis habitué. C'est l'envie. N'ayez pas de talent, monsieur. Soyez comme votre ami, M. Mareuil. C'est un médiocre, il réussit déjà. Il n'offusque personne. Moi, monsieur, il y a cinq mois, tous mes Mécènes étaient absents. Je n'avais pas un centime. J'ai dû acheter pour deux sous de pommes de terre frites à crédit. C'est dur, quand on est illustre, de faire de si petits crédits... »

Il jeta cette phrase d'un ton si passionné, que je ne pensai pas à en sourire, d'autant que, sous cette incroyable folie d'orgueil, j'apercevais un de ces abîmes de misère devant lesquels tous les dégoûts s'effacent et toutes les moqueries, et, presque étourdiment, je l'interrogeai, en continuant à le suivre. Nous remontions la rue Soufflot, et le Panthéon dressait devant nous son dôme et l'inscription de sa façade que Legrimaudet regardait d'un étrange regard. Je commençais à trouver Mareuil moins inexplicable de s'intéresser à ce réfractaire qui, dans sa pensée, jugeait évidemment que la patrie manquerait à sa mission si, une fois mort, on ne lui réservait pas une place dans ce temple destiné aux grands hommes, et je lui dis :

— « Mais vous êtes donc seul au monde ? Vous n'avez pas de famille ? Pas un parent ? De quel pays êtes-vous ? »

— « Vous êtes bien superficiel, monsieur, » répondit-il solennellement; « et de quel pays voulez-vous que je sois, sinon de celui de Bossuet ? Monsieur, je suis de Dijon. Mon père était boulanger comme le père du général Drouot. A dix ans, j'étonnais la ville par la précocité de mon intelligence. J'entrai au petit séminaire d'abord, puis au grand. J'ai trop bien prêché, monsieur, j'ai excité la jalousie de l'évêque, et j'ai dû quitter avant la fin. Sans cela, j'aurais le chapeau maintenant... Mais je ne le regrette pas. Je n'aurais pas écrit mon *Diderot* avec cette verve, si je n'étais pas venu à Paris. »

— « Vous y êtes arrivé aussitôt après votre

sortie du séminaire ? Il y a longtemps ? » l'interrompis-je.

— « Très longtemps, » répliqua-t-il évasivement. « Je fus admis d'abord comme clerc dans une étude d'avoué, grâce à un de mes cousins qui est mort. — Pauvre tête, mais bon cœur !... — Cette cléricature m'a été très utile pour mon *Hugo,* monsieur. J'ai appris là les affaires et j'ai été tout préparé à mettre au net les comptes du soi-disant poète avec ses éditeurs. J'aurais pu rester dans la basoche. J'y excellais. Mais le talent d'écrire ne pardonne pas. La plume me démangeait. Quand mon père est mort, j'ai eu quinze mille francs; je me suis lancé dans les lettres. J'ai débuté par une *Histoire des Grands Hommes.* Je cherchais encore ma voie. Puis j'ai attaqué mon *Diderot.* C'était à l'époque du coup d'État. Je l'ai publié, monsieur. Malgré la politique, il a fait un bruit! C'est alors que l'envie a commencé de s'acharner sur moi. Elle ne m'a plus lâché. On m'a fermé tous les journaux et tous les libraires. Mon parti m'a trahi. On veut me faire taire, monsieur, et on a choisi un moyen sûr : la faim... »

— « Vous n'avez pas pensé à prendre quelque place pour travailler à côté ? »

— « Une place ? Et mon temps, monsieur ? Je n'en ai déjà pas assez pour composer. D'ailleurs, je n'ai pas peur de l'avenir. Ce n'est qu'une question de patience. »

— « Vous avez quelque héritage à recueillir ? » repris-je, étonné du ton mystérieux avec lequel ce loqueteux à cheveux blancs parlait de l'avenir. L'avenir, c'était l'hôpital, la table de dissection, et au mieux la fosse commune ! Mais un indicible éclair de chimérique espérance éclairait sa physionomie hargneuse. L'infâme cédait la place à l'illuminé.

— « Monsieur, » me dit-il, « coupez-moi de vos cheveux, je vous ferai tirer votre horoscope. Je connais une somnambule qui a prédit son succès à l'empereur Napoléon III. Il est allé la consulter déguisé en jockey. Je le sais. C'est moi qui endormais cette femme en 1855. Je suis un magnétiseur extraordinaire. Elle me donnait le déjeuner et j'y allais de midi à trois heures. Nous nous sommes brouillés à cette époque, parce qu'elle me déconseillait de publier mon *Hugo*. Elle avait raison, monsieur, pour ma tranquillité. Elle m'a prédit que je mourrai riche et sénateur. Aussi, je peux emprunter sans honte. Tout est noté. Tout sera rendu. Votre ami M. Mareuil a son compte chez moi. Oui, tout, je payerai tout, à un centime près... Sinon, » ajouta-t-il d'une voix sourde, « je renie Dieu, et je meurs damné... »

Nous avions quitté la place du Panthéon et nous arrivions sur le trottoir à l'angle de la rue de la Vieille-Estrapade quand M. Legrimaudet s'arrêta pour proférer cette phrase. Il faut croire qu'il y a dans l'orgueil avoué, avéré, poussé à son paroxysme, une force de fascination, car ce cri, où éclatait de la manière la plus extravagante la confiance indomptable de ce misérable dans sa destinée de gloire, me saisit à cette minute par je ne sais quelle sinistre poésie. Les appels des écoliers en train de jouer dans le préau d'un collège voisin troublaient seuls le silence de ce coin provincial de Paris, — ce Paris où mon compagnon avait su se construire une si étrange demeure d'illusions et d'infamie. Sans doute il éprouvait le besoin de penser tout haut, car, reprenant sa marche et m'entraînant du côté de la rue Tournefort, puis par un lacis de ruelles que je ne connaissais pas, il continuait :

— « Monsieur, il y a cinq mois, à l'époque de cette détresse, — la plus dure que j'aie traversée, — j'ai failli désespérer. J'ai voulu me tuer. J'ai pensé au moyen. Je me serais pendu à la statue du chef des Encyclopédistes, de Voltaire, monsieur, pour déshonorer mon parti. Juste en ce moment j'ai fait un héritage. Une veuve qui avait été ma voisine autrefois m'a donné toute la défroque de son mari. Les marchands d'habits sont des voleurs. Mais de ces hardes j'ai tiré tout de même assez d'argent pour attendre. On réimprime mon *Hugo*. C'est une affaire superbe, malgré la cabale. Monsieur, je ne suis pourtant pas bien exigeant. Avec cinq cents francs par an je suis riche. Ça vous étonne, parce que vous ne savez pas vivre. Comptons. J'ai une très bonne chambre pour quinze francs par mois, dans un hôtel de la rue de la Clef, tout près d'ici. C'est une maison d'ouvriers. Voilà qui m'est bien égal. On ne m'y connaît que sous le nom de M. Jean. Je me réserve de faire savoir plus tard, quand je serai riche, à quelle habitation un Legrimaudet fut réduit par l'envie de ses contemporains. J'ai une cheminée, qui m'est très utile pour ma cuisine. Voilà pourquoi je conserve cette chambre malgré son grand défaut. Par les temps de neige, comme la fenêtre est en tabatière, et que je ne peux l'ouvrir pour la nettoyer, il fait noir toute la journée; mais c'est quelque chose que de manger chaud, et puis le quartier est rempli de rôtisseurs, à cause des ouvriers. Le matin, monsieur, si vous me voyiez passer quand je vais aux provisions, tenant sous mon bras la boîte en fer-blanc qui me sert à mes emplettes, j'ai l'air de porter un pâté de six francs. Par exemple, il faut savoir acheter, et connaître les adresses et les jours. Ainsi, monsieur, rue du Pot-de-Fer-Saint-Marcel, il y a un traiteur. Le mercredi, c'est le patron qui sert lui-même, et il est généreux, — comme un voleur. Pour sept sous j'ai là une portion qui me dure deux jours. Le samedi, à cause de la paye, la viande rôtie abonde. Mais on doit choisir ses fournisseurs. En allant rue du faubourg Saint-Jacques, un peu haut, à une adresse que je vous donnerai, et si vous avez soin d'arriver avant neuf heures, vous aurez une tranche de bœuf saignant!... Ces matins-là, je déjeune mieux que M. Hugo, malgré ses millions mal gagnés et son avarice. Deux sous de pain, et me voilà lesté pour le travail. A dix heures, si je n'ai pas eu de courses forcées, j'arrive à la Bibliothèque; j'en ai pour jusqu'à quatre heures à lire et à prendre mes notes. Je lis beaucoup. J'ai lu tout Bayle l'année dernière. Il est bien surfait. Vers cinq heures je rentre, et je me fais ma soupe au vin ou mon lait-thé. Ce n'est que du lait et du thé, mais j'aime ce jeu de mots. C'est mon léthé, à moi, puisque je vais dormir. Dans la belle saison, je retourne d'abord à la bibliothèque Sainte-Geneviève. En hiver, je me couche tout de suite à cause du froid. Les nuits sont longues. Je me réveille vers deux heures. Ce quartier est plein de couvents. C'est très commode. On n'a pas besoin de montre. J'allume ma pipe et je fume dans mon lit, sans lumière. Ce sont là mes heures d'inspiration. J'ai trouvé ainsi le plan de mon prochain livre, pour lequel j'avais besoin de ces deux volumes. »

— « Et peut-on en savoir le sujet ? » lui demandai-je.

— « Non, monsieur, je connais trop la vie littéraire pour raconter un sujet à qui que ce soit avant d'avoir publié l'ouvrage. »

Ce discours, pris et repris à travers les cent embarras de ces étroits passages, nous avait conduits jusqu'au paquet de maisons qui avoisinent Sainte-Pélagie, et je pus lire sur une plaque le nom de la rue de la Clef. Je ne suis pas retourné dans ce quartier depuis bien des années. J'ignore s'il foisonne, comme alors, en pensions bourgeoises d'aspect sinistre, et en boutiques d'Auvergnats remplies de ces détritus informes dont les enfants du Cantal savent encore tirer des gros sous. La présence dans cette rue d'une population de revendeurs avait décidé un de leurs compatriotes à installer l'hôtel meublé devant lequel Legrimaudet m'arrêta. Il portait sur sa façade l'inscription suivante: « Hôtel de l'Écu et de Saint-Flour réunis, » et le débit de vins qui occupait la moitié du rez-de-chaussée étalait cette autre enseigne, dépourvue de sens pour tout autre que pour un compatriote de Vercingétorix et de Pascal: « Vins de Coran et de Chanturgue. » De l'autre côté, une boutique de blanchisserie déployait les fraîcheurs douteuses d'un pauvre linge bleuâtre, et l'entrée béait, garnie d'une porte à claire-voie peinte en vert. Un escalier humide se dessinait au bout d'un couloir, et, à en juger par la façade jaune, qui suintait la saleté, par les fenêtres sans volets, par le tassement de toute la bâtisse comme affaissée sur elle-même, les chambres de ce coupe-gorge devaient être des tanières à forçats. Que c'était bien la demeure naturelle d'un Legrimaudet, le taudis fatal de ce galérien du livre diffamateur! Il se taisait depuis l'angle de sa rue et ne paraissait pas se rappeler ma présence. Je l'avais vu, à peine arrivé devant cette maison borgne, fouiller soigneusement dans les poches de son habit et en tirer quelque chose que je reconnus être un gâteau enveloppé dans du papier. Il prit ce gâteau entre ses mains, et, avec un sourire que je n'aurais jamais attendu de cette bouche venimeuse, il s'approcha d'un enfant, de six ans peut-être, qui jouait devant la blanchisserie, — ah ! le chétif garçonnet, tout pâlot, tout maigriot, et qui serrait le cœur à le voir sautiller comme un insecte malade ! Il boitait et, pour courir, manœuvrait une mince béquille assez adroitement :

— « Bonjour, Henri, » disait Legrimaudet ; « comment ça va-t-il aujourd'hui ? Je t'ai apporté un bon gâteau. »

L'enfant regarda le vieil écrivain avec un air de cruelle répugnance. Il prit le gâteau et le flaira. Les doigts maladroits du bonhomme avaient laissé leur trace sur le sucre glacé.

— « Il est presque aussi sale que toi, » dit-il, et il recommença de courir avec ses deux compagnons de jeu, en mordant à même la friandise, et sans faire plus attention à Legrimaudet qui, revenant vers moi et me montrant l'hôtel, me dit, d'une voix plus mordante encore et avec un clignement d'yeux plus menaçant :

— « Voilà où m'a mené tout ce qu'on a écrit pour et contre moi ; je suis *Monsieur Beaucoup de bruit pour rien* tourmenté par faute d'argent; » puis, après un instant de calme, et me tendant la main d'un geste humble et morose : « Vous n'auriez pas une pièce blanche, pour la petite chapelle ? » Puis, comme je lui glissais vingt sous pris dans mon porte-monnaie bien mal garni d'étudiant : « Qu'est-ce que vous voulez que je fasse de ça ? » répondit-il en enfouissant avec un inexprimable mépris cette trop faible aumône dans la poche de son tricot, et, ce singulier remerciement une fois lancé, il poussa la porte à claire-voie qui fit entendre un grêle tintement, et il s'enfonça sans se retourner dans le corridor aux murs détrempés.

Je suis très certain de n'avoir pas altéré dix mots de cette conversation, que je consignai le soir même dans mon journal de cette époque. Dès la minute où je quittai M. Legrimaudet, — essayez donc de nier après cela qu'il y ait un destin dans la physionomie des noms ! — j'eus le sentiment que je venais de voir dans sa vérité, comme je le disais en commençant ce récit, un personnage unique, un exemplaire d'humanité enragée et souffrante sans comparaison possible avec aucun autre. Oui, j'avais pu regarder dans son fond l'âme d'un damné social, toute en misère, en orgueil, en haine et en démence, une âme de grotesque en même temps et d'avorté définitif. Et dans cette âme de laideur une délicatesse survivait, cette pitié pour cet enfant estropié, et cet enfant, ingrat à son tour, méprisait ce grand méprisant. Cette suprême, cette seule sensibilité de ce malheureux était méconnue. Qui sait pourtant s'il n'y avait pas là, dans cette dernière tendresse de ce cœur gangrené, la trace d'un salut possible ? Un de ces sublimes guérisseurs des consciences troublées, comme nous imaginons que serait un vrai prêtre, trouverait là sans doute matière à ne pas désespérer de cet homme. Cet entretien m'avait si profondément saisi, et ces questions se rattachaient d'une manière si étroite aux idées philosophiques qui passionnaient alors ma jeunesse, que je ne pus m'empêcher de raconter à André Mareuil cette découverte d'un bon sentiment chez l'homme qui n'avait jamais dit merci. Mon camarade se mit à rire méchamment :

— « Allons donc, » fit-il, « tu as mal vu, ou c'est que Legrimaudet tape la blanchisseuse d'une pièce ou deux, de temps à autre. Je t'en prie, ne me le diminue pas. Il est plus complet que tu ne peux même l'imaginer. Je suis tout de même content de savoir qu'il t'a outragé, sitôt ses vingt sous demandés et reçus. Il ressemble à ces instruments de métal qu'on voit dans les foires. On met deux sous dans une petite fente, il vient un caramel. Chez lui, c'est un affront et plus immanquable encore. »

— « Mettons que je suis un naïf, et n'en parlons plus, » répondis-je sans insister davantage.

Je blâmais à part moi la gouaillerie de Mareuil, et cependant cette gouaillerie m'intimidait. J'étais à l'âge où les jeunes gens rougissent volontiers de leurs meilleurs instincts. Ils ont l'impression confuse d'être dupes au jeu de la vie s'ils s'abandonnent à la naïveté de leurs premières croyances. Ils recherchent alors parmi leurs amis, ceux dont le précoce cynisme les fait le plus souffrir, et ils n'osent donner libre cours à ces élans du cœur dont on ne reconnaît le prix que plus tard, quand ils ont cédé la place à l'égoïsme atone et calculateur. La loi du développement de notre personne veut que nous traversions cette crise singulière dont l'extrême acuité se marque par la fanfaronnade de vices si familière à la vingt-deuxième année. Je ne me sentis pas la force de dire à Mareuil que j'étais sûr, très sûr de la sincérité de son infâme parasite dans ce mouvement de pitié affectueuse envers le petit boiteux. Je n'osai pas ajouter que son devoir à lui, André, eût été de montrer au pauvre homme, non pas cette charité ironique et moqueuse, mais un peu de sympathie émue. Nous cessâmes de parler, en effet, de M. Legrimaudet ce jour-là. Puis d'autres jours, et d'autres jours encore, — en grand nombre, — passèrent sans que nous puissions reprendre cette conversation-là ou une autre. Le hasard voulut que, très peu de semaines après cette longue causerie avec le cynique habitant de la rue de la Clef, je quittasse Paris pendant plusieurs mois. J'allai pour la première fois en Italie et en Grèce. Quand je revins, Mareuil était lancé dans un tourbillon d'existence qui rendit nos relations presque impossibles. Il avait quitté la Bibliothèque, et ses premiers rêves de littérature désintéressée s'étaient transformés en un désir plus pratique de battre monnaie tout de suite avec son réel talent d'écrire. Il avait donc accepté le poste de rédacteur parlementaire dans un journal du soir. Nous nous rencontrions maintenant, comme on se rencontre à Paris, une fois tous les trois mois : « Bonjour. — Tu vas bien ? — Il faudra prendre un rendez-vous pour dîner ensemble un de ces jours. » On est de bonne foi, et pourtant on ne le prend jamais, ce rendez-vous, si bien que l'on se trouve être demeuré des quatre et des cinq ans dans la même ville sans avoir passé une couple d'heures avec un ami que l'on aime encore de tout son cœur. Quoique je n'eusse, depuis cette fameuse après-midi, jamais revu M. Legrimaudet, cette figure énigmatique m'était demeurée présente jusqu'à l'obsession, et à chacune de ces causeries avec André je ne manquais guère de le questionner sur le vieil écrivain. J'étais sûr d'amener sur les lèvres de mon ancien camarade son rire de jadis, rien qu'à prononcer le nom de son parasite favori, et c'était chaque fois quelque anecdote caractéristique et qui précisait quelque trait de l'étrange personnage.

— « M. Legrimaudet ? Toujours aussi ingrat. Je continue à ne pas pouvoir lui arracher un merci. L'autre semaine, je pars pour la campagne. Je laisse l'ordre à ma bonne de le nipper des pieds à la tête : chapeau, bottines, pantalon, jaquette, chemise. Il m'écrit. Je tremble en ouvrant sa lettre. Allait-il enfin se démentir et me remercier de ce cadeau inattendu ? Il me chargeait d'une commission auprès d'un directeur de journal, et sa seule allusion à mon présent d'habits était la suscription de la fin de sa lettre : Tout à vous, sauf les chaussettes... Ma bonne avait oublié de lui en donner, et il me le rappelait avec sa sévérité habituelle. »

Ou encore :

— « M. Legrimaudet ? Toujours aussi goguenard. A mon retour d'Angleterre, il vient me voir. « Vous n'avez pas une pièce blanche pour « la petite chapelle ? » Tu connais la formule. Je donne la pièce blanche. « Monsieur, » répond-il en l'empochant, « vous êtes revenu d'Angleterre « beaucoup mieux élevé. Les voyages vous pro- « fitent. Adieu. »

Ou encore :

— « M. Legrimaudet ? Toujours aussi prodigieux d'orgueil chimérique. Il a touché, voici huit jours, un peu d'argent d'un mauvais pamphlet sur les maladies des libres penseurs. Quel sujet pour lui ! — Sais-tu ce qu'il a fait de cet argent ? Ce malheureux, ce grabataire, cet affamé s'est acheté une bague d'évêque, — tu as bien entendu, une bague d'évêque avec une améthyste énorme. Il la porte à la main, cette main que tu te rappelles ! « Monsieur, » m'a-t-il dit, « je les « suis toutes depuis des années. Il y en a vingt- « trois chez les brocanteurs de mon quartier.

« C'est la plus belle... » Hein! le séminaire, c'est comme l'Université, crois-tu qu'on les chasse jamais de son sang?... »

Ou encore :

— « M. Legrimaudet? Toujours aussi famélique et des mots de pauvre! — Des phrases où il passe des sensualités de mendiant qui ne s'est pas assis à un bon repas depuis sa jeunesse : « L'été « a été bon, » m'a-t-il dit. « A cause du choléra, « les fruits étaient pour rien. Je m'en suis régalé. « Ils valaient de la viande. »

Ou encore :

— « M. Legrimaudet? Il s'émancipe. Ce vertueux justicier de l'obscène Diderot tourne à l'égrillard. Il m'a parlé de ses amours à propos d'une capeline en laine bleue que lui a tricotée une voisine charitable. « Le sexe aime « les gens célèbres, » m'a-t-il dit d'un air fat, et dans son style... « Ainsi, monsieur, quand « j'étais jeune, avec trois sous de café, je « ne rencontrais pas de cruelles. M. Paul de « Kock m'a peint sans me connaître dans son « *Gustave*. » Puis il m'a tiré de sa poche un article de journal où l'on rapportait ce que coûterait en hommes la prochaine guerre. « Je m'en « réjouis, » a-t-il conclu d'un air scélérat, « ça

« me fera plus de femmes. » Et de nouveau, la petite pièce pour la petite chapelle, et de nouveau un affront... Je te le répète, il est absolu. »

J'en étais là de mes renseignements sur l'individu, quand je me trouvai, six ans après le jour où j'avais fait connaissance avec lui, assis avec André Mareuil à une table de souper, le 31 décembre 1880. Me rappelai-je la date à cause de l'anecdote, ou l'anecdote à cause de la date? Je ne sais pas. J'étais moi-même entré dans la presse, et j'écrivais des feuilletons de théâtre dans un journal aujourd'hui disparu. André Mareuil, qui, de rédacteur parlementaire, était devenu chroniqueur, puis critique, tenait le même emploi dans une feuille à la mode. Nous nous étions « accrochés » de nouveau, comme on dit, et nous fraternisions de notre mieux dans l'entr'acte des vaudevilles à couplets grivois et des drames à scènes retentissantes. Nous avions donc fait la partie de souper cette nuit-là, d'après l'ironique coutume qui transforme en une occasion d'orgie ces diverses fêtes de la fin d'année. Mais notre orgie à nous devait être surtout une causerie, les coudes sur la nappe, dans un coin de restaurant, avec une demi-douzaine de natives et un perdreau froid, — une longue et gaie causerie, comme dans l'ancien temps. Nous en étions au milieu de ce frugal repas, passablement égayés par les allées et venues des autres convives qui débarquaient dans ce restaurant de nuit. Nous nous amusions à les observer du coin de l'œil, et lui, le moqueur incorrigible, les caricaturait d'un mot. Tout d'un coup, il se frappe la tête comme un homme qui s'aperçoit d'une distraction impardonnable. Il demande son pardessus au garçon, en tire son portefeuille, et de ce portefeuille extrait une lettre, tout en disant:

— « Et moi qui oubliais de te parler de Lui! »

— « Je parie que je devine, » lui dis-je, « rien qu'au son de ta voix. Il s'agit du sieur Legrimaudet? »

— « C'est toi qui l'as nommé, » reprit-il en bouffonnant. « Hé bien! je te fais toutes mes excuses. Tu avais raison. La perfection n'est pas de ce monde. Le drôle m'a dit merci, ce matin! Entends-tu? Merci, » — il épela le mot: « m, e, r: mer, c, i, : ci, merci! — pour la première et la dernière fois! Mais d'abord, lis cette lettre, » — et il me tendit un morceau de papier, — de ce papier dit écolier, en style de collège, sur lequel se développait, écrite en caractères énormes, presque enfantins, l'épître suivante :

« *Paris, 23 décembre.*

« Jeune, beau et fortuné chroniqueur,

« J'ai su par un avocat que vous étiez revenu
« de province. Je vous croyais encore parti,
« quand le jeune avocat Barré-Desminières, un
« de mes Mécènes, m'a dit vous avoir été pré-
« senté cette semaine. Vous lui avez plu. Vous
« a-t-il plu ? Vous avez le même goût pour la
« toilette.

« Salut à vos succès incroyables! J'irai vous
« voir demain, veille de Noël. Serez-vous aussi
« invisible que vos confrères en journalisme ?
« Jeune et inconnu, j'ai fait ma visite d'admira-
« tion à Chateaubriand, Lamartine, Lacordaire,
« Berryer, Paul de Kock, Montalembert. J'ai été
« reçu immédiatement et fort bien. J'aurais dû
« voir les princes de la presse. Ils vivaient inac-
« cessibles et introuvables à cause de Clichy. Il
« paraît que le créancier continue à épouvanter

« ces messieurs. Ils n'ont plus peur cependant
« d'être envoyés en prison sur la plainte de ceux
« qu'ils ont floués, comme autrefois où une dette
« de deux cents francs suffisait. Demandez plutôt
« à votre cher ami M. d'Altaï.

« Le paletot d'octobre que m'a donné le mo-
« dèle des *serviteuses*, — j'aime ce vieux mot, —
« me *mareuilise* très bien. Il a été aimable, cet
« avocat. Il m'a remis deux magnifiques paires
« de chaussures. Je les ai placées sur une forme
« que m'a faite, à la mesure de mon pied, un
« cordonnier de la rue. Saint Crépin protège le
« triomphateur de l'impie Diderot. Si elles
« avaient des ailes, je les appellerais les chaus-
« sures de Mercure. Je les prendrai demain pour
« aller vous demander mon cadeau de jour de
« l'an.

« La pièce blanche d'habitude ne me suffira
« pas. Je compte sur un louis qui sera sans
« doute ma dernière demande. Il est question
« pour moi au ministère d'une pension qui me
« distinguerait de la cohue des inconnus à qui
« l'on donne cent francs. Ce louis m'est très né-
« cessaire, et tout de suite. Je vous dirai le
« pourquoi.

« Encore salut. Êtes-vous toujours aussi morose,

« vous qui avez tous les trésors de la vie ? Le
« talent est gai. Regardez-moi.

« Jean Legrimaudet. »

———

— « En effet, c'est un document, » dis-je en rendant la lettre à Mareuil; « et quel était le pourquoi du louis ? »

— « C'est ici que tu vas triompher, » repartit Mareuil avec un geste de découragement. « Te rappelles-tu m'avoir parlé d'un petit garçon boiteux auquel M. Legrimaudet donnait des gâteaux ? Tu prétendais que ce misérable avait dans le cœur un coin de pitié pour cet infirme... »

— « Et tu te moquais de moi, » fis-je en riant.

— « J'avais tort, » reprit André d'un ton découragé, « j'avais grand tort. Je voyais Legrimaudet plus grand que nature. C'était du romantisme, comme dit notre ami Zola. La vie est plus médiocre. Le pourquoi du louis, c'était ce petit garçon boiteux. Ce matin, vers les dix heures, je vois arriver M. Legrimaudet, et il me raconte, après m'avoir débité ses impertinences ordinaires, que cet enfant est malade, très malade. Il ajoute qu'il voudrait, lui, Legrimaudet, faire la surprise de belles étrennes à ce pauvre petit. Il m'explique comment il s'intéresse à ce jeune Henri. La mère, une blanchisseuse établie au rez-de-chaussée, lui soigne son linge pour rien depuis des années. L'enfant est très intelligent, et si vif! C'est si triste de le voir couché dans son lit, blanc comme ses draps, avec des yeux qui vont mourir. Enfin, je ne reconnaissais plus mon Legrimaudet dans cet attendrissement subit. Une idée diabolique me vient. Il faut te dire que j'ai joué hier au cercle. C'était Casal qui tenait la banque, et une guigne! Bref, j'ai gagné à la ponte une cinquantaine de louis. Mon homme me paraissait sincère. C'était le cas ou jamais de sonder la profondeur de son ingratitude. Je prends dans mon portefeuille un billet de cent francs et je le lui mets dans la main en lui disant: « Voyons, messire Legri« maudet, faisons-le à nous deux, ce cadeau à « votre petit malade. Voilà votre louis et quatre « de plus. Achetez-lui un jouet comme il n'en a « jamais rêvé... » Tu ne peux pas imaginer la mine de l'animal pendant que je lui tenais ce discours. C'était dans ses yeux, sur sa bouche, dans toutes les rides crasseuses de l'affreux parchemin qui lui sert de visage, une lutte étonnante entre le saisissement de plaisir que lui causait mon offre, d'une part, et, de l'autre, la haine féroce que je lui inspire depuis des années... »

— « Soyons franc, » l'interrompis-je, « tu la mérites. Avoue qu'il y a quelque chose de presque atroce dans l'ironie de ta charité pour lui. »

— « Oui, belle âme, » continua Mareuil; « enfin, spectacle inouï, invraisemblable, incroyable, j'ai vu de mes yeux la reconnaissance l'emporter sur cette haine dans ce cœur que je croyais plus fort! Oh! Ce fut court et simple! Ses prunelles exprimèrent une espèce d'effort indicible. Son visage grimaça. Sa bouche édentée s'ouvrit, et j'en entendis sortir un merci, qui lui écorchait la gorge, en même temps qu'il me prenait la main... Je te le répète, une seconde! Et il partit en disant : « Je vais de ce pas chez le « marchand. »

— « C'est toi que j'aurais voulu voir pendant ce temps-là, » repris-je en riant à mon tour. J'étais à la fois touché de ce que mon ami me racontait et un peu irrité contre lui qui affectait, même devant moi, de railler sa propre émotion. Car je le sentais remué, lui aussi, par cette aventure. Mais il n'en eût pas convenu pour un empire.

— « Moi, » fit-il, « je devais avoir la figure du baron dans *On ne badine pas*, quand Blasius lui annonce que Perdican s'amuse à jouer aux ricochets avec les filles du village... « Allons nous en-
« fermer dans notre cabinet pour penser à ces
« choses... » Mons Legrimaudet n'eut pas plutôt passé le seuil de ma porte que je me trouvai stupide d'avoir cru à cette fantastique histoire... Cet enfant malade, ce louis demandé pour ce jouet du premier de l'an, cette blanchisseuse philanthrope... — Mareuil, mon ami, me dis-je, vous n'êtes qu'un niais. — Sur quoi je passe mon pardessus, je coiffe mon chapeau, et me voici dans la rue à la poursuite de M. Legrimaudet. J'allais bien voir s'il m'avait menti en prétendant aller de ce pas chez le marchand. Je n'eus pas de peine à l'apercevoir qui traînait sa patte à l'extrémité de ma rue. Il tourne à gauche. Je tourne à gauche. Il descend le boulevard Haussmann. Je le descends derrière lui. Un quart d'heure plus tard, je voyais mon homme entrer dans un magasin de jouets de la rue de Rivoli... Positivement, il y entrait. J'eus là un moment de pure joie à contempler la tête effarée du commis en présence de

ce haillonneux qui demandait un objet de cinq louis. Le commis va parler au patron, qui vient lui-même parler à Legrimaudet, puis qui retourne en causer avec sa femme. Je me prépare à entrer à mon tour afin de justifier le pauvre diable, si on l'accuse d'avoir volé le billet bleu qu'il tient à la main et que le commis, le patron et la patronne regardent l'un après l'autre à contre-jour avec la plus insultante défiance. A la fin, on se décide à lui montrer des boîtes de soldats de plomb, — tu sais, de ces boîtes comme nous en avons tous rêvé, avec canons qui se tirent, cavaliers qui se séparent de leurs chevaux, voitures qui s'ouvrent, tentes qui se démontent? Il choisit, on lui empaquette sa boîte, et il sort, ce fardeau sous le bras, après avoir laissé son billet, tout son billet, et le marchand ne lui a pas rendu un sou de monnaie. Ce qui prouve que ce sportulaire, cet affamé, ce lamentable a bien donné ses cent francs, tous ses cent francs, sans que personne pût le vérifier, pour apporter ce cadeau absurde à ce petit garçon malade, — et cet enfant l'aura peut-être reçu, d'après ce que tu m'as conté autrefois, sans lui dire merci. »

— « Malheureux Legrimaudet! » ne pus-je m'empêcher de dire.

— « Hé bien! moi, » conclut Mareuil avec une indignation comique, « j'ai envie de le consigner à ma porte maintenant... Qu'est-ce que tu veux? Voilà huit ans qu'il me trompe. J'ai cru nourrir le parfait ingrat, le monstre littéraire dans toute sa splendeur. Je le voyais en marbre, en airain, en ce que tu voudras..., d'un seul bloc... Et puis, ce côté petit-manteau bleu!... Non, vrai, ça me le gâte! »

II

SA MORT

Des mois et des mois avaient passé depuis ce soir du 31 décembre, où nous soupions si gaiement, André Mareuil et moi, pour nous reposer de notre corvée de critiques dramatiques incompétents, et s'il y avait un personnage que je fusse assuré de ne plus jamais rencontrer, c'était bien cet étrange et contradictoire Jean Legrimaudet. Voici pourquoi : André, le seul homme qui pût servir de lien entre nous, s'était marié dans des conditions un peu délicates, et il avait fini par quitter presque définitivement Paris. Ayant pris comme maîtresse la jolie et fine Christine Anroux, il en avait eu un enfant, et cette paternité avait affolé ce sceptique, au point de lui faire épouser la mère, ce qui n'était pas bien raisonnable. Mais, après tout, ce pouvait être un joli sentiment de générosité qui ne lui eût nui auprès d'aucun de nous, si Christine avait été une brave femme d'écrivain, sans autre ambition que d'aider son bohémien de mari à mieux travailler. Hélas! elle était précisément le contraire. Mareuil ne l'avait pas épousée depuis trois mois, que nous observâmes, nous tous qui goûtions en lui le Parisien fringant et froufroutant, le railleur léger, le dilettante humoriste, une étrange modification dans sa manière. Il s'essayait au portrait politique, lui, André, l'auteur inédit de *L'Art de Rompre* et le conteur de ce chef-d'œuvre immoral : *Le Jupon d'Hortense!* Ce brin de plume, trempé autrefois dans une encre de si petite vertu, s'appliquait à quoi? à nous dessiner les profils d'apprentis ministres, arrivés au pouvoir par la sottise des électeurs et en train de s'y maintenir par de basses rouéries entre les centres et l'extrême gauche! Et le malheureux gardait son talent d'écrire au cours de cette ingrate besogne, qu'il ne pouvait pas justifier, comme son courrier parlementaire d'autrefois, par le besoin d'argent. Il la remplaça bientôt par une pire. Il quitta la feuille du boulevard, où il chroniquait depuis des années, pour commencer dans un journal grave une suite d'*Études sociales*, et, par une bizarrerie qui me fut, pour ma part, plus inexplicable encore, il releva, pour signer ces articles d'un radicalisme aux apparences à la fois scientifiques et gouvernementales, un titre très mince et peu élégant, qu'il avait autrefois laissé tomber par antipathie pour son père : Mareuil des Herbiers! Je me souviens que peu de jours après l'apparition de cette signature presque ridicule au bas d'une colonne de prose plus déplorable encore de tendances, — et le joli style pourtant, si aigu, si vif, si vraiment français! — j'avais chez moi à déjeuner mon pauvre Claude Larcher, sur le point de partir pour notre chère Auvergne, où il est mort. C'est même la dernière fois que j'aie vu ce meilleur ami de mon enfance et de ma jeunesse, qui avait été l'ami aussi d'André. Nous en vînmes tout naturellement à parler des *Études sociales* et de leur auteur.

— « Quelle diable d'idée a-t-il eue là ? » dis-je à un moment. « Aller sortir le des Herbiers dont il s'est tant moqué du vivant de son père, de son bâtard, comme il l'appelait pour le renier, à la manière de Beyle? Et cela, quand il est en train de tourner au rouge ponceau! Tu as lu son apologie de la persécution religieuse? Il se fait républicain et il ramasse sa particule le même jour? Ça n'a pas de sens. »

— « Patience, » répondit Claude, « il y a de la Christine là-dessous. Je ne sais pas quelle cuisine cette sorcière mijote. Mais ce des Herbiers n'est qu'un commencement... »

— « Le commencement de quoi? » fis-je en haussant les épaules.

— « Mais, » dit Claude, « d'un secrétariat d'ambassade, d'une maîtrise des requêtes au conseil d'État, d'une trésorerie générale, d'une préfecture... » Et comme je l'interrompais par des : « oh! oh! » il continua, en proie à l'irritation nerveuse qui le prenait dans ces derniers temps au moindre prétexte. « Et pourquoi pas? Je te trouve étonnant encore! Avec cela qu'il ne ferait pas honneur à toutes ces places. N'a-t-il pas dans son petit doigt plus de talent que tous les titulaires réunis de ces belles fonctions qui t'en imposent toujours, ma parole d'honneur?... »

— « Va pour le talent, » repris-je, afin de lui couper sa tirade. J'appréhendais le morceau sur la supériorité de l'homme de lettres, que je connais trop. Je le débite aussi de temps à autre devant la scandaleuse sottise de certaines fortunes, et à quoi bon ? « Mais la tenue ?... »

— « La tenue ! La tenue ! Et la surveillance de Christine ? Tu la comptes pour rien ? — André !... Elle a une manière de prononcer ces deux syllabes... C'est d'un froid, d'un froid à geler le mercure du thermomètre qu'il a dans son cabinet de travail maintenant... Elle ne veut pas qu'il se congestionne. Et elle vient vérifier le degré, — et, par la même occasion, avec quel ami André s'attarde. Croirais-tu qu'elle l'a brouillé avec moi en lui racontant que je lui avais fait la cour ? Elle s'est défiée. Comme elle a eu tort ! Je l'adorais, moi, leur idylle... Lorsqu'on apportait Bébé, comme elle dit, et qu'elle lui faisait faire risette à Papa, me vois-tu, moi, entre eux, quand je me souvenais des soupers avec elle, Gladys et Casal, d'une part, et de nos dévotions, avec André, à l'autel de la Vénus commode ? Non. C'était à payer ma place. Mais voilà, je vais tout droit lui citer un mot de ce Casal justement l'autre jour, qui m'a tant fait rire. J'avais déjeuné chez lui, avec lord Herbert Bohun, et nous étions au fumoir, où Casal me montrait des photographies de leur dernier voyage dans les Montagnes Rocheuses. Il se trompe d'album et en ouvre un où je reconnais plusieurs de ses anciennes maîtresses... « Ça, » dit-il en tournant rapidement les feuillets, « c'est une collection de portraits de « femmes dont la plupart se détestent. »

— « Le fait est qu'aller citer ce propos chez Madame Mareuil ! »

— « Ma foi, » dit Claude ingénument, « je l'avais oublié. Elle a si peu l'air d'être la même femme que j'en arrive à ne plus la reconnaître. Toujours est-il qu'elle riposta et me parla avec aigreur de mon dernier recueil de nouvelles. « Vous ne pourrez donc jamais écrire une page « où il y ait du sentiment, » disait-elle, « quelque « chose qui fasse du bien, qui rafraîchisse. »

— « Je ne tiens pas l'article pruneaux, » lui répondis-je. »

— « Et Mareuil, là dedans ? »

— « Des Herbiers? Un peu penaud, comme tu penses, de ces mots amers, et depuis, il détourne la tête quand il m'aperçoit. A peine un bonjour, bonsoir, quand nous nous heurtons nez à nez, comme il nous est arrivé l'autre jour chez notre tailleur. Enfin, pour nous deux, c'est la brouille... C'est égal, quand Mme des Herbiers sera conseillère d'ambassade, ou maîtresse des requêtes, ou trésorière générale, ce sera considérable, très considérable!... »

J'étais trop habitué aux exagérations de Claude pour attacher la moindre importance à son pronostic, qui se trouva cependant vérifié, à ma grande stupeur, je l'avoue. D'abord, je jugeais absolument impossible cette transformation du plus fantaisiste de nos amis en un fonctionnaire respectable. Et puis, il y avait le passé de Christine Anroux. J'avais tort deux fois, et Claude avait raison pour André, et surtout pour Christine. Ce qui fait la force des femmes, c'est qu'elles osent tout entreprendre, persuadées qu'elles sont, avec justesse, de la puissance invincible des petits moyens et de l'universel oubli. Ce n'était rien, ce des Herbiers. C'était l'abolition de tout le bagage littéraire de Mareuil, passablement compromettant, et puis c'était aussi une petite barrière de plus contre l'enquête rétrospective. Ah! elle le conseilla supérieurement. Suivez les étapes: il fallait éviter le ridicule de cet ennoblissement, ou réennoblissement tardif. Comme on devait s'y attendre, un chroniqueur du boulevard qui n'aimait pas Mareuil se moqua de cette prétention nouvelle, et, par une sanglante et grossière allusion au passé de la pauvre Christine, il dé-

clara qu'André aurait dû signer « des Herbages. »
Mareuil envoie ses témoins au personnage, et il
a la bonne chance de lui camper une balle dans
le côté gauche, qui faillit débarrasser la presse
d'un des plus infâmes sycophantes de la corporation. Il profite du mouvement de sympathie soulevée par cette exécution d'un confrère aussi
redouté que haï, pour publier son acte de naissance
à lui-même et démontrer, pièces en mains, son
droit à la particule, et il abdique du coup le
Mareuil, car l'article où il « demandait la parole
pour un fait personnel, » suivant la formule, se
terminait par le Des Herbiers tout court, et ce
fut ainsi les jours qui suivirent. Sur quoi sa collaboration aux journaux doctrinaires de gauche se
fonce encore. Il se présente comme candidat ministériel dans un département de l'Ouest, d'où il
est originaire. Il échoue, mais le voilà passé politicien, et quand, sept petits mois après cette élection manquée, l'*Officiel* enregistra la nomination
de M. des Herbiers à une des préfectures du
centre, il ne se trouva personne pour s'étonner de
cette aventure, qui me valut la dernière dépêche
que j'aie reçue de Claude et que je copie sous sa
forme ironique, en ne supprimant que l'adresse,
et en respectant la signature, où se trouve un

mauvais jeu de mots sur le titre d'un beau livre dont Claude raffolait. « Ai-je eu raison? Prie lire dernier mouvement administratif et si possible me réconcilier avec préfète pour qui professe admiration définitive. Amitiés. — Frère Ivre. » Qu'a dû penser de cette rédaction le receveur du bureau de Saint-Amand-Tallende (Puy-de-Dôme) près Saint-Saturnin, d'où elle est datée? — Et il eut raison après sa mort, ce charmant et absurde ami, car je tiens de source autorisée que M. des Herbiers est un des préfets le mieux notés et que Mme des Herbiers a réconcilié la préfecture et l'évêché. Elle a trouvé sa voie et lui la sienne! Ce qui prouve, entre parenthèses, que les unions les plus déraisonnables sont quelquefois les plus sages. S'il n'avait épousé la jolie petite Anroux dans une heure de folie paradoxale, que ferait André, je vous prie? Des dettes et des chroniques, les unes payant les autres, et de la mauvaise hygiène, au lieu qu'il est rajeuni, un peu engraissé, pas trop, décoré, assez sceptique à la fois et assez disert pour présider avec bonne grâce au « grand ralliement des conservateurs à la forme républicaine, etc..., » qui constitue le programme de son ministre. Il n'y a qu'une chose qui m'intrigue: aux temps de sa vie galante, Christine, qui ne savait pas l'orthographe, se faisait écrire ses lettres d'amour par une personne extraordinaire dont elle était affublée, une ancienne élève de Saint-Denis, devenue secrétaire pour grandes cocottes peu éduquées. L'a-t-elle gardée ? Et est-ce la même qui écrit les lettres à l'évêque ?

Si j'ai rappelé ce détour un peu étrange de la destinée du préfet actuel de... (cherchez dans l'Annuaire), ce n'est pas, comme on pense bien, pour le simple plaisir de railler doucement un ancien camarade, tombé de la bohème dans les honneurs. Ce n'est pas non plus pour critiquer le recrutement du personnel administratif de la troisième République. L'événement est là qui, dans l'espèce, donne raison au choix du ministre. Je me suis laissé aller à me souvenir, la plume à la main, alors que je ne voulais qu'expliquer pourquoi je ne m'attendais guère à retrouver sur ma route l'ancien parasite de mon ancien ami. Car l'entrée de Mareuil dans sa nouvelle carrière supprimait les occasions naturelles de nous voir, et nous ne les provoquâmes ni l'un ni l'autre, ce en quoi nous fûmes et sommes très sages. Entre deux compagnons de jeunesse devenus absolument dissemblables sous l'influence de la vie, le rappel de l'intimité passée n'est jamais qu'un principe de souffrance. Tandis donc qu'il reposait tranquillement sa barque dans son havre officiel, je m'appliquais, moi, à diriger de mon mieux la mienne sur les vagues remuées de ce dangereux océan littéraire qui justifie à tout le moins cette vieille métaphore par son inconstance et la nécessité de l'effort quotidien. Pour parler plus prosaïquement, je continuais à écrire des volumes après des volumes, à subir des articles plus ou moins hostiles, à vérifier les vieilles remarques des moralistes sur les haines furieuses que soulève le moindre succès, à m'y résigner ou à m'en attrister, suivant l'humeur. Après tout, c'est un sort heureux, entre les divers sorts de ce monde d'épreuve, que celui d'un homme qui exerce un métier conforme aux goûts profonds de sa première jeunesse. Il a de mauvaises heures, ce métier, celles par exemple où l'on est calomnié par un confrère envers lequel on n'eut que de gracieux procédés. Il en a de bonnes, de délicieuses même, celles où l'on sent venir à soi quelque chaude effusion de sympathie jeune, et c'est à une de ces bonnes heures-là que je dois d'avoir retrouvé la trace de l'énigmatique Legrimaudet. Il s'en est fallu de bien peu qu'il ne fût trop tard; mais il était dit que cette figure d'un damné de lettres plutôt silhouettée que dessinée dans ma mémoire par nos deux entrevues et les confidences d'André, s'y graverait en traits ineffaçables avant de disparaître pour toujours.

J'avais donc reçu, l'année dernière, en décembre, une de ces lettres d'inconnus qui caressent invinciblement l'amour-propre d'un auteur, même lorsque l'expérience lui a démontré que ces sortes de missives servent de prologue habituel à d'autres lettres moins désintéressées. Celle-là, signée du nom de Juste Dolomieu, me demandait simplement de vouloir bien lire un assez copieux manuscrit qui s'appelait de ce titre un peu juvénile : *La Mort du Siècle.* J'ouvris ce cahier avec défiance, et je le fermai avec une curiosité presque émue. C'était un roman où l'auteur avait essayé d'incarner, dans trois ou quatre personnages, les tendances contradictoires de notre âge : le socialisme et le dilettantisme, l'esprit cosmopolite et celui d'analyse, le découragement pessimiste et le réveil de la mysticité. Cette simple indication me dispenserait d'ajouter qu'un tel ouvrage manquait des qualités indispensables, malgré tout, à cet art du roman qui ne saurait se réduire à la dissertation pure. Mais si le drame était absent de cette œuvre incohérente, et absente la couleur de la vie, l'éloquence y abondait, ainsi que la passion intellectuelle et que la pensée. Le jeune homme qui avait composé ces pages ne deviendrait sans doute pas un romancier. A coup sûr, il serait un écrivain. Je n'en doutai plus lorsque je vis ce garçon lui-même qui saisit aussitôt ma sympathie par une des plus captivantes physionomies de grand artiste jeune que j'eusse rencontrées. Mince et presque frêle, cet enfant de vingt-trois ans peut-être avait une manière de pencher la tête en avant qui attestait les longues séances à la table de travail, comme ses joues pâlies attestaient la nourriture insuffisante, et ses vêtements propres, mais râpés jusqu'à la corde, une pauvreté soigneuse. Ses dents blanches, que découvrait son sourire naïf, et le bel éclat de ses yeux bleus annonçaient en revanche un fond inattaqué de sève vitale. Ses cheveux longs étaient d'une finesse presque féminine et les modestes manches de son tricot de laine laissaient passer des mains jolies et bien tenues. Quand il parlait, son front éclatait d'idées, et sa voix, un peu basse, plaisait par un charme analogue à celui de son regard et de son écriture dont j'avais tant aimé l'élégance nerveuse. Enfin, pour employer un terme devenu banal par l'abus, mais qui exprime seul une indéfinissable nuance, si jamais visage mérita l'adjectif d'*intéressant*, c'était celui-là, et ce premier entretien me prouva bien vite qu'une âme d'élite se cachait derrière ces apparences de délicatesse. Après avoir discuté avec moi, sans présomption et sans flatterie, les critiques formulées dans la lettre que je lui avais adressée sur son roman, il conclut avec une grâce de modestie fière qui me ravit. — Elle me changeait du ton habituel à messieurs les nouveaux venus d'aujourd'hui, et puis j'avais eu, très peu de temps auparavant, une si douloureuse impression de ce que la férocité de l'ambition précoce peut produire de ravage dans un cœur de vingt-cinq ans, au cours d'un récent voyage que j'ai raconté déjà. — (Voir *Un Saint.*) — De rencontrer un vrai jeune homme de lettres me faisait tant de bien! — Il disait donc :

— « D'ailleurs ce n'est là qu'un livre d'étude. C'est mon second, et je ne compte imprimer que le huitième ou le neuvième, si j'en suis content ou moins mécontent. Ai-je raison?... »

— « Mon Dieu ! » répliquai-je, « il est assez malaisé de donner un conseil précis à ce sujet. Certains génies se sont formés au contact du public, ainsi Hugo et Balzac. D'autres s'y sont déformés tout de suite. Et puis il y a une première condition qui semble tout à fait secondaire en pareille matière, et cependant elle domine et a dominé de tout temps une destinée d'homme de lettres. Vous entendez bien que je veux parler de l'argent. Laissez-moi vous poser une question un peu indiscrète. Quel métier avez-vous à côté de votre travail d'écrivain ? »

Le costume de Juste Dolomieu trahissait, comme je l'ai dit, une pauvreté décente qui justifiait ma demande, aussi ne fus-je pas médiocrement étonné de sa réponse :

— « Mais aucun. Ma vie est assurée pour cinq années. »

— « Je comprends, » fis-je, « votre famille consent à vous servir une pension pour ce temps-là. »

— « Hélas! » reprit-il avec une expression de grande tristesse, « je n'ai plus de famille. J'ai perdu mon père il y a trois ans et ma mère l'an passé... »

— « Pardonnez-moi, » repris-je, « d'avoir touché à ces souvenirs. Mais, » insistai-je, « c'était la traduction la plus naturelle de votre phrase sur vos cinq années assurées... »

— « Oh ! » dit-il, « ce n'est pas cinq années, c'est toute ma vie que j'aurais devant moi, si mon pauvre père était là !... Nous ne sommes pas de Paris, monsieur, vous avez dû vous en apercevoir tout de suite. » Il avait bien des mouvements un peu gauches qui pouvaient passer pour du provincialisme, mais ils s'expliquaient aussi par la timidité de la jeunesse. « J'ai fait mes études, » continua-t-il, « au lycée d'Amiens. Mon père était notaire à Beaucamps-le-Vieux, une bourgade toute voisine d'Aumale et de Tréport. Comment l'idée m'est-elle venue d'être homme de lettres ? Je ne pourrais pas vous le dire. Je sais seulement que je l'ai toujours eue depuis ma onzième ou douzième année. Monsieur, mon père était si bon, si intelligent. Il ne s'opposait pas à ma vocation. Il voulait que je vécusse à la campagne, chez nous, voilà tout. Il avait beaucoup d'instruction, beaucoup de culture. Il avait réfléchi beaucoup, et il ne croyait qu'à la littérature locale. J'avais projeté, d'après ses conseils, une suite de romans où j'aurais appliqué à l'histoire de ma province le procédé que M. Zola a employé pour son tableau des diverses classes sociales : suivre une famille Gallo-Romaine à travers les âges. J'avais devant moi des milieux si nouveaux à peindre, je veux dire si renouvelés, car la Science nous permet aujourd'hui de reconstruire le moyen-âge, le seizième siècle et le dix-septième, pour ne citer que trois époques, comme nos aînés ne le pouvaient pas. Et quelle ampleur que celle de ce cadre qui permettait un livre sur les croisades, un sur la guerre de cent ans, un sur l'invasion de l'Italie, puis sur les guerres de la Révolution, celles de l'Empire! Enfin, c'était un travail qui eût représenté la formation, couches par couches, de l'Ame du nord de la France... Ne me croyez pas orgueilleux si je vous parle ainsi. En vous exposant ce projet qui me fut suggéré par mon père, je voulais vous montrer quel conseiller j'ai perdu en le perdant... Ce fut une tragédie bien simple, mais navrante. La fuite d'un banquier d'Aumale et le désastre financier qui en résulta pour tout le pays forcèrent mon pauvre père à vendre son étude précipitamment. Il serait trop long de vous expliquer comment il avait engagé sa signature par excès de bonté. Enfin, nous étions ruinés. Il en mourut de chagrin, et ma mère le suivit bientôt. Il ne fallait plus songer aux longs loisirs que supposait l'exécution du vaste plan caressé dans nos causeries d'autrefois. D'autre part, le séjour de Beaucamps m'était devenu trop pénible. Je réalisai les débris de ce qui avait été une petite fortune de campagne et je me résolus à venir ici. J'avais devant mes yeux l'exemple du d'Arthez de Balzac, l'exemple de Balzac lui-même. Je me suis donné ces cinq ans pour apprendre mon métier de romancier et produire un ouvrage qui me permette de vivre de ma plume en m'ouvrant l'entrée des feuilletons des journaux. Mon calcul est simple : il faut bien qu'ils s'alimentent, ces feuilletons, et il est impossible que les directeurs ne préfèrent pas des romans travaillés aux romans qu'ils publient et qui sont si peu soignés. D'autre part, si j'ai vraiment quelque chose là, je ferai mon œuvre à travers cette besogne, comme nos maîtres. »

Ce petit discours avait été débité sur un ton à la fois énergique et tranquille qui me plut beaucoup. Le projet qu'il m'avait tracé d'une suite de romans sur l'histoire de sa province aurait pu donner prétexte au déploiement d'une prétention extravagante. Un charme de naïveté s'en dégageait au contraire. L'image de ce père intéressé jusqu'à la passion par l'avenir littéraire de son fils et songeant à diriger sa vocation sans la contrarier, me touchait profondément. Le culte dont le fils entourait cette chère mémoire ne me remuait pas moins. Enfin, je trouvais une raison d'estimer le caractère de ce jeune homme aussi haut que je faisais déjà son précoce talent d'écrire dans l'acceptation courageuse du métier. Mais ce courage s'accompagnait-il d'une connaissance exacte des difficultés contre lesquelles il allait se heurter ? Et je lui demandai, après l'avoir complimenté sur la sagesse de ce projet :

— « Me permettez-vous, maintenant, comme à votre aîné, de pousser l'indiscrétion plus loin encore ? Vous venez d'arriver à Paris, me dites-vous ? »

— « J'y suis depuis cinq mois, » répondit-il.

— « Hé bien ! en ces cinq mois, combien avez-vous déjà dépensé d'argent ? »

— « Cinq cents francs, » fit-il simplement.

— « Cinq cents francs pour cinq mois ? » m'écriai-je, « mais c'est impossible. »

— « C'est bien vrai, cependant, » reprit-il avec un sourire où il y avait presque une enfantine gaieté. « Je paie ma chambre quinze francs par mois et trois francs de service. Je mange à la portion dans une petite crèmerie fréquentée par des ouvriers et où mon dîner ne me coûte pas vingt sous. Je prends le repas du matin chez moi avec un peu de charcuterie, du pain, du fromage, et une tasse de café que je me prépare moi-même, je n'en ai pas pour quinze sous. J'ai du linge et des habits pour plusieurs années. Le soir, je travaille à la bibliothèque Sainte-Geneviève et je me lève avec le jour. J'économise ainsi la lumière. Contre le froid, j'ai une petite chaufferette comme les bonnes femmes de chez moi. Or mon budget est établi sur le pied de cent vingt francs par mois. Mille cinq cents francs par an pour ces cinq ans... Je suis donc en avance de ce moment de plus de cent francs. »

— « Mais si par hasard une des valeurs qui composent votre petite réserve diminuait ? Si on vous les volait ? Dans quelle société les avez-vous déposées ? »

— « Dans aucune, » dit-il avec un air avisé. « J'avais l'exemple de mon pauvre père. Je me suis fait fabriquer par le charron de Beaucamps, avant de partir, une ceinture de cuir comme en portaient autrefois les voyageurs, garnie de petites poches tout autour. J'y ai serré mon argent, et je la garde à même la peau, sous mes vêtements. »

— « Et vous avez pu dénicher cette chambre à quinze francs, rue Princesse, si près du faubourg

Saint-Germain ? » C'était l'adresse qu'il m'avait mise sur la feuille de garde de son manuscrit. Cette rue débouche parallèlement à la rue Bonaparte dans le paquet de vieilles maisons ramassé entre Saint-Sulpice et Saint-Germain-des-Prés. Je me trouvais la connaître, y ayant eu autrefois mon relieur. Si étroite qu'elle soit et peu digne de son nom aristocratique, je ne la voyais pas dans mon souvenir assez misérable pour fournir des logements de cette exiguïté de prix. Juste Dolomieu eut de nouveau son joli sourire de triomphe.

— « Ah ! » s'écria-t-il, « ça n'a pas été facile. Je voulais me loger dans le quartier Latin pour être plus près des deux bibliothèques, celle de la Sorbonne et celle de Sainte-Geneviève. Je n'ai rien trouvé. Les logements meublés y sont devenus inabordables depuis que l'institution des bourses de licence a encore multiplié le nombre des étudiants qui peuvent payer leur chambre des quarante, des cinquante francs sans presque s'en apercevoir. Pour trente francs, vous n'avez qu'une soupente, au lieu que ma thébaïde de la rue Princesse est relativement spacieuse, quoique juchée un peu haut. Mais j'ai une échappée de vue sur la vieille abbaye de Saint-Germain-des-

Prés, et chaque soir je peux me répéter les vers de Baudelaire :

> *Et, voisin des clochers, écouter en rêvant*
> *Leurs hymnes solennels emportés par le vent.*

« Il m'a déjà porté bonheur, ce petit logis, car j'y ai composé tout le roman que vous avez lu. Trois cents pages en cinq mois. C'est quelque chose. Et puis, ces hôtels de troisième ordre, à Paris, sont pleins de mystères, et maintenant que j'ai achevé la besogne que je m'étais fixée pour cette fin d'année, je vais me mettre en observation. A tout instant je heurte dans l'escalier des femmes élégantes qui sont venues à quelque rendez-vous. Et puis, j'ai pour voisin un vieux monsieur qui m'intrigue !... Imaginez-vous un personnage de Dickens, tout petit, tout blanc, et toujours en habit. Il avait commencé de causer avec moi, mais depuis qu'il sait que je m'occupe de littérature, il m'évite. Il a sans doute peur que je ne le mette dans quelque livre, le pauvre bonhomme ! Je n'ai pas besoin de vous dire que j'aurais soin, si je l'utilisais, de le démarquer au point de le rendre méconnaissable. Oui, le pauvre homme ! Ah ! qu'il est pauvre ! Mais il a dû se trouver autrefois dans une meilleure position, et appartenir à une famille mieux qu'aisée. Il possède des bijoux qui ne peuvent être arrivés à quelqu'un comme lui que par héritage. Ainsi, pas plus tard que l'autre semaine, j'entends des voix qui disputaient sur notre carré. J'ouvre ma porte et je le reconnais qui pressait le garçon de lui rendre un petit objet. C'était une bague d'évêque en or, avec une énorme améthyste. Ce garçon l'avait prise au vieillard, et il lui disait : « Et vous, rendez-moi les « dix francs que vous me devez depuis un mois, « ou je la porte au mont-de-piété, » et le vieux répondait : — « Rendez la bague. Vous savez « bien que je n'ai pas touché l'argent que j'at-« tendais. C'est pour dans huit jours, rendez la « bague. » — « Mes dix francs, ou plus de « bague, » reprenait l'autre, avec une mauvaise figure d'Hercule roux. Si vous aviez vu le désespoir de M. Jean, — c'est le nom de mon voisin, — l'espèce de rage désolée qui crispait sa misérable face, vous auriez fait comme j'ai fait... »

— « Vous avez donné les dix francs au garçon et vous avez remis la bague au pauvre diable. »

— « Naturellement, » dit-il.

— « Et M. Jean vous a immédiatement insulté avec cet accent... » Et je contrefis de mon mieux l'inimitable voix du sire Legrimaudet que je venais de deviner à ces trois signes encore plus inimitables que cette voix : son éternel habit, l'*incognito* de son prénom et cette bague d'évêque, achetée sur ses économies de meurt-de-faim par un dernier ressouvenir du séminaire.

— « Vous le connaissez donc? » répondit Jules Dolomieu. « En effet, comme je lui disais : « Vous me rendrez cela, mon voisin, quand vous « pourrez. » — « Monsieur, » a-t-il repris, « dans « une maison comme celle-ci il n'est pas difficile « de gagner de l'argent quand on est jeune. Ce « garçon en a beaucoup. Vous aussi, sans doute. « Ces dames ne sont pas gâtées... » Je n'ai compris qu'après son départ qu'il me soupçonnait de recevoir de l'argent d'une de ces femmes élégantes qui viennent souvent. »

— « C'est lui! » m'écriai-je. « C'est bien lui!... Je reconnais la manière du Maître. De petits yeux vairons, n'est-ce pas? Une bouche affreuse, — et amère? Une jambe qui traîne en marchant, avec un énorme oignon au pied gauche?... Des cheveux d'un gris vert comme ceux des portraits anciens? » Et voyant que Juste répondait par un geste affirmatif à chacune de mes questions. « Il n'y a pas de doute, » fis-je, « c'est M. Jean Legrimaudet. » Quand j'eus prononcé avec une emphase intentionnelle ce nom célèbre dans les fastes de la littérature diffamatoire, je pus lire sur le visage transparent de mon jeune visiteur un dégoût indigné que n'effaça pas même l'anecdote du jouet de cent francs donné au petit garçon malade. Cette indignation, je la lui enviai. Moi aussi je l'avais éprouvée autrefois à ma première rencontre avec le bas pamphlétaire. Dieu! Qu'elle était loin de moi! C'est toujours cette vérité si éloquemment, si mélancoliquement formulée par le philosophe antique : nous mourons humiliés par la vie. Elle ne nous laisse aucun des nobles sentiments qui seuls la rendaient supportable. — Pourquoi la vivre, alors? — Vingt années d'existence parisienne ne permettent plus guère à un homme de lettres qui les a subies qu'un seul étonnement : celui de ne pas rencontrer les pires rancunes de la haine jalouse chez nos compagnons de jeunesse demeurés un peu en arrière, chez nos obligés la calomnie, chez nos cadets la fureur de la précoce envie, et chez nos maîtres les plus chers souvent cette même envie quand les hasards de la vogue nous mettent en concurrence avec eux. Ah! Cette affreuse passion d'envie, cette maladie commune à tous, mais qui semble propre à la gent artiste, tant elle rencontre un terrain approprié dans ces cœurs amoureux de gloire, comment garder en soi la force de s'indigner contre elle, après avoir tant constaté qu'elle ne se connaît pas elle-même? C'est la pire des tristesses, celle-là. Il est rare que l'envieux s'avoue son horrible vice. Le plus souvent il cherche à l'antipathie furieuse qu'il éprouve pour l'objet de sa funeste passion des motifs honorables. Il n'a pas de peine à découvrir les communes faiblesses humaines chez celui qu'il envie. Il les enfle de toute la rage qui le tourmente. Il ne voit plus qu'elles et il en arrive à prendre sa sincérité de haine pour une conviction, sa brutalité pour une franchise, et ses calomnies pour un devoir. Je ne suis pas sûr qu'un Legrimaudet ne s'imagine pas faire œuvre d'honnête homme en insultant avec cette âcreté de bile tant d'écrivains illustres. J'essayai vainement d'expliquer ces raisons de mon indulgence à mon intransigeant interlocuteur. Il avait l'âge des belles révoltes, et moi, je l'avais passé. Quand il m'eut quitté, je me souvins que je ne pus reprendre le travail interrompu de la matinée. J'admirais une fois de plus les étranges rencontres du hasard et l'intensité des antithèses auxquels il semble se complaire. En réunissant ainsi Juste Dolomieu et Jean Legrimaudet sur un même palier d'hôtel borgne, ne semblait-il pas avoir voulu symboliser à mon regard les deux pôles extrêmes de la vie littéraire, l'artiste à l'aurore du talent et de la vie, d'une part, et, de l'autre, le vaincu de la plume à sa dernière étape dans la sinistre déroute de toutes ses espérances? L'un et l'autre m'avaient exposé une même misère de budget, un même effort de lutte contre la destinée, une même résolution de ne pas se rendre. Le jeune homme si fier d'aujourd'hui finirait-il comme le vieillard? Ce vieillard avait-il eu, à vingt-deux ans, lorsqu'il débarquait de Dijon à Paris pour écrire son *Histoire des Grands Hommes,* quelques-unes des fiertés du jeune romancier? « Quel dommage, » songeai-je, « que Mareuil ne soit plus Mareuil! A quelles *méditations* nous serions-nous livrés ensemble? » — C'était son mot favori à une époque pour se moquer de Claude Larcher en train d'écrire sa *Physiologie de l'Amour,* sous cette forme naïvement renouvelée de Brillat et de Balzac! — J'imaginais les sarcasmes auxquels ce rieur d'André se fût abandonné, dans sa verve d'avant l'habit brodé. Puis je me demandais, avec un renouveau de curiosité, à la suite de quelles aventures le Grand Ingrat de France avait déserté son asile de la rue de la Clef. Pour ces grabataires aux abois qui vivent d'une incertaine aumône, la question du gîte est cruellement importante. Un coin où ils soient connus, où ils puissent, au besoin, obtenir un crédit de quelques jours, de quelques semaines, mais c'est le salut, par ces mois d'hiver surtout dont nous ne soupçonnons pas les meurtrières rigueurs, nous tous qui, depuis octobre jusqu'à mai, avons des bûches blanches de cendre dans notre cheminée et le loisir de tisonner en suivant notre rêve. Mais un Legrimaudet, c'est, à Paris, une bête dans son bois. Il lui faut son terrier d'abord, le trou dans lequel se tapir par les nuits glacées où la mort le guette, la hideuse mort au coin d'un quai ou sur le banc d'un boulevard désert. D'ailleurs une affection vraie, la seule de ce douloureux et sinistre cœur, le retenait dans la maison devant laquelle j'avais vu jouer sur le trottoir le petit garçon boiteux. Cet enfant était-il mort, comme Legrimaudet avait paru le craindre lors de sa conversation avec André à la veille du jour de l'an, — de ce jour de l'an déjà si lointain que nous avions fêté, mon ami et moi, avec une gaieté à jamais perdue ? Toutes ces questions se posaient devant mon esprit, pêle-mêle, et elles aboutirent, huit jours environ après cette première conversation avec Juste Dolomieu, à une visite rue Princesse qui me secoue encore d'un frisson lorsque j'y songe. Mais l'esquisse que j'ai commencée de ce maudit ne serait pas complète sans le récit de cette nouvelle rencontre et de l'événement qui en résulta.

Je la retrouvai, la petite rue, aussi étroite, aussi pauvre, aussi laborieuse que je me la rappelais, avec ses humbles boutiques et sa population hâve, ses enfants pâlots, ses ouvrières mal nourries, enfin toujours aussi « petite rue » du vieux Paris. Je n'eus pas de peine à découvrir l'hôtel qui avait l'honneur de loger à la fois en ce moment deux exemplaires assez notables de l'espèce gendelettre. Il était le seul de la rue et tout à fait conforme à ce que j'avais imaginé d'après les indications de Juste Dolomieu, sauf qu'il ne portait aucune autre enseigne que le nom du propriétaire écrit sur une lanterne dressée au-dessus de la porte : « Maison meublée — Isidore Cordabœuf, propriétaire. » La bâtisse devait dater de bien loin, car elle était comme affaissée sur un de ses côtés, et les mots : « Maison meublée, » peints de nouveau en grandes lettres noires, marquaient encore cette ligne d'affaissement. La porte, à claire-voie, et dans le style de l'hôtel de Saint-Flour, était à demi ouverte; je la poussai, et je me trouvai dans un corridor sur le mur duquel je pus lire : « Bureau au premier. » L'escalier avait été revêtu d'un tapis aujourd'hui si usé, si flétri, si rapiécé, qu'il était impossible de discerner sa couleur primitive. Malgré la sordidité suspecte de cette entrée, je ne m'attendais guère au spectacle que m'offrit ce bureau où se trouvaient en ce moment deux femmes en train de jouer au bezigue chinois entre des chopes sur une table encore servie, quoique l'aiguille de la pendule marquât près de trois heures. « Quatre-vingts de patrons, » disait l'une des deux femmes, la plus grosse, en abattant quatre rois, dont les couleurs disparaissaient sous la crasse. Elle étalait une poitrine digne d'une néréide de Rubens, qui ballottait à chaque mouvement dans une sorte de robe de chambre en flanelle bleue, et tout en jouant elle fumait une cigarette mal roulée avec une bouche outrageusement passée au rouge. Un pied de rouge s'épaississait aussi sur ses joues. Le crayon noir lui avait mangé les cils, et les bandeaux plaqués de ses cheveux noirs luisaient de pommade, tandis que ses mains qui tenaient les cartes montraient des bagues de pacotille assez nombreuses pour recouvrir presque toutes leurs arrière-phalanges. Sa partenaire, elle, portait une robe de ville très claire et très fanfreluchée et que je jugeai redoutable à promener avec soi dans la rue d'après la simple inspection des manches, soutachées jusqu'à l'épaule et fantastiquement bouffantes; — et du même goût, un chapeau de feutre blanc à énormes plumes reposait sur la commode entre des bouteilles de liqueurs. Celle-là était blonde, avec un teint comme vidé de son sang, ce teint fané, fripé, délavé, de la créature qui a traversé d'innombrables fêtes. Elle fumait aussi, renvoyant la fumée par ses minces narines qui se fronçaient nerveusement, et ses yeux luisaient d'un bleu si clair, si froid et si faux! Elle fut la première à me dévisager, de son masque impassible où chaque trait était marqué en une ride comme tracée avec la pointe aiguë d'un couteau. L'autre eut, au contraire, pour m'accueillir, un sourire mielleux de cette bouche rouge, et avec sa voix la plus adoucie, elle répondit à ma demande : — « M. Dolomieu est-il chez lui? » — « Le numéro 47?

Non, monsieur, sa clef est à son clou. Il est sorti. Mais, si vous voulez l'attendre, il ne peut pas tarder... »

L'obséquiosité de cette douteuse matrone, la toilette bizarre et le crapuleux visage de sa compagne me fixèrent du coup sur la catégorie d'auberges à laquelle appartenait la maison. Je m'en étais bien un peu douté, pour tout dire, quand Dolomieu m'avait parlé de visiteuses élégantes et surtout quand il m'avait rapporté la boutade de Legrimaudet contre les beaux jeunes gens et leurs ressources assurées. Mais ni alors, ni en ce moment même, je ne soupçonnais la spéculation particulière au sieur Cordabœuf, et l'industrie officielle de cet homme au nom truculent. Je ne devais pas rester longtemps sur cette ignorance, comme on va voir.

— « Je n'ai pas trop le temps d'attendre, » répondis-je à la grosse femme. « Mais si M. Jean est chez lui, je monterai... »

— « Ah ! vous connaissez M. Jean, » reprit vivement mon interlocutrice. « Quel dommage que Monsieur ne soit pas là pour vous en parler ! C'est que nous sommes un peu inquiets de lui, et si nous pouvions savoir l'adresse de sa famille... »

— « Je ne la connais pas plus que vous, » dis-je. « Mais il est donc malade? »

— « S'il ne part pas d'ici les pieds en avant, » fit à son tour la femme blonde, « il aura de la chance. » — Dieu! quelle voix, et sortant toute rauque d'une mince poitrine évidemment cassée d'alcool, et comme elle était bien celle qui devait annoncer l'agonie d'un Legrimaudet! J'en eus le cœur serré et j'insistai :

— « Et qu'a-t-il donc? »

— « La misère, » dit la fille, répondant de cette même voix terrible, et elle souffla une bouffée de sa cigarette de caporal en haussant ses maigres épaules, tandis que l'autre reprenait, insinuante :

— « Vous devez comprendre, monsieur, que s'il arrivait un malheur... »

— « Et que dit le médecin? » fis-je en l'interrompant.

— « Le médecin? » répondit-elle. « Ah bien! Oui! Il ne laisse seulement pas le garçon entrer dans sa chambre plus d'une fois par jour. Et c'est une odeur, là dedans, depuis une semaine qu'il est dans cet état!... Si j'étais Monsieur, moi, je l'aurais expédié à l'hôpital, et sans traîner. »

— « Il est plus malin que toi, le père Cordabœuf, » reprit la fille blonde. « Les types comme Jean, vois-tu, ça cache quelquefois des billets de mille dans la doublure de ses habits et ça se laisse mourir de faim. Le patron veut y voir, si l'autre tourne l'œil... »

— « Tu n'as pas raison de parler ainsi, Rosette, » répliqua la matrone. « Si Madame était là, oui, ce serait possible. Monsieur, lui, est bien comme ça, un j'te casse tout et j'te bouscule! Mais le fond, c'est tout cœur. La preuve, c'est que M. Jean lui doit quatre mois et qu'il ne le tourmente pas... »

— « Je vais toujours monter, » dis-je; « s'il ne m'ouvre pas, je redescendrai. Voilà tout. Quel est son numéro ? »

— « 49, à côté de M. Dolomieu, au quatrième, à droite... » Et, sans plus s'inquiéter de moi, elle rangea de nouveau les cartes posées devant elle. Je l'entendis qui reprenait : « Quatre-vingts de monarques..., » et je m'engageai derechef dans l'escalier au tapis immonde. Deux ou trois portes s'ouvrirent sur mon passage, dans l'entre-bâillement desquelles j'aperçus d'autres visages de femmes aussi maquillés que celui de la gérante, petit détail qui continua de m'édifier sur les mœurs de ce bouge. Il fallait l'innocence et le somnambulisme littéraire de Juste Dolomieu pour ne s'en être pas aperçu, ce soi-disant hôtel était simplement une de ces maisons interlopes auxquelles il ne manque guère qu'un numéro de taille pour être qualifiées d'un nom plus cru. Et c'était là, dans ce repaire de prostitution clandestine, que ce jeune homme caressait ses premiers rêves d'art, là que M. Legrimaudet allait peut-être mourir, en reniant Dieu, comme il me l'avait prophétisé autrefois. Il avait, certes, fait un sinistre métier de parasite et de sycophante, mais l'agonie ici et dans ces conditions, c'était vraiment trop. Je ne sais pourquoi, dans cette cage d'escalier toute sombre malgré le jour bleu du dehors, une phrase de Michelet me revint à la mémoire. Il est vrai de dire que j'en ai toujours tant aimé l'étrange pitié. L'historien vient de raconter le Neuf Thermidor, et la chute du cuistre sanguinaire dans lequel s'est manifestée à son plus haut degré la scélératesse imbécile de la Terreur. Tout d'un coup : « Robespierre, » dit-il, « avait bu, du fiel, tout ce qu'en contient le monde... » On a beau haïr ce bourreau d'André Chénier et de tant d'autres, quand on songe à lui, en effet, dans cette heure où le peuple l'insulte comme il l'acclamait, avec la même lâcheté, où ses infâmes courtisans l'abandonnent, où il souffre dans sa chair, ayant la mâchoire fracassée, dans son orgueil, se voyant vaincu et à jamais, dans ses idées, sentant s'écrouler l'absurde échafaudage de ses projets politiques, — oui, quand on se le représente étendu sur cette table, parmi ces outrages et dans cette ruine, la pitié vient, et l'on répète avec Michelet : « ... Tout ce qu'en contient le monde!... » Qu'est-ce donc lorsqu'il s'agit, non pas d'un des pires tyrans de l'histoire, mais d'un pauvre diable de parasite, hébété d'orgueil et coupable de quelques mauvais bouquins, aussitôt oubliés qu'imprimés, comme il arrive à tous les livres de personnalités. Quelle coupe de fiel la destinée lui avait versée aussi, à celui-là! En réfléchissant de la sorte, j'étais arrivé à ce quatrième étage, où le tapis finissait tout d'un coup. Le carreau sinistre et disjoint n'avait pas été passé au rouge depuis des années. Le corridor sur lequel donnaient les portes des chambres, tournait sur lui-même, car la maison, avec ses deux ailes en arrière, enserrait une cour. Une cour? non, un puits d'humidité et de puanteur que j'apercevais par les fenêtres auxquelles manquaient des vitres. Évidemment le propriétaire avait renoncé à tirer parti de ces combles où il devait reléguer ses domestiques et les malheureux, comme mon jeune ami et comme Legrimaudet, à qui l'extrême bon marché du loyer devait tout faire accepter. Je regarde : 42, 43, 45..., voici la chambre de l'émule naïf de d'Arthez; 49, voici l'antre du monstre. Je frappe. On ne repond pas. Je frappe encore, et deux coups si nets, qu'ils auraient réveillé le plus dur dormeur. Même silence. Deux nouveaux coups. Enfin, j'entends une voix, que je reconnais, gémir plutôt que crier un furieux : « Qui est là ? » Le passionné désir que j'avais de revoir Legrimaudet me suggéra la réponse évidemment la plus propre à forcer cette porte fermée :

— « Un ami de M. André Mareuil, » fis-je en appuyant sur ce nom, que je répétai : « de M. Mareuil... »

— « Attendez, je vais ouvrir, » reprit la voix après une minute. Sans doute Legrimaudet avait délibéré en lui-même s'il accueillerait ou non le messager de son ancien protecteur. Puis il s'était décidé à se départir de sa consigne habituelle, « vraisemblablement, » pensai-je, « parce qu'il s'attend à quelque secours en argent et en nature. » Je me trompais sur le motif, et je crois aujourd'hui qu'il céda, même dans sa suprême détresse, au désir, presque au besoin physique d'outrager encore André dans son représentant. Il avait dû tant le haïr, et rien n'avait bougé dans cette âme, énergique, à sa manière, comme celle d'un héros ou d'un martyr. Je pus m'en convaincre au regard qu'il me jeta lorsqu'il eut, en effet, tiré le verrou de sa porte et que je me trouvai devant lui. Il était en chemise, si l'on peut donner ce nom à la malpropre loque de flanelle trouée qui drapait son corps; et combien ce corps était desséché, les deux misérables jambes flageolantes de fièvre qui sortaient nues de cette loque le disaient assez. Jamais peintre primitif, affolé de mysticité douloureuse, n'a donné à ses Christs des membres aussi émaciés, aussi dépouillés de chair et presque de muscles. Les cheveux devenus plus blancs encadraient de leurs mèches désordonnées cette face, plus ridée qu'autrefois, plus parcheminée, toujours terreuse avec des plaques rouges, et j'y lus distinctement la Mort dans la décomposition des traits hagards. Il me regardait avec l'espèce d'étonnement hargneux auquel je m'attendais, et, sans lui donner le temps de réfléchir davantage, je le poussai vers son lit:

— « Allons, » disais-je, « vous allez prendre

froid; recouchez-vous. » Il m'obéit, et, avec des gémissements qui trahissaient sa souffrance, il remonta sur le grabat où il avait amoncelé toutes ses hardes, — un véritable tas de haillons pardessus lesquels l'habit, le célèbre habit déployait sa forme démodée et son tissu plus arachnéen qu'autrefois. Était-ce le même et s'était-il conservé ainsi par un miracle de la déesse Misère, ou bien Legrimaudet croyait-il de sa dignité de troquer contre un frac de représentation tous les vêtements que lui octroyaient ses Mécènes ? Il a emporté ce secret dans sa tombe, le terrible homme, de même que celui de la provenance des objets qui meublaient sa tanière. Sa malle d'abord, celle où il entassait les articles publiés pour ou contre lui depuis son *Diderot*, où l'avait-il eue ? Pour quelles raisons conservait-il sur sa commode ce trousseau de clefs rouillées, ce buste en plâtre d'Homère, cet étui à couteaux ouvert et dégarni, un carton à chapeaux ? Dans une assiette ébréchée des bouts de cigare traînaient, ramassés sur le trottoir de la rue. La forme faite à son pied par le cordonnier charitable se montrait à côté, montueuse et grossière, et il y avait encore deux pains entiers dont il ne restait que la croûte, la mie ayant été enlevée à coups d'ongles malpropres. Des bouteilles vides, des boîtes à sardines vides aussi, des livres, des pipes, se voyaient encore de-ci de-là, et parmi ce fouillis j'aperçus, posée à plat, sur la commode, une béquille d'enfant! Cette relique du petit garçon boiteux, de ce seul être que le pamphlétaire eût aimé, m'attendrit plus que je ne peux dire, et je me sentis disposé à recevoir avec indulgence le jet de sépia que le malade ne manquerait de me darder. Son œil aigu me dévisageait du fond du lit. Il cherchait à démêler mes traits par delà les années. Cette observation me laissa le loisir de finir l'inventaire du mobilier, qui se composait d'une table à écrire chargée de papiers, d'un tapis plus déchiré que celui de l'escalier, de trois chaises et d'une table de nuit avec un pot à eau égueulé près d'un verre. Pas de cheminée. Un trou rond, ménagé dans le carreau supérieur de la fenêtre et bouché d'un papier huilé, attestait l'établissement d'un poêle, aux temps somptueux d'un prédécesseur de M. Legrimaudet. Tout d'un coup, je vis à sa lippe qu'il me reconnaissait, ce qui ne m'étonna guère. Les mendiants, obligés de scruter le visage de leurs tributaires avec une perspicacité d'où dépend toute leur subsistance, ont cette étonnante mémoire des physionomies qui se retrouve à l'autre terme de l'univers social, chez les princes, dont elle est le métier. Cela lui permit de faire d'une pierre deux coups, comme on dit, et de m'associer dans l'outrage destiné à André dès sa première phrase :

— « Mais, monsieur, » commença-t-il, « vous êtes le poète. » Il prononça *poâte* comme à son ordinaire. « Faites-vous toujours des vers ? Avez-vous composé un épithalame pour le mariage du nouveau M. Mareuil des Herbiers ? Il paraît, monsieur, qu'on avait sa femme autrefois pour cinq francs. Moi, monsieur, j'ai pris pour devise : pas d'argent, pas de cuisse... C'est dommage. Il avait du bon, cet ancien ami. Et pourquoi n'est-il pas venu lui-même prendre de mes nouvelles ?... Sa femme le lui aura défendu. Monsieur, ces créatures craignent les observateurs. Elles aiment mieux les naïfs. Vous devez être bien avec elle. »

Une quinte de toux déchirante interrompit ce discours où je retrouvai, malgré l'éraillement de la voix épuisée, la spontanéité d'insulte presque géniale et qu'André admirait tant. Ah ! c'était bien toujours le Grand Ingrat de France, et qui, même à son lit de mort, ne désarmait pas. Pour la première fois, je compris vraiment l'étrange et diabolique fascination dont j'avais vu mon camarade possédé. Que répondre, sinon, comme je fis, une phrase quelconque :

— « Mareuil n'est pas à Paris, » dis-je, « il est dans sa préfecture; sans cela... »

— « Il réside donc, » interrompit le malade; « c'est étonnant, lui qui aimait tant voyager. Ça le formait un peu, monsieur, il était revenu d'Angleterre beaucoup mieux élevé. Je le lui ai dit, à l'époque... » Ici nouvelle quinte de toux, puis de la même bouche arrogante : « Si ce n'est pas de sa part que vous venez, monsieur le *poâte*, qui vous envoie ? Quelque éditeur, peut-être. Monsieur, je vous avertis que je serai dur pour les conditions. Il y a assez longtemps qu'on me fait attendre... »

Ainsi ses illusions de gloire ne l'avaient pas encore quitté! Fallait-il rire, fallait-il pleurer de cet orgueil insensé? Après tout, il en avait vécu. Lorsque je songe à lui maintenant, il me semble que ce mot, dans cet endroit et à cette minute, est un des plus significatifs qu'il ait prononcés. Il était de bonne foi quand il parlait de son propre génie et de son triomphe définitif. Il l'attendait, ce triomphe, avec la certitude de l'astronome qui attend l'étoile annoncée par ses calculs. Il fallait cependant lui expliquer ma présence, ne fût-ce que pour ne pas le mettre dans une colère qui lui eût été fatale. Je pris le parti de lui raconter simplement la vérité :

— « Non, » lui dis-je, « personne ne m'a envoyé chez vous. C'est un simple hasard qui m'envoie. J'ai reçu la visite de votre jeune voisin, M. Juste Dolomieu, je suis venu la lui rendre, et, comme j'ai su que vous étiez un peu malade, je suis monté... »

— « Ah! » gémit-il avec un accent d'amour-propre blessé qui me prouva combien je venais d'être imprudent. « Ce monsieur vous a dit qu'il était mon voisin. Il sait donc mon nom. Je lui donnerai une leçon, monsieur. Je lui apprendrai à s'occuper de ses affaires au lieu d'aller répéter où j'habite. Il n'est pas fier, d'ailleurs. Car moi, monsieur, si je loge ici, c'est la pauvreté où m'ont réduit mes envieux. Mais lui, à son âge, et quand on peut gagner de l'argent par son travail, faut-il être déjà perdu pour rester dans cette maison et s'y faire entretenir ! »

— « Le fait est, » repris-je, « que l'endroit n'a pas très bon air... »

— « Pas bon air, monsieur, » s'écria-t-il. « Mais votre ami ne vous a donc pas dit que c'est tout simplement la succursale d'une maison publique établie dans la rue des Canettes, tout à côté?... Oui, monsieur, le patron a eu cette idée fructueuse de prendre cet hôtel, il y a cinq ans, pour ses pensionnaires qui sont en promenade. Vous comprenez, monsieur, il y a des hommes auxquels il répugne de coucher là-bas, dans le lit de tout le monde. La fille leur parle alors d'un petit hôtel qu'elle connaît, bien tranquille, tenu par de braves gens. L'imbécile paie la sortie. Dix francs, monsieur. Et qui vont à qui? A Cordabœuf. On arrive ici, et c'est cinq francs pour la chambre, et c'est des dix et des quinze pour les consommations, le champagne, les cigarettes, un petit souper. Pour qui tout cet argent encore? Pour Cordabœuf. Si vous saviez, monsieur, quand on s'appelle Legrimaudet, ce que c'est que de devoir à une pareille canaille! Les femmes valent mieux que lui. Il y en a toujours une pour demander un paquet de tabac à quelque amant et me le donner... Une fois même, monsieur, une nuit que j'avais très froid, une que son homme avait quittée de bonne heure est venue me chercher pour me demander si je voulais coucher dans son lit, à cause du feu. Seulement, monsieur, elle était fatiguée. Nous avons été sages.

Ah! J'ai bien dormi cette nuit-là, réchauffé par la chaleur de ce jeune corps!... A propos, monsieur, pourquoi les femmes d'aujourd'hui sont-elles si indifférentes qu'elles vous refusent toutes le baiser de la bouche?... »

— « Mais, » lui répondis-je, terrassé par cette épouvantable confidence d'une charité triste à faire pleurer, « comment êtes-vous venu vous loger dans ce mauvais lieu?... »

— « J'ai soif, » fit-il. « Voulez-vous me passer le pot à eau? » Puis, lorsque je lui eus rempli un verre et qu'il l'eut vidé : « Monsieur, on voit bien que vous n'avez jamais connu la misère. On n'a pas de talent sans ça, rappelez-vous ce que je vous dis. Mais, pour moi, l'épreuve dure trop. C'est mon garçon de l'hôtel de Saint-Flour qui m'a décidé. Douze francs au lieu de quinze. C'était une grosse économie, et puis la blanchisseuse était partie, à cause de la mort de son fils, un enfant si intelligent, monsieur. Je comptais faire son éducation. Il m'aurait vengé des envieux. N'en parlons pas. Les propriétaires allaient vendre et retourner dans leur pays. Bref, j'ai déménagé... Les premiers temps, ça marchait encore, à cause de mon garçon qui me racontait des histoires de femmes. — Monsieur, il y a un sénateur qui vient ici tous les samedis avec une fausse barbe, et un journaliste qui m'a attaqué autrefois. Je l'ai reconnu. Je lui prépare une note dans la préface de la nouvelle édition de mon *Hugo*. Je n'attends que d'être rétabli pour rentrer en campagne. Et puis, mon garçon a été renvoyé. On en a pris un autre qui me déteste. Entre nous, je crois que ce journaliste m'a reconnu aussi et qu'il paye pour qu'on me chasse à force de mauvais procédés. Non, monsieur, je ne leur céderai pas. — Ah!... » conclut-il en montrant sa poitrine de sa main tremblante où je vis luire l'améthyste de sa bague d'évêque, « comme j'ai chaud là!... A boire, à boire encore!... »

— « Voyons, » lui dis-je, « vous ne pouvez continuer à boire cette eau froide qui vous fera du mal. Permettez-moi de vous envoyer du lait? »

— « J'en ai plus qu'il ne m'en faut, » répondit-il; « une des femmes m'en monte, depuis que je suis malade, tous les soirs à cinq heures. »

— « Voulez-vous que je vous fasse tenir une couverture, alors? » insistai-je.

— « Non, monsieur, j'étouffe déjà dans mon lit. »

— « Vous ne refuserez pas du moins, »

repris-je, « une pièce blanche pour la petite chapelle? »

— « J'ai de l'argent, monsieur, » répliqua-t-il avec une colère croissante. « Le tiroir de ma table de nuit en est plein. Mon éditeur m'a payé d'avance la réédition de mon *Hugo* la veille où j'ai attrapé ce petit rhume. » Il toussa de nouveau à rendre son âme. « Il me devait bien cela, » continua-t-il; « sur la précédente il m'a assez volé!... »

— « Alors, » lui dis-je, « demain je vous enverrai mon médecin, pour en finir plus vite avec ce bobo?... »

— « Un médecin! » s'écria-t-il. « Non, monsieur, je ne recevrai pas de médecin. Ce sont tous des charlatans. Si j'en désirais un, sachez que Mlle Gransart m'aurait donné le sien, et, si je voulais, elle serait ici elle-même à me soigner... Ce dimanche-ci aura été le premier où je ne sois pas allé déjeuner chez elle à Passy, depuis vingt-cinq ans. Son père m'appréciait, monsieur. C'était un homme de goût, quoique un pédant. Il était conservateur au Louvre. Il m'a été très utile pour mon *Diderot*. Il ne savait pas écrire, mais c'était un bon rat de bibliothèque. Il est mort à quatre-vingts ans, voici trois mois, d'une chute qu'il a faite en descendant seul de l'omnibus. Je lui disais : « Vous vous écoutez, monsieur Gransart, « donnez-vous de l'exercice; marchez comme « moi. » C'était un vieil égoïste, il préférait dépenser son argent en voitures au lieu d'économiser pour sa fille qu'il aurait laissée plus riche. Et elle le méritait, monsieur, car c'est une sainte. J'en peux parler. Je la connais, je vous répète, depuis vingt-cinq ans. Vous devinez que je lui ai toujours caché mon adresse. Je ne veux pas qu'elle vienne jamais me voir ici. Elle doit m'avoir attendu ce dimanche dernier et être inquiète. Je suis son meilleur ami. J'y allais tous les jours les premiers temps qui ont suivi la mort de son père. Elle m'a toujours reçu avec une bonté d'ange. Les femmes comprennent le talent malheureux. Elles sont moins envieuses que les hommes. »

Quoique cette dernière petite phrase fût tout à fait *Legrimaudesque*, — comme disait volontiers André, — le reste du discours relatif à Mlle Gransart révélait des sentiments si extraordinaires chez l'infortuné, que cela seul m'avait donné une envie démesurée de connaître cette vieille fille. L'âge où était mort le père et les vingt-cinq ans de parasitisme avoués par Legrimaudet la classaient dans cette catégorie où se rencontrent les plus intéressants exemplaires des caractères féminins. Devait-elle être en effet une sainte créature pour avoir su dompter ce chien enragé qui mordait toutes les mains par lesquelles il était nourri! Cette curiosité ne m'aurait cependant pas décidé à la démarche que je tentai, aussitôt sorti du bouge de la rue Princesse, si je n'avais jugé urgente l'intervention de cette unique amie du mourant. Car il était bien malade et il fallait, à tout prix, le faire transporter ailleurs, pour tenter de lui adoucir au moins ses derniers jours. J'avais trop vu de quel geste il recevait les offres de service pour renouveler les miennes, et je ne voyais personne qui pût mieux réussir. L'autorité de Mlle Gransart serait-elle plus forte? En tout cas, il était de mon devoir d'essayer. Je saurais sans doute l'adresse de la vieille fille chez le concierge du Louvre. Me voici donc hélant un fiacre devant Saint-Germain-des-Prés, et, tandis que la voiture descendait la longue rue des Saints-Pères, pour gagner la Seine, je me rappelle être tombé dans une mélancolie plus profonde. Le cœur étrange de ce terrible homme s'éclairait pour moi jusque dans son plus intime repli, et c'était justement son geste de refus à mon assistance qui me le faisait apercevoir ainsi tout entier. Oui, l'orgueil l'avait perdu, mais d'abord le plus noble orgueil, celui du littérateur qui se croit élu pour une besogne de gloire. Sous l'influence de cette illusion déraisonnable, de cette fierté folle de son talent, — et qui s'appelle chez un véritable grand homme une sublime constance, — il s'était soustrait au métier. Sans métier, il avait eu faim. Acculé à ce dilemme tragique : mourir ou mendier, il avait mendié, et de tendre la main lui avait déchiré, chaque fois, toute l'âme ! Sa littérature avait suivi. Les diverses pièces de cette machine à haine m'apparaissaient jouant les unes sur les autres avec une logique effrayante. Car s'expliquer avec cette précision la genèse du mal, c'est toujours risquer d'aboutir au doute sur la Providence, et quand on est parvenu, après des années de lutte, à retrouver, sous les arides analyses de la science, la foi dans l'interprétation consolante de l'Inconnaissable, on a si peur de la perdre, cette foi et cette espérance, si peur de ne plus prononcer avec la même certitude la seule oraison qui permette de vivre : « Notre Père qui êtes aux cieux... » Qu'il est troublant alors de se rencontrer devant un problème de laideur morale et de douleur physique aussi cruellement posé que celui-là! Il faut croire qu'il y a un sens mystérieux à ce douloureux univers, croire que les angoissantes ténèbres de la vie s'éclaireront un jour, après la mort. Mais comme on est tenté de nouveau par l'horrible nihilisme en présence de certains naufrages d'âme et de destinée! Ces réflexions philosophiques me poursuivirent, plus anxieuses encore, dans le long trajet que j'eus à faire du Louvre où l'on me donna bien l'adresse de Mlle Gransart jusqu'à la rue Boulainvilliers, à Passy, où elle demeurait. A mesure que j'approchais et le long des silencieuses avenues de ce paisible quartier, je voyais se multiplier les petites maisons, isolées dans leur jardinet, asiles de félicité bourgeoise qui contrastaient ironiquement avec l'atroce endroit où agonisait le protégé de la vieille fille; puis je pensais à cette dernière, aux procédés de délicatesse qu'elle avait dû employer vis-à-vis du monstre pour tant l'obliger sans jamais le blesser. Je me demandais quelle image cet esprit innocent se formait du plus venimeux réfractaire de notre âge. J'allais bientôt être renseigné, car j'approchais du numéro désigné par le concierge du Louvre. Le fiacre s'arrêta. Ce n'était pas tout à fait le petit hôtel avec sa marge de gazon tel que ceux dont je venais de comparer l'élégance confortable à l'infâme gîte de Legrimaudet, — mais une maison plus modeste, à quatre étages, de celles qui supposent chez leurs locataires la sécurité de six, de sept, de dix, de douze mille francs de rente au plus. Le portier, tailleur de son état, comme l'indiquait une petite affiche écrite à la main, travaillait, quand je frappai au carreau de la loge, au raccommodage d'une redingote qui appartenait sans doute à quelque autre ami plus aisé de la vieille fille. Au ton avec lequel il prononça son nom pour répondre à ma question : « Mlle Gransart est-elle chez elle?... » je voulus reconnaître la preuve d'un respect infini, presque d'une vénération :

— « Mlle Gransart est sortie, » me dit-il, « et comme c'est le jour où Mademoiselle va chez son frère, aux Batignolles, elle ne rentrera pas avant dix heures... »

— « Et elle n'a laissé personne à la maison? »

— « Non, monsieur. Mlle Annette accompagne toujours Mademoiselle, quand Mademoiselle dîne dehors... »

— « Voulez-vous me donner de quoi lui écrire un mot? » demandai-je, tant j'étais persuadé de la gravité des circonstances et que la bienfaitrice du malade devait être prévenue aussitôt. Ce ne fut donc pas un mot, ce fut une vraie lettre que je griffonnai ainsi, sur les deux feuilles de papier écolier que le portier-tailleur finit par découvrir dans ses placards, tout en grommelant : « Si ma femme était là! Elle sait où sont les affaires du petit. Mais elle est allée justement le prendre à sa classe... » Dans cette lettre, j'expliquais à Mlle Gransart la situation de M. Legrimaudet, dont je lui donnais l'adresse, sans révéler, bien entendu, la variété d'hôtel garni qu'habitait le misérable. Je lui disais, en termes qui durent être émus, car je l'étais moi-même au plus haut degré, qu'elle seule pouvait avoir assez d'influence sur le malade pour le décider à un transfert dans quelque maison de santé. Je lui indiquais, en outre, mon adresse à moi et celle des deux ou trois hospices payants et décents que je connaissais. Enfin, je mettais mes modestes ressources à la disposition de cette bonne œuvre. Hélas! je ne rapporte tous ces détails que pour arriver à un aveu qui n'est guère en rapport avec la chaleur de cette missive. Mais je tiens à le faire, quand ce ne serait que pour caractériser la sorte de charité dont ce pauvre Legrimaudet avait toujours vécu. Ah! Cette charité parisienne qu'aucune croyance ne soutient et qui n'est qu'un mouvement de la chair et du sang, comme elle a tôt fait de s'interrompre quand l'objet de notre émotion n'est plus sous nos yeux! Quoi d'étonnant si la sensibilité suraiguë des pauvres a tôt fait, elle aussi, de mesurer le peu de profondeur de cette pitié dont nous sommes si honteusement fiers? Ils discernent ce qu'il entre d'égoïste hypocrisie dans nos attendrissements superficiels et momentanés, et ils sont ingrats parce qu'ils sont perspicaces, avec une dureté qui ne prouve sans doute pas la noblesse de leur cœur, et que cependant nous méritons. Je devais dîner en ville et aller au théâtre le soir de cette après-midi, employée du moins utilement. Je m'absorbai si bien dans cette double distraction, que l'image de M. Legrimaudet s'effaça presque de ma pensée, et le lendemain j'oubliai d'aller demander de ses nouvelles. Le surlendemain de même, en proie à ces inutiles et multiples occupations auxquelles les meilleurs de nous sacrifient sans cesse le soin de ce que les moralistes chrétiens appellent si justement le Salut, ce travail sérieux et continu sur notre être intime. Bref, j'avais laissé passer quatre fois vingt-quatre heures, sans plus m'inquiéter du malade de l'hôtel Cordabœuf. Aussi fus-je saisi d'une espèce de honte bien voisine du remords quand, revenant du théâtre encore dans la nuit de ce quatrième jour, je trouvai parmi mon courrier la lettre suivante, que je transcris sans en changer une syllabe, car certains compliments immérités sont quelquefois la plus dure des satires, et, d'autre part, ce petit document peut servir à montrer combien le vieux proverbe a raison qui dit que toute chose est pure pour les purs.

―――

« *Passy, 25 mai.*

« Monsieur,

« Vous avez montré un si touchant intérêt à ce digne et malheureux M. Legrimaudet, que je m'excuse de n'avoir pas renseigné plus tôt votre sollicitude sur ce cher ami, que nous avons eu, hélas! la douleur de perdre hier, à la maison des Frères Saint-Jean-de-Dieu, rue Oudinot, où je l'avais fait transporter l'avant-veille, d'après vos bonnes indications. La misère et l'injustice avaient depuis longtemps miné cette nature qui cachait sous des dehors parfois irrités une touchante fidélité à ses anciennes amitiés, et une foi profonde. Aussi Dieu a-t-il fait à notre ami la grâce de conserver sa connaissance et de mourir en bon et fervent chrétien. Je crois correspondre à vos désirs en vous prévenant que le service funèbre sera célébré à l'église Saint-François-Xavier, demain matin à neuf heures. Le corps sera transporté ensuite au cimetière Montparnasse.

« Recevez, monsieur, mes compliments empressés,

« Éveline Gransart.

« P.-S. — J'oubliais de vous remercier de votre offre généreuse dont M. Legrimaudet aurait été certainement si touché. Je me réservais de la lui communiquer aussitôt qu'il pourrait supporter une émotion. »

Je me souviens. Je demeurai longtemps à lire et relire cette lettre, au lieu de me mettre au lit. N'évoquait-elle pas pour moi tout un drame comme la vie seule en compose, avec des personnages venus de toutes les provinces du monde des âmes ? Mareuil et sa paradoxale gouaillerie, Juste Dolomieu et sa ferveur de brave artiste jeune, le petit Henri et son enfantine férocité, m'apparaissaient tour à tour, puis les pensionnaires de l'honorable Cordabœuf, enfin la noble inconnue à la charité véritable de laquelle Jean Legrimaudet avait dû de ne pas réaliser le funeste projet de son blasphème final. Et moi-même, avec mon indifférence tour à tour attristée et distraite, un bon mouvement m'avait fait contribuer à cette rédemption de la dernière heure, puisque Mlle Gransart n'avait été prévenue que par moi de la maladie de son protégé. Allons, je réparerai du moins mon oubli de ces quatre jours en me levant de bonne heure le lendemain et en assistant au convoi du malheureux. D'ailleurs, n'y aurais-je pas assisté, même sans cette idée d'un devoir à remplir, rien que pour voir de près la mystérieuse vieille fille qui avait trouvé dans son cœur de quoi plaindre et aimer un Legrimaudet? Dès ce lendemain donc, j'étais à l'église, accompagné de Juste Dolomieu que j'avais envoyé chercher par mon domestique avec un mot, pour qu'il y eût du moins deux hommes de lettres à l'enterrement de cet écrivain qui s'en allait dans une telle misère. Je dois dire que mon jeune ami s'était prêté de bonne grâce, et malgré ses répugnances vis-à-vis du pamphlétaire, à cette corvée d'humanité. Nous étions donc là, debout, les bras croisés, à suivre dans une des chapelles de cette église, la plus laide, certes, de ce Paris où il en est de si laides, l'office des morts dépêché par un prêtre pressé, devant le triste cercueil. Il y avait à quelques pas de nous, agenouillées, deux femmes, dont l'une était visiblement la servante de l'autre, et cette autre, tout en noir, montrait en priant un visage doux et mortifié, d'une piété si sincère que sa laideur un peu commune en était transfigurée. Les yeux bleus de Mlle Gransart étaient si frais, si tendrement frais et purs, ils révélaient une telle candeur d'innocence, qu'une femme ne pouvait plus être laide avec ces prunelles-là. Mais, faut-il l'avouer? c'était Mlle Gransart que j'étais venu regarder, et je n'avais d'attention que pour un cinquième personnage qui occupait une chaise à côté d'elle: un homme d'environ quarante ans, la face rasée, la joue fleurie, l'œil autoritaire, la bouche importante, un homme considérable enfin, bien en point, avec des épaules d'athlète moulées dans une redingote d'un drap solide, la vraie redingote classique du propriétaire. Sa large main gantée de noir tenait un petit paroissien, sans doute celui d'une des femmes de sa maison, — ou de ses maisons, — car j'avais reconnu Cordabœuf au geste tout à la fois réservé, recueilli et protecteur qu'il avait fait à Juste Dolomieu, son locataire. Nous étions debout, comme je l'ai dit, ce dernier et moi, les bras croisés, qui gardions une attitude, respectueuse mais peu édifiante, de libres penseurs égarés dans une église. Cordabœuf, lui, ne perdait pas une ligne des prières qu'il lisait dans le paroissien, et il suivait avec une ponctualité irréprochable les moindres mouvements de sa voisine. Mlle Gransart s'agenouillait, il s'agenouillait. Elle se signait, il se signait. Elle baissait la tête, il baissait la tête, montrant entre son col très blanc et la racine de son épaisse chevelure une nuque de boucher, rouge et puissante. L'ironie, cette fois, dépassait la mesure. Il était écrit pourtant que M. Legrimaudet s'acheminerait vers son dernier gîte dans une ironie encore plus étrange, car, la messe une fois dite, et quand Mlle Gransart, après avoir suivi le cercueil la première, se fut retournée vers nous pour nous saluer d'une légère inclinaison de tête, je pus voir Cordabœuf arrondir son bras et l'offrir à la sainte fille qui accepta cet appui pour gagner sa voiture où elle monta, suivie de sa bonne. Le corbillard de la dernière classe s'ébranlait, escorté de ce fiacre, et comme nous nous préparions, Juste et moi, à prendre notre voiture à notre tour, afin d'accompagner aussi le convoi, l'étonnant personnage s'avança vers nous :

— « Vous allez jusque là-bas, messieurs ? » nous dit-il; « je regrette de ne pouvoir en faire autant ! Vous savez, les affaires... Ce n'est pas pour me plaindre, car cette bonne demoiselle a tout payé, mais c'est ça qui a fait mourir le vieux, tout de même, de quitter sa chambre... Il était si tranquille chez nous, et gai, et boute-en-train ! Les femmes l'aimaient bien... Tous les matins en descendant il avait toujours à nous pousser quelque petite blague... »

Telle fut l'oraison funèbre de M. Jean Legrimaudet venu de Dijon pour rivaliser avec la gloire de Bossuet, auteur de plusieurs volumes, à qui la somnambule avait prédit qu'il mourrait millionnaire, sénateur, officier de la Légion d'honneur et célèbre, et qui l'avait cru.—Pauvre monstre!

Paris, décembre 1889. — Palerme, janvier 1891.

III

Maurice Olivier

A MON BEAU-FRÈRE GERVAIS DESMANÈCHES.

MAURICE OLIVIER

I

Sur la terrasse de la villa Wérékiew, — la Folie Wérékiew, comme on l'appelait depuis la ruine du prince, — les invités se pressaient les uns après les autres. La fête que donnait la jeune comtesse de Nançay, la locataire actuelle de cet étrange palais de marbre, construit par une fantaisie de maniaque à une heure de Florence, se trouvait coïncider avec la plus lumineuse, la plus fraîche journée du printemps nouveau. Un ciel d'un bleu intense enveloppait la campagne semée d'oliviers pâles et de cyprès noirs, où d'autres villas surgissaient par intervalles. Très au loin, l'ondulation des collines laissait apparaître le dôme de la vieille cité toscane, le Campanile, et, à l'extrémité de l'horizon, l'eau de l'Arno luisait au soleil parmi la verdure des Cascines, comme une plaque de métal brisée en morceaux épars.

Cent personnes environ allaient et venaient, les unes en plein air, les autres sous la large tente dressée à l'une des extrémités de la terrasse et qui abritait une grande table chargée de tout l'appareil du goûter parmi des touffes de fleurs. En face de cette tente, quatre musiciens napolitains chantaient des airs de leur pays. Ils étaient gras, luisants, vêtus d'une manière à la fois sordide et prétentieuse, avec des pantalons et des jaquettes donnés par quelque généreux dilettante, des cravates de couleur vive, des bagues où flamboyaient de grosses pierres fausses, et ils portaient des chapeaux de haute forme. L'un touchait de la mandoline, deux tenaient le violon et le quatrième le violoncelle. Et ils chantaient avec une ardeur infatigable, non pas comme des mercenaires, mais pour eux, pour le plaisir de donner de la voix, exagérant la mimique des paroles prononcées.

Quelquefois l'un d'eux dansait en mesure, et les mélodies populaires paraissaient plus chaudes, plus vibrantes sur cette terrasse, devant la façade claire de la maison, au bord de ce jardin où frémissaient des lilas, où des statues brillaient, blanches parmi les premières verdures si tendres. Mais l'assemblée de gens du monde qui se trouvait là, toute mêlée d'hommes et de femmes de dix nationalités différentes, — comme il arrive dans cette Cosmopolis qui est Florence, — continuait son papotage de chaque jour. On causait par cinq et par six, par deux aussi, mais dans les allées du jardin. Cela donnait l'impression d'une sorte de journée d'un décaméron moderne, auquel manquaient seulement les fiers costumes, la poésie d'âme des décamérons d'autrefois et leur charme de naïveté.

— « Quelles nouvelles avez-vous du différend entre la Russie et l'Angleterre, sir Arthur ? » disait, en prenant une tasse de thé, un des plus élégants parmi les hommes qui se trouvaient là. Il était grand, mince, merveilleusement pris dans sa redingote ajustée, et il avait une de ces physionomies sans âge que conserve des années et des années un art de la toilette poussé jusqu'à son plus extrême raffinement. Son profil busqué rappelait vaguement, même sous le chapeau moderne, quelque ancien portrait de seigneur du XVIe siècle, et, de fait, ce personnage n'était rien de moins que le marquis Hercule-Henri de Bonnivet, un des descendants les plus authentiques du célèbre ami de François Ier. Le personnage qu'il avait appelé sir Arthur était, lui, un long et bizarre Anglais, au visage glabre, aux os énormes, ainsi qu'en témoignaient ses pieds et ses mains, vêtu d'une façon trop originale et qui eût paru excentrique s'il n'avait eu si grand air, avec des pantalons trop larges, une jaquette d'une coupe ancienne, un col très haut, qui le faisait ressembler à une figure du temps du Directoire, et, répandu sur tout cela, un air d'impertinence qui attestait, chez cet homme de trente ans, une conscience absolue de sa supériorité. — « Regardez-moi bien, » semblait-il dire, « je suis Sir Arthur Strabane, baronnet, j'ai vingt-cinq mille livres sterling de revenu, je suis apparenté à deux ducs et je ne sais combien d'autres barons. J'ai pris mes degrés à Oxford et j'ai des muscles d'athlète. Comment ne vous serais-je pas supérieur? »

— « Non, marquis, » répondit-il dans le plus pur français, « aucune nouvelle, sinon le mot de l'ambassadeur de Russie à Londres, chez lady Banbury : Si l'Angleterre nous prête de l'argent et si nous lui prêtons des hommes, on pourra se battre... Voilà où nous a mis, en quelques années, la politique de ces scélérats... Pauvre lord Beaconsfield! Ah! si l'Angleterre n'était pas le premier pays du monde, elle serait déjà morte de ce Gladstone... »

— « Vous êtes aimable pour la France, » fit en riant une jeune femme qui venait de se rapprocher, « mais croyez-vous que je vous donne ce thé pour que vous parliez politique dans un coin et comme au club? Regardez la comtesse Sonia qui ne peut plus se débarrasser de ce terrible Karéguine. Il lui raconte toute l'histoire de l'empereur Nicolas. Courez la sauver, sir Arthur, sous prétexte de la conduire au buffet. — Et vous, marquis, dites-moi ce que vous pensez de la petite fête organisée par votre élève, mon cher maître?... »

En parlant ainsi, elle fumait une cigarette de tabac d'Orient enfilée dans un petit bout d'ambre noire sur lequel était incrusté un trèfle en diamant. Quoiqu'elle eût vingt-cinq ans passés et qu'elle fût veuve depuis trois ans déjà, Mme de Nançay avait l'aspect délicat d'une toute jeune fille.

Blonde et frêle avec de gais yeux bleus qui luisaient de malice, sa taille fine prise dans une robe de printemps de nuance claire, elle se tenait devant Bonnivet réellement comme une écolière qui mendie un éloge. C'était sa grâce irrésistible que ces soudains enfantillages, si sincères que leur maniérisme plaisait au lieu de choquer. Les instruments continuaient de jouer et enveloppaient de leur musique le brouhaha des conversations. Mme de Nançay se rapprochait encore du marquis, fermant à demi les yeux, une main posée sur sa hanche et lançant par petites bouffées la fumée blanche de sa cigarette qui lui faisait une vague auréole.

— « Maintenant que l'amour-propre de l'Anglais ne va pas s'en fâcher, » répondit Bonnivet, « on peut bien vous dire qu'il n'y a au monde qu'une Parisienne pour organiser une fête comme celle-ci, tout en surveiller, tout en conduire et n'en avoir pas l'air. »

— « C'est que le jour est divinement bleu, » fit la jeune femme, — et une impression poétique succéda sur son menu visage au sourire de fierté naïve que le compliment du marquis y avait éveillé. — « C'est le beau ciel qui arrange tout... Vous regardez ce porte-cigarettes, » ajouta-t-elle en remettant cet objet dans son étui, « reconnaissez-vous le style russe ?... Des diamants et encore des diamants... C'est une philippine que j'ai gagnée à Nicolas Labanoff... Y a-t-il un autre pays que l'Italie pour avoir de ces horizons-là et de cette musique ?... » Et elle fredonna l'accompagnement de la romance que les Napolitains chantaient, puis, changeant d'idée, comme à son ordinaire, sans transition :

— « Voyons, mon petit marquis, soyez gentil : racontez-moi le dernier potin de Florence. »

— « Mais c'est l'aventure de votre ami, le prince Vitale, » dit le marquis; « il paraît qu'il porte toute sa fortune, ou ce qui lui en reste, dans un coffret qui ne le quitte jamais... Il change d'appartement avant-hier, et déménage tout, excepté le coffret. Le maître de l'hôtel installe ce même jour deux étrangers, un monsieur et une dame, dans cet appartement devenu libre du matin... Et voilà qu'à onze heures du soir, au cercle, notre Vitale s'avise de sa distraction... Et de courir à cet hôtel. Il frappe à la porte de son ex-appartement. Pas de réponse. Il frappe encore et encore. Enfin un homme sort, très pâle. Le voyage du personnage et de sa compagne était tout à fait illégitime. Excuses et explications.

Vous devinez la scène. Et le prince est rentré avec sa cassette, mais sans avoir vu la dame, qui a été malade de frayeur toute la nuit. Vingt-cinq mille francs environ en billets de banque. S'il les avait perdus, comment les retrouver ?... »

— « Madame de Nançay... Madame de Nançay..., » crièrent plusieurs voix tandis que la jeune femme riait aux éclats de cette anecdote sur un des jeunes hommes de sa société qu'elle goûtait le plus pour la fantaisie extravagante de sa vie et de son esprit.

— « Ils ne me laisseront pas m'amuser pour moi cinq minutes, » dit-elle. « Qu'y a-t-il ? »

— « Le photographe attend pour le groupe. »

— « Hé bien, nous y courons, » fit-elle. « Voyons, Bonnivet, ici, et vous, Strabane, et vous... et vous... » — Et elle disposait les assistants. « Ah! ici, Vitale, » cria-t-elle au prince qui venait d'arriver : « Voulez-vous que je vous envoie chercher un coffret pour le tenir sur vos genoux ?... »

— « Ah! On vous a déjà dit ?... »

— « Silence dans le rang, » s'écria-t-elle...

En ce moment tous les invités s'étaient groupés au bord de la tente; chacun avec l'expression qu'il croyait devoir le mieux lui convenir : celui-ci rêveur, cet autre souriant. Des types de toutes les races se trouvaient là, reconnaissables à des formes de visage, des couleurs de cheveux, de prunelles et de teint. Des Espagnols et des Polonais, des Anglais et des Russes, jusqu'à des Danois et des Américains se tenaient coude à coude devant l'objectif braqué sur eux et qui allait immobiliser le joli souvenir de cette claire après-midi. Les chanteurs napolitains s'étaient placés dans un des coins, faisant des mines qu'ils jugeaient dramatiques et gracieuses. Il y eut quelques minutes d'un entier silence.

— « C'est fait, » cria le photographe. — « Une seconde épreuve, » dit-il encore. — « C'est fait, » cria-t-il de nouveau.

Et aussitôt le faisceau du groupe se rompit et la fête recommença, les musiciens ayant repris leurs chansons, et les causeurs leur entretien. Des calèches arrivaient, amenant des retardataires qu'un coup de cloche annonçait. D'autres s'avançaient jusqu'au pied du perron et emportaient ceux qui, venus plus tôt, s'en allaient plus tôt. C'étaient alors des adieux qui révélaient toute la furie de divertissement propre à cette gaie Florence. — « Vous verra-t-on à la casa Radesky ce soir ? — Oui, vers dix heures. Je dîne chez lady Ardrahan, et puis j'ai accepté chez Mme Chiaravalle. J'irai dans l'intervalle. — Voulez-vous que je vous enlève jusqu'aux Cascines? — Jetez-moi en route chez la baronne de Nürnberg. »

— « Et dire que c'est ainsi tous les jours, » faisait Bonnivet après avoir pris place dans le duc de sir Arthur Strabane. Ce dernier conduisait lui-même ses magnifiques chevaux noirs qui steppaient le long de la route déjà bordée de rosiers et de champs d'iris, blancs ou violets. « Oui, » continuait le marquis, « cette vie de Florence est un carnaval perpétuel. Je ne comprends pas que nous ne mourions pas tous de fatigue. »

— « Et moi qui passerai peut-être la saison à Londres, » fit l'Anglais. « Mais, nous autres, nous sommes entraînés à cela. Un de nos voyageurs disait qu'il se sentait moins fatigué après avoir traversé le désert, qu'après avoir vécu à Londres juin, juillet et août... Dites donc, » ajouta-t-il après un silence, « avez-vous remarqué les aparté de Mme de Nançay et de Vitale?... »

— « Il est bien joli garçon, » répondit le marquis. « Avez-vous un cigare? »

— « Prenez l'étui dans ma poche à droite, » fit Strabane.

Il venait, en effet, comme violemment contrarié par la phrase de son compagnon, de donner un coup de fouet un peu vif à ses chevaux, et ses deux mains s'occupaient à les retenir. Il continua cependant :

— « Il y a dans le compartiment d'en haut des allumettes qui brûlent dans le vent et sans odeur. C'est une nouvelle invention de Londres... Est-ce que vous trouvez le prince vraiment aussi joli garçon que cela ?... »

II

Le dernier des invités était parti, justement ce prince Vitale, par l'éloge duquel le marquis de Bonnivet s'amusait d'ordinaire à piquer Strabane. Mme de Nançay restait seule dans le petit salon où elle recevait ses intimes, — petit ?... Pour une villa italienne, car le plafond étalait son ciel de fresque à huit mètres au moins du tapis, et toutes sortes de meubles anciens s'y groupaient à l'aise, révélant l'extravagance du grand seigneur russe qui avait précédé la nouvelle locataire. Elle avait modifié la physionomie de cette pièce par des étoffes jetées un peu partout, par la profusion de menus bibelots apportés avec elle, par la dispersion de-ci de-là de photographies dans des cadres modernes, par l'installation, dans un coin, d'une bibliothèque basse, où s'entremêlaient à côté de reliures précieuses les cartonnages estampillés des romans empruntés au cabinet de lecture de Vieusseux. Sur les murs étaient appendus en grand nombre des tableaux attribués à des maîtres illustres et achetés par Wérékiew avec une telle absence de discernement que des œuvres excellentes s'y déshonoraient à côté de honteuses enluminures. Parmi ces toiles, auxquelles le temps ou une savante préparation avait donné une patine passée et vieillie, un portrait surprenait par le tapage de ses couleurs fraîches. C'était celui de Mme de Nançay, exécuté par Miraut, le maître français alors à la mode. Elle y était représentée en grande toilette, et de dos, tournant la tête de manière à montrer son joli profil, légèrement menu et busqué. — Lucie de Nançay aimait cette peinture qui lui rappelait la toute jeune femme qu'elle n'était déjà plus, et, ce soir, elle la regardait, couchée sur un divan dans l'ombre grandissante. Elle se plaisait toujours à ces longues immobilités silencieuses dans le crépuscule, et ne sonnait pour avoir de la lumière qu'à la dernière minute. L'enivrement de la gaieté physique déployée toute la journée se résolvait en une fatigue alanguie qui la faisait rêver — indéfiniment.

Elle se revoyait dans ce portrait... Elle n'avait pas vingt ans alors. C'était presque au lendemain de son mariage avec M. de Nançay, un grand et beau jeune homme qu'elle avait épousé quoiqu'il fût beaucoup moins riche qu'elle; un peu pour sa belle mine et aussi parce qu'il portait un nom ancien. Elle-même n'était qu'une demoiselle Olivier, et ce mariage la faisait la petite-cousine par exemple de Mme de Tillières, l'amie intime de la comtesse de Candale. On s'était étonné du consentement donné par la famille de Nançay à cette union, parce qu'on ignorait le terrible secret, que la mère du jeune homme savait, elle, trop bien. Ce malheureux n'avait pas toute sa raison. Ce hardi cavalier, aux manières toujours un peu brusques, était hanté par une idée fixe. Il savait que la manie du suicide s'était rencontrée chez quelques membres de sa famille maternelle. Il en avait peur, et, quand cette pensée devenait trop forte, il buvait pour l'abolir. Son ivresse aboutissait à des accès de colère furieuse, durant lesquels il ne se possédait plus et menaçait de mort quiconque lui résistait. Maintenant encore,

Lucie éprouvait un frisson de terreur à se rappeler la première des affreuses scènes où elle avait dû affronter ce tragique maniaque. C'était précisément au retour d'une des séances durant lesquelles elle posait pour ce portrait. Il lui avait serré le bras avec une force si brutale qu'elle en avait porté la marque pendant quinze jours, et, depuis lors, les scènes s'étaient succédé sans interruption, elle, malade de frayeur, et lui, la menaçant de la tuer si elle parlait à qui que ce fût de ces accès d'égarement. Elle l'avait cru, tant son regard était féroce, et des mois et des mois elle avait vécu dans cette épouvante, maltraitée jusqu'aux coups par cet homme auquel elle se trouvait liée, pensant au suicide elle-même tour à tour et à une retraite dans un couvent. Les pires expédients lui semblaient faciles qui l'auraient arrachée à cet enfer. Puis, tout d'un coup, elle s'était trouvée libre, sans avoir même osé le désirer. On rapportait Victor de Nançay sans connaissance. Son cheval l'avait jeté par terre dans une promenade. Il mourait quelques heures plus tard. Elle avait pourtant fondu en larmes. Était-ce de joie, était-ce d'épouvante ?... Elle n'en savait rien... Mais ce qu'elle savait, c'est qu'elle était libre !

Libre ! Vingt-deux ans et tout près de quatre millions de fortune, car deux héritages successifs l'avaient enrichie encore. Lucie avait donc passé tout d'un coup du plus dur malheur à la situation sinon la plus heureuse, du moins la plus capable de donner les conditions du bonheur. La chance de recommencer sa vie s'offrait devant elle. Cette fois, elle se fit à elle-même le serment de ne point la laisser échapper. Avec des apparences de grande légèreté, c'était une très honnête femme. Elle ne se dit point qu'elle aurait des aventures, et cela lui était pourtant bien aisé. Non, elle voulait se marier de nouveau, mais, éclairée par sa première expérience, elle comptait ne pas se tromper, et elle avait commencé de regarder autour d'elle avec ses beaux yeux bleus de jeune fille que le chagrin n'avait pu ternir. Tout au plus l'azur de sa prunelle s'était-il teinté d'un rien de mélancolie. Depuis quatre années, cependant, ni ces yeux ni le cœur de celle à qui appartenaient ces yeux de saphir étoilé n'avaient fixé leur choix. Mme de Nançay était, sans qu'elle s'en doutât, dans des circonstances dangereuses. Elle avait assez connu la vie pour n'être plus la naïve enfant de sa seizième année qui dansait au bal avec une si gaie étourderie.

Elle n'avait pourtant pas acquis une véritable expérience. La crise tout exceptionnelle de son mariage lui avait donné une appréhension de l'homme, une excessive facilité à s'effaroucher. En même temps, comme elle avait été très comprimée, elle devait être très sensible à la moindre douceur câline. Elle courait le danger de méconnaître des passions sincères à cause des brusqueries de leur sincérité, tandis qu'une hypocrisie prudente pouvait aisément trouver grâce devant son ignorance.

L'ombre noyait le portrait davantage et davantage encore. Lucie de Nançay rêvait toujours. L'arome d'un bouquet de roses, posé dans un vase en verre de Venise, la caressait sans l'entêter. Elle se revoyait dans les premiers temps qui avaient suivi son veuvage, et qu'elle avait passés à Paris, chez sa mère, Mme Olivier. — Lucie ne s'était jamais bien entendue avec cette mère, veuve aussi de très bonne heure et toute mondaine, qui ne soupçonnait pas le secret tourment du mariage de sa fille. Elle plaignait la jeune femme de ce que cette dernière ne pouvait, elle, s'empêcher de considérer comme une délivrance, et puis le grand hôtel vide que Mme Olivier habitait dans le faubourg Saint-Germain, exactement en face du dôme des Invalides, exhalait une mortelle atmosphère d'ennui. Lucie avait donc saisi avec enthousiasme l'occasion de partir pour l'Italie, avec une de ses tantes et un cousin malade, Maurice, un enfant de vingt ans, qu'elle avait toujours considéré comme un petit frère, et qui souffrait de la poitrine. Ils avaient passé tout un hiver à Rome, puis la santé de Maurice s'améliorant, ils étaient venus s'établir à Florence, dans cette villa que Mme de Nançay avait louée au prince Wérékiew. Elle aimait le mouvement étourdissant de l'existence florentine. Cette liberté Italienne d'aller et de venir la ravissait, et elle avait eu dès le premier jour autour d'elle une légion de soupirants. Ils accouraient, attirés par ses millions et aussi par son joli profil, qui se busquait si finement dans le sourire. Puis ils se retiraient, les uns après les autres, découragés, elle s'en rendait à demi compte, comme amants, par sa ferme façon de rompre à la première familiarité; comme maris, par sa gaieté, son indépendance entière et ce goût du flirt qu'elle affectait plus encore qu'elle n'en était possédée : — « Si mon mari est jaloux avant le mariage, » disait-elle plaisamment, « que sera-ce après? »

A l'heure présente, ces soupirants se réduisaient à trois. — Il y avait d'abord l'Anglais, sir Arthur Strabane, un très grand nom, une très grande fortune. Mais pourquoi s'habillait-il comme son grand ancêtre du temps de Georges III, et pourquoi aussi ce géant roux, au visage osseux, avait-il dans ses yeux, d'un bleu si clair, ces passages de dureté qui faisaient peur? N'importe! Il était loyal et vraiment bon. Ce grand corps se remuait avec une grâce agile qui révélait une vie mâle, les violents exercices, les longs voyages, l'habitude des robustes efforts, et puis, quelle indiscutable supériorité dans la tenue de ses chevaux et de sa maison! Il n'habitait Florence que depuis deux ans, et le vaste palais qu'il avait acheté, réparé, meublé, avec l'énergie volontaire d'un Anglais très riche, passait pour un des plus beaux de la ville. Lady Strabane?... Ce nom sonnait bien. Elle aurait une existence magnifique... Oui, mais l'aimait-elle? Tout d'un coup, elle se représenta plus nettement les yeux du jeune homme, et la sauvagerie qui se lisait dans leur arrière-fond lui fit courir un frisson dans les épaules. Elle se souvint de son mari. — « Que je suis sotte, » songea-t-elle, « celui-ci est un *teetotaller*, comme ils disent; il ne boit que de l'eau; jamais une goutte de brandy, ni même de vin. Pourquoi ces cols, et pourquoi ce regard ? »

Sir Arthur Strabane imposait l'estime. Mais le prince Vitale ? Ah ! le prince Vitale était charmant. Ce Napolitain au front si blanc, avec cette ombre bleue que sa barbe rasée mettait sur sa joue, avait les yeux noirs les plus délicieusement tendres et caressants que Lucie eût rencontrés, et quelle fantaisie dans la conversation, quelle bonne humeur jamais interrompue, et quelle voix ! Lorsqu'il chantait, lui aussi, des romances de son pays, il remuait en elle une émotion qu'elle n'aurait pas su définir, et puis encore, sous des allures de joyeux compagnon, quelle finesse Italienne !... Quand il clignait son œil droit, comme cela, si peu, elle était sûre qu'un piège de conversation était tendu où d'autres tomberaient, mais le prince Antonio, jamais. Il était de cette race de voluptueux qui séduisent ou désarment par leur indolence poussée jusqu'au plus absolu, jusqu'au plus héroïque désintéressement. Ce n'était un mystère pour personne qu'après avoir gaspillé, prodigué plutôt, à des vingtaines de parasites un opulent patrimoine, il finissait de manger sa fortune à même, comme un personnage d'Alfred de Musset, auquel la naïve imagination de Lucie le comparait toujours. N'était-elle pas assez riche pour s'offrir le luxe d'épouser un homme ruiné, si cet homme lui plaisait beaucoup, et le prince n'était-il pas celui avec lequel sa vie s'écoulerait le plus légèrement, dans une fête ininterrompue ? Il y avait des heures où l'idée de traverser l'existence, comme un bal, parmi les rires, l'animation et la musique, lui paraissait la seule raisonnable, et alors son cœur penchait pour Vitale; — mais Lucie se piquait d'Idéal, elle voulait souvent passer aux yeux des autres et aux siens propres pour une grande âme et capable de nobles aspirations. Ces jours-là elle ne songeait pas tendrement au prince Vitale : — « Je ne l'aime pas, » se disait-elle, « puisque je ne l'aime pas le matin et le soir, le lendemain, comme la veille. »

Restait le marquis de Bonnivet. Celui-là était-il amoureux d'elle ? A de certains jours elle se prenait à le penser, tant il lui parlait avec un intérêt inexplicable sans la passion. A d'autres moments, la réserve du gentilhomme la faisait revenir sur cette idée. D'ailleurs lui-même semblait considérer comme impossibles, de lui à elle, d'autres rapports que ceux de l'amitié. Il se plaisantait sur le privilège de camaraderie que lui donnaient ses quarante ans passés, — passés de combien ? Elle n'aurait su le dire, tant il avait gardé une jolie et fière tournure, un visage d'une beauté fine et mâle. Les aventures Parisiennes dont elle avait entendu si souvent parler avant de le connaître, ne se marquaient pas en rides sur ce visage impassible. Bonnivet avait été une espèce de Don Juan, s'il fallait en croire la chronique, mais le Commandeur était déjà venu sous la forme de la dette. Du moins c'était la version officielle qu'un matin, le marquis avait réuni ses créanciers, réglé tout ce qu'il pouvait, et obtenu crédit sur le reste. Il vivait à Florence par économie, disait-il souvent, afin d'achever de se libérer. Il négligeait d'ajouter qu'il avait dû donner sa parole à quatre membres du *Jockey* de ne plus remettre les pieds à Paris, à la suite d'une indélicatesse au jeu que ces Messieurs avaient surprise et qu'ils avaient tue, par respect pour un nom de cette noblesse-là. — « Je veux vieillir en patriarche, » disait Bonnivet avec une grâce simple et touchante. Pour le moment, l'existence de cet ancien prince de la mode était irréprochable de dignité, quoiqu'elle n'eût rien perdu en supériorité d'élégance. Les deux pièces qu'il occupait dans un vieux palais sur l'Arno étaient meublées d'une manière exquise, simplement avec les débris du décor magnifique de son ancienne installation. Une entente approfondie de toutes les choses de la vie sociale faisait de cet homme un arbitre presque vénéré des principales maisons de Florence. Il ne recherchait pas ce rôle. Il ne le fuyait pas. C'était comme sa fonction naturelle de discerner, en toute circonstance, la règle d'aristocratie. Pourquoi Lucie de Nançay s'attardait-elle à se dénombrer les qualités de ce viveur ruiné? Elle était très femme, quoique très honnête femme, et peut-être la légende de séduction dont une intrigue avec une princesse de sang royal avait enveloppé Bonnivet, agissait-elle sur sa pensée. Elle se sentait vaguement curieuse de connaître le prestige qui avait valu à cet homme des passions comme celle encore de cette pauvre duchesse de Loré. Tous les salons de Paris avaient retenti du désespoir de cette pauvre martyre, devenue folle par l'abandon du marquis. Était-ce le souvenir de ce crime inconscient qui voilait parfois de son ombre les prunelles du dandy vieillissant?...

Un bruit de pas tira Mme de Nançay de sa rêverie. Un jeune homme entrait dans la chambre, dont le demi-jour laissait deviner plutôt que voir la minceur, les membres grêles, le teint souffrant. Il s'était arrêté quelques minutes pour regarder Lucie, dont la forme blanche faisait une tache de clarté sur l'ombre de cette heure. Puis, quand elle avait relevé la tête, si cette ombre n'eût pas été déjà épaisse, elle aurait aperçu rougir son cousin, — car c'était lui qui s'approchait d'elle ainsi.

— « Tu m'as fait peur, Maurice, » dit la songeuse avec un éclat de rire. « Ah! sauvage, tu n'as pas tenu ta parole, tu as manqué à ma petite fête. — Tiens, » ajouta-t-elle, « veux-tu sonner pour la lampe?... Chez quelle Anglaise esthétique as tu passé l'après-midi? — Mais, les belles fleurs!... » fit-elle en remarquant un gros bouquet d'œillets blancs que son cousin tenait à la main.

— « Je les ai cueillies pour toi dans le jardin de lady Rylstone, » répondit-il.

— « Comme tu as chaud, » reprit Mme de Nançay, en touchant le front du jeune homme avec un geste de sœur. « Voyons, il faut monter tout de suite et te changer. Enfant, » continua-t-elle en lui caressant les cheveux avec la main. — Elle s'était levée et le domestique venait d'entrer avec une première lampe dont l'unique clarté tombait sur cette taille souple et gracieuse. — « Oui, enfant, tu n'as pas trop de deux mères pour te soigner. J'entends ta vraie maman qui rentre. Sauve-toi, pour ne pas être grondé. — Bonjour, ma tante, » fit-elle en se précipitant vers une des portes, celle qui donnait sur la villa, tandis que, machinalement, Maurice Olivier sortait par l'autre. Il tenait de nouveau dans sa main le bouquet d'œillets que sa cousine lui avait rendu sans réflexion, à l'approche de la vieille mère. A peine entré dans sa chambre où le feu brûlait doucement, où les bougies allumées, les vêtements préparés sur le lit, les rideaux baissés attestaient le confort quotidien dont on l'entourait, il se jeta sur son lit en sanglotant :

— « Elle n'a pas pris mes fleurs, et comme elle s'est amusée aujourd'hui !... »

Les visages des rivaux qu'il savait avoir auprès d'elle lui apparurent.

— « Si elle soupçonnait seulement combien je l'aime, » soupirait-il à travers ses larmes. « Mais elle me l'a dit. Je suis un enfant pour elle. Comme je l'aime !... Et que cela fait mal ! »

III

Le marquis de Bonnivet s'était fait déposer par sir John Strabane à la porte du palais habité par l'Anglais, une grandiose demeure construite par Michel-Ange pour le neveu d'un pape, ainsi qu'en témoignait l'inscription encore lisible sur le fronton. Puis il avait marché, comme d'habitude, jusqu'au club, non sans avoir fait un crochet vers une maison dont l'enseigne portait : « Michel Heurtebise, maître d'armes français. » A coup sûr, la réponse à la question qu'il était allé poser à ce prévôt réjouissait le vieux mauvais sujet, — comme l'appelait le prince Vitale par une plaisanterie peu goûtée de celui qui en était le prétexte. — Car il se souriait à lui-même en montant au cercle ou il fit une partie de rubicon avec un jeune Français de passage à Florence, qui lui était recommandé particulièrement par un de ses parents. C'était un jeune bourgeois de vingt-quatre ans, fils d'un négociant, et qui ne se tenait pas de joie sur sa chaise de jouer aux cartes avec un homme qui portait un des plus beaux noms de France. Le marquis gagna trente louis à M. Louis Servin de Figon, c'était ainsi que s'appelait ce jeune snob, qui n'avait pas encore osé réduire son vrai nom de Servin à une S invisible et destinée à disparaître devant le Figon à particule.

— « Je vous dévalise, » fit l'heureux joueur avec un de ces jolis sourires qu'il savait avoir.

— « Vous jouez, marquis, comme vos pères se battaient, » répliqua l'autre qui, rentré le soir dans sa chambre d'hôtel, devait écrire à sa mère le bulletin de son voyage et lui annoncer sa familiarité avec un Bonnivet ! Le prudent gentilhomme, guéri à jamais du goût de corriger la fortune par d'adroites finesses, — comme on disait autrefois, — ne jouait plus guère qu'avec les étrangers et comme par condescendance. Sa supériorité d'attention était telle qu'il gagnait presque toujours. Qui donc aurait pu croire que ces quelques pièces d'or, ainsi récoltées au hasard des cercles, et si rarement, formaient le plus clair de ses revenus ? Il n'avait l'air ni plus gai, ni plus soucieux que d'ordinaire quand il avait perdu ou ramassé une somme insignifiante pour le Bonnivet d'autrefois, considérable pour celui de maintenant. Le soir de sa partie avec M. Servin, il rentra, comme il faisait chaque soir, pour s'habiller avant l'heure du dîner en ville. Il était invité ainsi quotidiennement. Le matin il déjeunait *at home* de deux œufs à la coque et d'une tasse de thé, soi-disant afin de maigrir, quoiqu'il ne pût donner cette raison de son économie sans quelque invraisemblance. De son luxe de jadis il avait gardé les divers brimborions en argent ciselé d'un nécessaire de voyage qui avait été, comme il le disait, ridiculement complet. Le valet de chambre, qui était en même temps son cuisinier, le servait avec une dévotion singulière qui se manifestait dans un accent et des tours de phrase copiés sur ceux de son maître d'une façon presque comique.

— « Monsieur le marquis paraît tout content, ce soir, » disait ce domestique en le coiffant avec une science que seul il possédait pour faire valoir les restes d'une chevelure déjà un peu dévastée et le tour d'une moustache demeurée charmante.

— « Tu le seras moins, » répondit le gentilhomme qui tutoyait son valet, suivant l'ancienne mode, « quand tu sauras qu'il te faut aller ce soir même à la villa Wérékiew pour y porter ce billet, ainsi que chez sir John. »

— « Cela me fera marcher, » répondit Placide.

« Je fais si peu d'exercice... Je deviendrai goutteux au service de Monsieur le marquis. »

— « Tu n'es pas digne d'avoir la goutte, » répliqua Bonnivet qui ne put s'empêcher de sourire en retrouvant dans la bouche de son familier une formule qu'il employait souvent lui-même pour justifier l'habitude économique de ne jamais prendre un fiacre. Après tout, peut-être l'économie se trouvait-elle en rapport avec l'hygiène. Le marquis le pensa en se regardant, maintenant que sa toilette était finie, dans une grande glace encadrée de fleurs peintes qui formait un des murs du cabinet où il s'habillait. Sa sveltesse, dessinée par l'habit noir, faisait de lui le rival de n'importe quel jeune homme. Il reconnaissait bien le Bonnivet qui tenait autrefois conseil de costume et que les débutants venaient visiter quand il s'habillait, comme ils font aujourd'hui pour un Raymond Casal ou pour un Philippe de Vardes. « Surtout, » leur disait-il, « n'ayez pas l'air pioché. » Et lui-même, quoique les détails de sa mise fussent examinés et calculés par le menu, ne semblait avoir cherché ni le large ruban de moire suspendu à son gilet par un mince crochet d'or qui soutenait son lorgnon de forme ancienne, ni la coupe spéciale de son col et de ses manchettes, ni la fine cambrure de son gilet blanc que des boutons d'or mobiles fermaient coquettement. Ce soir-là, un je ne sais quoi de presque triomphant éclatait en lui, qui le rendait réellement si jeune que Placide ne put s'empêcher de le lui dire :

— « Ah ! Monsieur le marquis est toujours leur maître à tous. Avec un tailleur et de l'argent, moi je serais comme eux, et, sans tailleur, ils seraient comme un de nous... »

De quels personnages mystérieux parlait ainsi le valet de chambre, et qui désignait-il par ces « ils » et ces « eux ? » Le marquis ne chercha pas à le savoir, mais ce compliment naïf lui fit plaisir, et ce fut en fredonnant un air d'Offenbach, — souvenir de sa jeunesse, — avec un visible entrain, qu'il s'assit à sa table pour écrire deux petits billets : l'un informant Mme de Nançay que les fleurets et les gants étaient arrivés, que le rendez-vous chez le maître d'armes était pour dix heures et qu'elle prévînt le prince Vitale ; — l'autre adressé à sir John Strabane et lui demandant s'il lui plaisait de monter à cheval à huit heures et demie pour aller de compagnie aux Cascines. Ces deux billets si simples avaient-ils l'un avec l'autre une énigmatique corrélation ? Toujours est-il qu'en les fermant et apposant sur la cire le chaton de sa bague, — une bague donnée par François Ier à l'amiral Bonnivet, le vieux mauvais sujet avait dans sa moustache blonde un sourire qui n'eût rassuré ni Lucie de Nançay ni sir John sur ses intentions. Mais quel intérêt pouvait-il avoir à les brouiller puisqu'il était l'ami de sir John? Avait-il donc l'intention secrète d'épouser Lucie? Et cependant c'est avec une malice aiguë dans l'éclair de ses yeux qu'il s'achemina vers la maison où il allait dîner, maniant de sa main fine une canne au pommeau de laquelle était ciselé un combat de Titans, chef-d'œuvre d'un rival de Cellini. Un homme si évidemment préoccupé de tous ses devoirs de fatuité que le moindre objet à son usage était choisi avec un soin jaloux, pouvait-il suivre un plan de conduite dans la vie? A coup sûr, Lucie de Nançay, en recevant son billet deux heures plus tard, ne le pensa pas une minute, et pas davantage sir John quand on vint lui transmettre l'invitation du marquis dans le petit salon où il s'était retiré.

L'Anglais était rentré chez lui sous une impression de grande tristesse. Il avait réellement souffert des aparté de Lucie et du prince Vitale, il avait ressenti à cette occasion cette sorte de malaise physique dont tous les jaloux connaissent trop bien le supplice, et la simple petite phrase du marquis sur la beauté de son rival avait encore augmenté cette angoisse. Il donna l'ordre qu'on dételât les chevaux, écrivit un billet pour se dégager d'un dîner auquel il était prié, passa un costume de fumoir, — car, en sa qualité de sujet de Sa Majesté la reine Victoria, il poussait jusqu'à la manie l'habitude d'une tenue spéciale pour chaque nouveau rite de la vie, — et, couché sur un grand divan de cuir de sa pièce favorite, celle où il se renfermait quand il avait l'âme noire, il commença de fumer du tabac très fort et très brun dans une courte pipe de bois de bruyère. C'était une mauvaise habitude contractée dans son collège de Christ-Church, à Oxford, et il la reprenait dans toutes ses tristes heures. De moment en moment, il faisait sauter le bouchon d'une bouteille de soda, en versait le contenu dans un grand verre, et coupait le tout d'une forte dose de whisky. Lui qui ne touchait, dans le monde et à sa table, ni à un verre de vin, ni à un verre de liqueur, il aimait à s'intoxiquer seul ainsi avec cette boisson Irlandaise qui sent la fumée et qui grise durement.

— « Cette idée, » s'écriait-il par moment, « est intolérable. »

C'était durant les minutes où l'image du sourire de Lucie au prince Vitale se faisait trop précise. Il apercevait, comme s'il eût eu tous ces détails, là, devant lui, et la coupe de la joue de la jeune veuve, et le fin duvet dont s'adombrait cette fine joue, et un signe brun qu'elle avait au coin de la bouche, à gauche, et son regard. Puis il évoquait le prince Vitale, avec son mâle et blanc visage qui faisait songer aux nobles portraits du Titien et du Moro. Il voyait les yeux du jeune homme, et dans ces yeux un désir de la personne de Mme de Nançay. Rien qu'à penser que le prince respirait, sir John avait quelquefois un serrement de cœur, mais quand il croyait constater chez Vitale la volonté de se faire aimer de Lucie et de l'épouser, la colère le saisissait, aveugle et cruelle. Il venait de vider son verre rempli de l'âcre mélange; il le jeta violemment par terre au lieu de le reposer. Le verre sauta en morceaux.

— « Quel enfantillage ! » se dit-il, et il se sentit plus triste encore. Il venait de s'humilier lui-même, sensation particulièrement insupportable à un Anglais élevé, comme il l'avait été, dans le respect absolu de soi pour soi. Ce fut à cet instant qu'on lui apporta le billet de Bonnivet, auquel il fit répondre qu'il l'attendrait à l'heure dite. Cette petite interruption détourna le cours de ses pensées du côté du marquis. Il éprouvait pour cet homme une sympathie à causes complexes. Jeune encore, et durant son premier séjour à Paris, il avait eu l'honneur de faire adopter à Bonnivet une mode anglaise pour les chemises d'été : un col blanc et des manchettes blanches avec le corps d'une toile de couleur. Durant son actuel séjour à Florence, le marquis avait eu le tact de recevoir ses demi-confidences sans le blesser. Et puis Bonnivet lui semblait avoir une bonne influence sur Mme de Nançay. De cette influence-là, pourquoi sir John aurait-il été jaloux? Il se croyait bien sûr que jamais le marquis n'avait pensé à demander la main de Lucie. Elle le disait elle-même en riant : « Il sait si bien vieillir..... » Pour sir John Strabane, le marquis n'était pas un prétendant possible, et c'était un allié probable. La pensée des services que cet ami pouvait lui rendre dans sa passion, l'attendrissait malgré lui : — « Oui, » murmura-t-il, « je le chargerai de lui dire qu'il faut choisir, et tout de suite. »

Il marchait dans la chambre en parlant ainsi. Non, il ne pouvait pas supporter plus longtemps cette situation. Il aimait follement, et il était follement jaloux. De toutes les passions, c'était de celle-là, de la mortelle et sauvage jalousie, qu'il avait toujours le plus souffert. L'extrême pureté de sa première jeunesse, jointe aux excès auxquels il s'était adonné, par genre, à Paris, avait fait de lui une sorte de barbare corrompu. Du barbare, de l'homme de race intacte et rude, il gardait, avec la forte charpente, avec le gros appétit, avec la physiologie violente, une imagination toute physique. Le sang lui portait au cerveau des visions d'une surprenante intensité. En même temps, la triste expérience des femmes qui lui restait de sa vie galante le rendait soupçonneux, comme un animal une fois maltraité.

— « Et si elle refuse de choisir?... » se demandait-il en continuant sa marche et son raisonnement... « Si elle refuse? Alors, c'est une coquette, je le lui dirai, je la fuirai pour toujours... J'irai rejoindre Herbert en Afrique... »

Il se mit aussitôt à penser à cet ami préféré, lord Herbert Bohun, son compagnon de première enfance et de jeunesse : Celui-là était franchement un *women-hater*, un haïsseur de femmes, comme on dit à Oxford, qui menait une existence bizarre entre Paris où il s'assommait d'alcool, et les Indes ou bien l'Afrique où il voyageait et chassait. Mais quels voyages et quelles chasses! Bohun avait fait trois fois le tour du monde et maintenant il était en Égypte, à la veille d'une excursion sur la côte de Zanzibar. Dans les salles d'en bas d'une vieille abbaye qu'il possédait au bord d'un des lacs de Westmoreland, et qu'il n'habitait jamais, il avait toute une galerie de grosses pièces tirées par lui: de gigantesques oiseaux, des tigres, deux lions, plusieurs panthères. Sir John avait reçu de lui tout récemment une lettre d'invitation à le venir rejoindre. Il revit en souvenir la grosse figure hâlée de son ami, les rudes journées passées ensemble sur le yacht qui les avait menés tous deux en Islande. Qui donc lui eût dit en ce temps-là qu'il achèterait dans un moment d'ennui un palais à Florence, qu'il s'y installerait comme dans sa maison de Hanover-Square, à Londres, et qu'il finirait par y mourir d'amour pour les yeux bleus d'une de ces Françaises que lord Herbert méprisait plus encore que les autres femmes? Une coquette, oui, une coquette, et qui se moquait de lui avec un fat dont on ne pouvait même pas dire qu'il fût un gentleman. Une coquette! C'est bientôt dit, cependant. Et si elle est simplement une gaie et légère enfant? Quoiqu'elle eût été mariée, n'avait-elle pas une physionomie de jeune fille qui donnait l'envie de l'appeler : mademoiselle? Une coquette? Non; tout au plus une étourdie, mais d'un charme si puissant. Il revit ce délicieux sourire. Hélas! elle l'avait pour Vitale comme pour lui.

A travers toutes ces volte-face d'une imagination souffrante, la soirée tombait, la nuit venait, la bouteille de whisky se vidait. Mais l'alcool n'avait pas raison des nerfs du malheureux jaloux. Avec un grand soupir il ouvrit la boîte où se trouvait sa pharmacie de voyage. Il choisit une fiole noire qui contenait du laudanum. C'était sa dernière ressource dans ces soirées véritablement meurtrières. Il sonna, demanda son valet de chambre, et à neuf heures il dormait, comme écrasé par le double empoisonnement auquel il se soumettait pour ne plus subir l'assaut de la jalousie. C'était le moment même où Bonnivet se levait de table chez la comtesse Ardenza, plus spirituel que jamais, tandis que le prince Vitale prenait place au fond d'une loge au théâtre, derrière la jolie Mme de Nançay, pour entendre un nouveau docteur Faust dans le *Mefistofele* de Boïto, et que Maurice Olivier lisait, accoudé sur un oreiller, le délicieux sonnet de Cino de Pistoie :

« *Dove l'Onesta pose la sua fronte.* »

Les quatre hommes avaient Lucie dans leur cœur, et pour chacun elle était une chose différente : pour Bonnivet un objet d'intrigue, pour le prince Vitale un charme de plaisir, pour Maurice un tendre rêve, pour sir John, hélas! un sombre cauchemar.

IV

A huit heures, le domestique de Strabane eut de la peine à éveiller son maître de ce dur sommeil. Sir John en sortit, comme toujours, les nerfs plus malades, avec une lourdeur de tête que ne put dissiper l'eau froide dont il s'inondait chaque matin. Pour s'éveiller tout à fait, il but un large bol d'un café très fort et très noir qui exaspéra encore son énervement. Il y avait des journées où ce malaise était si intense qu'il songeait au suicide. Tout en montant à cheval et gagnant le lieu de rendez-vous fixé par son ami, les petits faits de la veille qui avaient déterminé sa crise de jalousie lui revenaient aussi présents. Il eut de nouveau cette angoisse au cœur, insupportable, dont il avait tenté de se débarrasser avec l'opium. Seulement auprès du marquis et lorsque leurs chevaux galopèrent dans la grande allée des Cascines, il goûta quelque répit, grâce à la hâte de la course et au coup de fouet du grand air.

Il faisait une de ces claires matinées du premier printemps, qui sont réellement divines à Florence. Comme une poussière verte saupoudrait toutes les branches des arbres. La ligne des collines à gauche courait sur un ciel d'un azur tout ensemble profond et léger, une brise fraîche et chaude à la fois frissonnait dans l'atmosphère, et c'était le long de l'allée principale un défilé de cavaliers et de voitures sur lequel Bonnivet lançait une remarque, puis une autre. Il était en veine de misanthropie, et chacune de ses observations augmentait l'étrange malaise dont sir John était tour à tour repris et quitté. On eût dit que le marquis se faisait un jeu de faire revenir toutes les pensées de son compagnon sur ce fatal chemin de la défiance où il s'ensanglantait si aisément le cœur.

— « Bon, voici la comtesse Nina qui galope

avec le prince André. Il paraît que les actions de ce pauvre Peppe ont baissé... — Emilia est bien jolie ce matin, à quarante ans passés et après tant de campagnes! Comme votre cousin lord Randolph Ramsey était amoureux d'elle! Il a été heureux et elle fidèle six semaines. Un long bail pour cette inconstante!... — Votre ami James vous salue. Il aura trouvé le moyen de ne pas réussir auprès de Natacha... Vous pouvez lui dire qu'il est le seul... »

Qu'étaient-ce que tous ces discours et d'autres semblables, sinon la menue monnaie des propos débités chaque soir dans cinquante salons de Florence, — propos dont les uns étaient des médisances, les autres des calomnies? Mais sir John se trouvait dans une humeur à sentir la vie avec amertume, et tout en poussant son cheval comme pour fuir son compagnon, il se sentait saisi d'un farouche désir de s'en aller au loin, oui, très au loin, pour n'avoir plus rien de commun avec cette société de mensonge, dont Lucie de Nançay faisait partie. Et puis, comment savoir si quelques-uns de ces promeneurs des Cascines n'échangeaient pas, eux aussi, sur lui et sur elle, des phrases toutes semblables : — « Pauvre Strabane!... La petite de Nançay se moque-t-elle assez de lui!... »

Non, il ne serait pas le jouet d'une coquette, d'une de ces femmes au cœur altéré de perfidie, qui se réjouissent de décevoir un homme sincère, comme le joueur d'échecs qui gagne une partie se réjouit d'un mat habilement donné. Dévoré de mélancolie, il écoutait à peine Bonnivet, lorsque celui-ci, consultant sa montre, le fit pourtant s'arrêter en lui criant :

— « Il faut retourner, mon cher, j'ai tout juste le temps d'être exact à mon rendez-vous avec votre flirt... »

Rien n'irritait davantage sir John que cette appellation légère donnée à celle dont il voulait faire sa femme.

— « Mme de Nançay vous attend? » demanda-t-il.

— « Je ne vous ai pas conté sa nouvelle folie? » fit le marquis, naïvement.

— « Non, » répondit sir John, avec un battement de cœur.

— « Imaginez-vous qu'elle fait des armes chez Heurtebise et qu'elle commence aujourd'hui. Venez-y donc, cela nous amusera toujours une heure. »

— « Allons, » fit sir John en brusquant son cheval pour le faire tourner. Et trois quarts d'heure plus tard, ayant confié leurs bêtes, le marquis à l'homme du manège où la sienne était en pension, sir John au domestique dont il était suivi, les deux compagnons entraient dans la maison où Bonnivet avait fait une si courte et si souriante apparition la veille.

La pièce du rez-de-chaussée qui donnait sur la rue présentait l'aspect habituel des salles d'armes. Des fleurets étaient appendus le long du mur, chacun à son clou. Il y avait aussi là des gants, des savates, des masques et des plastrons. Deux planches longues marquaient la place où les élèves prenaient leur leçon. Mais cette vaste pièce était toute vide. Elle se terminait par une porte vitrée du côté de laquelle arrivaient des bruits d'appels de pieds, des froissements de fleurets, et les mots : « engagez..., dégagez..., parez quarte..., parez sixte..., la pointe plus haute..., fendez-vous... » Des éclats de rire s'entremêlaient à ce jargon d'escrime. Sir John Strabane reconnut le rire de Lucie et la voix du prince Vitale.

La première porte, en s'entr'ouvrant, avait fait résonner un timbre. La porte vitrée s'ouvrit comme en réponse, donnant passage à Michel Heurtebise lui-même, un grand diable d'homme tout en jambes, avec un visage osseux, que terminait une impériale tournée de côté, comme si elle fût elle-même allée à la parade. Il n'y avait dans cet étrange corps que juste ce qu'il fallait pour l'exercice de sa noble profession : de longues jambes pour mieux se fendre, de longs bras pour mieux filer un dégagé, et de torse presque rien, de quoi éviter le coup de bouton. C'était le marquis de Bonnivet qui le protégeait à Florence où l'ancien prévôt de régiment s'était installé, depuis l'évacuation de Rome par nos troupes.

— « Mme la comtesse est là, » dit le maître d'armes aussitôt qu'il eut salué ses visiteurs, « elle prend sa leçon dans la salle réservée avec M. le prince Vitale. Ah! Elle ira bien, si elle travaille... Elle avait déjà pris leçon du vivant de M. le comte, à ce qu'elle m'a dit... Elle n'a rien désappris... Mais voyez... »

Sir John et le marquis entraient en effet dans la seconde pièce, plus petite que l'autre, et ils s'arrêtèrent quelques minutes à regarder un spectacle d'une grâce singulière. Lucie était là, vêtue d'une de ces robes en flanelle blanche, à large col, que les Anglaises adoptent pour jouer au tennis. Ses pieds fins étaient chaussés de minces souliers de cuir jaune, dont la couleur contrastait joliment avec ce que l'on voyait de la soie noire de ses bas. Son chapeau, sa voilette, son ombrelle à gros pommeau, un cache-poussière en étoffe grise étaient posés sur une chaise. Quelques-unes des mèches de ses beaux cheveux blonds étaient défaites et remuaient autour de son masque sous lequel on devinait son joli visage, animé d'une joie enfantine. Ses yeux brillaient, ses dents blanches luisaient à travers le treillis de fil de fer, et l'on voyait qu'un peu de rose teintait ses joues, d'ordinaire trop pâles. La souplesse aisée de ses gestes, tandis que son bras droit allait et venait, armé du fleuret, laissait deviner, sous sa toilette, un corps jeune et leste, d'une vigueur de muscles qu'on n'eût pas attendue de cette femme à la taille presque trop menue, aux poignets si frêles. En face d'elle, le prince Vitale, le visage masqué aussi, le torse pris dans une veste à plastron de peau blanche, bien assis sur ses jambes, la main gauche relevée pour faire balancier, s'acquittait avec une adresse accomplie de ses fonctions de professeur improvisé.

— « Bonjour, vous autres, » fit Lucie en continuant de raccourcir et de tendre le bras pour parer et riposter; « le temps de finir la reprise, et je suis à vous. »

Les deux arrivants s'assirent et la leçon continua. Le marquis de Bonnivet donnait à son visage cet air à la fois railleur et indulgent, avec lequel un frère aîné accueille les innocentes folies de sa sœur, toujours traitée en enfant gâtée.

— « Brava! » disait-il. « Voyons, votre pied gauche ne tient pas assez à terre... Vous permettez?... » Et il se levait pour assurer de sa main la petite bottine jaune sans talon. — « Le torse plus immobile, la tête plus droite... Vous permettez?... »

Et respectueusement, de sa main, il inclinait un peu en arrière le front de la jeune femme. Ce n'était pas de ces familiarités que souffrait sir John, et cependant sa crise de douleur était plus intense encore qu'à la minute où il avait vidé dans un petit verre les gouttes noires de l'endormeuse drogue. Non, mais la fantaisie, cette fois, dépassait les bornes. Était-ce l'action d'une lady de venir dans une salle d'armes croiser le fer avec un prétendant à sa main? Il regardait le prince, dont le corps bien d'aplomb gardait une élégance si mâle sous le costume d'escrime, et plus il constatait la beauté de ce fier garçon, plus il haïssait Lucie de sa nouvelle escapade.

— « Qu'en dites-vous? » fit la jeune femme,

lorsque son partner eut lancé le traditionnel : — En place, repos. — « Je n'ai pas trop perdu, » ajouta-t-elle en enlevant son masque; puis elle glissa sous son bras gauche son fleuret à poignée nickelée, et tendant aux nouveaux venus sa main droite, dont la joliesse n'était plus visible sous le gros gant de peau grise à crispin verni : « Les fleurets sont excellents et si légers, » dit-elle au marquis. « Est-ce que vous allez être des nôtres, sir John? Ce serait si amusant!... Mais vous autres, Anglais, vous méprisez le *fencing*. — C'est trop fin pour eux, » ajouta-t-elle avec un sourire malicieux, en se tournant vers Vitale, « il leur faut de violents et pénibles exercices d'athlète. »

— « Un coup droit, sir John, » interrompit Bonnivet en riant.

— « Je ne riposterai pas, » fit l'Anglais, « je ne suis pas de force. — Me permettez-vous seulement de vous dire un mot, madame ? »

— « Cent, si vous voulez. »

— « Mais un mot à part, pour la petite commission dont vous m'avez chargé. »

— « Que de mystère!... » répondit Lucie, dont le sourcil venait de se contracter. « Allons. »

Et elle passa dans la pièce voisine.

— « Que signifie cette liberté ? » fit-elle aussitôt qu'elle fut seule avec Strabane, et à voix basse; mais on sentait la colère dans cet accent étouffé.

— « Rien, madame, » répliqua le jeune homme, « sinon que je ne peux pas supporter de vous voir vous compromettre ainsi, et comme personne ne vous dira la vérité, il faut que vous l'écoutiez... Je vous en supplie, retournez à la villa tout de suite et que cette folle leçon d'armes soit la dernière... Voulez-vous être la fable de Florence? »

Elle le regarda, partit d'un éclat de rire strident, et tout en lui jetant un « merci, » elle rentra dans la seconde salle et dit au prince :

— « Une autre reprise, voulez-vous? »

Et sir John en s'en allant put entendre la voix de son rival qui faisait de nouveau :

— « Engagez... une, deux... Parez tierce..., bon... Parez quarte... »

— « Ah! sans cœur, sans cœur! » grommelait le malheureux homme en regagnant à pied son palais. Et tout haut : — « Il faut en finir! »

V

Mme de Nançay, une fois sir John parti, continua de faire des armes comme auparavant, peut-être même avec plus de vivacité, pendant quelque deux ou trois minutes, puis brusquement elle jeta son fleuret.

— « Voyez donc si ma voiture est là, » dit-elle au marquis.

Et sur la réponse affirmative de ce dernier, elle regarda la petite montre qui pendait à sa ceinture de cuir, en forme de breloque :

— « Onze heures passées. Je me sauve, » dit-elle.

Et en un tour de main elle eut posé son chapeau sur ses cheveux, noué sa voilette, enveloppé de son long manteau gris son excentrique toilette. Ses cils trop longs soulevaient sa voilette blanche nouée un peu trop près.

— « Adieu, messieurs, » dit-elle avec un sourire énervé.

— « Elle n'est pas contente, » fit le prince Vitale, quand elle fut remontée dans sa victoria.

— « Querelle d'amoureux entre sir John et elle, » répondit Bonnivet.

— « Bah ! » répliqua l'autre, « il se trouvera bien quelqu'un pour les raccommoder. »

Ce disant, il regardait son interlocuteur de ses yeux si noirs, si fins : « Ah! monsieur le marquis, » disaient ces yeux, « vous voudriez bien nous faire croire cela et nous rendre jaloux et savoir nos intentions. Vous ne saurez rien, sinon que nous nous moquons de votre petit manège et que nous le connaissons comme vous-même. »

Et, tout haut :

— « Tirez-vous, ce matin ? »

La victoria de Mme de Nançay courait maintenant le long des rues de la ville, où les barres bleuâtres d'ombre froide et les barres blanches de brûlant soleil alternaient sur le pavé clair. Elle passait devant les vieux palais dont les rudes blocs, les fenêtres grillées, les murs garnis d'énormes anneaux révélaient l'existence dangereuse d'autrefois. A la base de ces palais, c'était comme une bordure de printemps mise par l'étalage des marchands de fleurs qui avaient déposé là par gerbes des œillets blancs, des tulipes rouges, des roses rouges et blanches, des narcisses pâles au cœur jaune. Le contraste de ces éclatantes couleurs avec le ton noirâtre des pierres n'amusa pas une minute les yeux bleus de Lucie qui se fixaient ailleurs sous la ligne de leurs sourcils froncés. Un des traits enfantins de ce caractère était la préoccupation excessive de l'opinion d'autrui. Comme il arrive à beaucoup de personnes victimes de ce sentiment pusillanime, elle bravait et froissait volontiers cette opinion, puis elle souffrait des critiques ainsi provoquées. C'est le sort habituel de la vanité naïve : elle se singularise pour être remarquée, et le blâme qui suit toute singularité lui est une blessure.

— « De quel droit sir John se permet-il de me juger, » pensait-elle, « et de me le dire ? Oui, de quel droit ? Est-ce que j'ai fait quelque chose de mal, et, quand je l'aurais fait, est-ce qu'il est mon mari, ou mon fiancé ?... »

L'évidence de ce raisonnement ne prévalait pas contre une colère insupportable, celle de subir une dépréciation dans l'esprit du jeune Anglais. Une des places invisibles de son amour-propre s'était mise à saigner.

— « Mais est-ce que je l'aime, » se demanda subitement Lucie, « qu'une opinion de lui ait le pouvoir de me jeter dans un tel état ? »

Elle s'étudia tout de suite avec le mélange

d'angoisse et d'espérance qu'elle apportait à cette sorte d'examen. Elle le renouvelait souvent, et paralysait ainsi son cœur, sans même s'en douter, par l'effort des réflexions qu'elle faisait sur elle-même. Elle se regardait dans le fond de l'âme, et chaque fois elle constatait les insuffisances d'un sentiment qui, pour grandir, eût dû s'ignorer et se développer dans le mystère. Puis elle se disait : « Non, ce n'est pas cela, » et elle recommençait, comme ce matin où, dans sa voiture maintenant lancée sur la route, parmi les haies de roses, elle se demandait : — « Voyons, est-ce que j'aimerais sir John ? »

Elle s'abandonnait au bercement des roues, les yeux fermés à demi pour mieux ramener sa pensée sur elle-même :

— « Quel est le signe le plus certain de l'amour ? » se disait-elle. « Que la présence de ce qu'on aime soit indispensable au bonheur... Mais la présence de sir John ne me manquait pas ce matin... Je faisais des armes avec Vitale, sans plus penser que l'autre existât... Non, je ne l'aime pas. »

Et tout de suite elle se posa la question, qui, dans la tête d'une femme, accompagne inévitablement ce genre d'enquête :

— « Et lui, m'aime-t-il ? Comme ses yeux s'allument quand il me regarde ! Mais, chez les hommes, le désir et la jalousie produisent des effets pareils à ceux de l'amour. »

Involontairement elle se rappela, en pensant aux yeux de sir John, les yeux de son mari, lorsqu'il se préparait à lui faire une de ces tragiques scènes dont elle avait failli mourir. Elle eut un petit frisson de peur :

— « C'est assez d'une fois. Je ne serai jamais lady Strabane, » conclut-elle à la porte de sa villa. Elle descendit pour marcher un peu avant de rentrer. Il était midi. Le vert jardin dormait sous le soleil qui faisait étinceler le marbre des statues et qui avivait les couleurs sur la façade peinte de la maison. Mme de Nançay s'engagea sous un massif qui conduisait à une allée de lilas. Ces arbustes n'étaient pas encore en pleine floraison. Çà et là, une grappe plus ouverte que les autres commençait de s'épanouir. Lucie cueillit quelques branches et les respira, tout en regardant l'azur lumineux du ciel. L'émotion désagréable que la tyrannique sortie de sir John lui avait infligée s'en allait, lui laissant seulement le souvenir de ne pas s'être ennuyée ce matin-ci. Le parfum des fleurs était si doux qu'un attendrissement s'empara d'elle qui changea la nuance de ses réflexions : — « Malgré tout, comme il est sincère ! » En disant ces mots, elle songeait à l'Anglais. — « Il m'aime vraiment... Viendra-t-il aujourd'hui s'excuser de son algarade ? » Elle regarda sa montre, et, comme une pensionnaire, elle battit des mains : — « S'il vient avant deux heures et demie, c'est un signe qu'il m'aime, et je serai très douce. S'il vient après, je serai très mauvaise... » Et, toute souriante de ce pacte enfantinement conclu avec sa propre coquetterie, elle rentra dans la villa, où Maurice et Mme Olivier l'attendaient pour le déjeuner.

Le repas se passa, comme tous les autres, à gronder Maurice de ce qu'il ne mangeait pas, à rendre compte de son équipée matinale, à plaisanter le pauvre cousin sur ses mines effarouchées quand il s'agissait de quelque excentricité un peu trop forte, à questionner Mme Olivier sur les nouvelles données par les journaux français. Puis Maurice sortit, la tante remonta dans sa chambre, où elle se tenait, au coin de la fenêtre, des journées entières, à faire des ouvrages infiniment compliqués et dont elle préparait la surprise à sa nièce, — mais une véritable surprise et qu'elle avait l'art de dissimuler jusqu'à la dernière heure. Mme de Nançay, sous le prétexte d'écrire quelques-unes de ses innombrables lettres en retard, se retira dans son petit salon. Là, elle commença de fumer ses cigarettes en regardant l'aiguille de la petite pendule de voyage à parois de cristal, posée entre un cendrier japonais, un roman français à demi coupé et les deux portraits d'elle qui lui déplaisaient le moins. Elle avait pris au sérieux son engagement du jardin et elle calculait la fuite du temps le plus gravement du monde : « deux heures ; — deux heures cinq ; — deux heures dix... » Par une instinctive rouerie, elle avait revêtu, au lieu de sa toilette masculine du matin, une sorte de robe faite pour la chambre, toute en dentelle blanche sur un fond d'un rose mort, avec une ceinture et des nœuds de la même couleur, qui découvrait son bras jusqu'au coude, et ce bras joli et ferme révélait la solide organisation physique de cet être d'apparence menue, si réellement robuste et si capable de se dominer... « Deux heures dix-huit..., deux heures vingt... » L'aiguille allait marquer la demie, lorsqu'un coup de sonnette retentit, et le domestique vint demander si Madame voulait recevoir sir John Strabane. La jeune femme eut un petit sourire de triomphe en répondant : « Certainement, » et un sourire de câlinerie lorsque Strabane entra, ayant lui-même sur le visage et dans les yeux cet air de résolution prise que même les moins calculatrices aiment tant à changer en un air d'obéissance heureuse.

— « C'est gentil, très gentil à vous, » dit-elle, « de ne pas bouder et de m'apporter vos excuses tout de suite. Voyons, » ajouta-t-elle en se redressant parmi ses coussins et montrant un siège du bout d'un crochet qu'elle venait de prendre dans son panier à ouvrage avec une pelote de laine brune, « asseyez-vous là ; ne dites rien, ce n'est pas la peine... Vous m'avez trouvée *fast* une fois de plus, n'est-il pas vrai? Vous me l'avez laissé voir et vous en avez des remords... Je vous tiens quitte de toute pénitence... Allez en paix, mais ne péchez plus, » ajouta-t-elle en menaçant le jeune homme du bout de son crochet, coquettement.

— « Vous vous trompez, madame, » répondit sir John d'un ton grave et qui contrastait avec la légèreté d'accent adoptée par Lucie. « Je ne viens pas vous faire d'excuses. Je n'ai le sentiment d'aucune espèce de faute commise envers vous. »

— « Fort bien, » répondit Lucie en posant son crochet et allumant une nouvelle cigarette, avec une physionomie mutine, « vous venez me faire une seconde scène. — Une scène ou des excuses, c'est la seule alternative offerte à un homme qui s'est mis dans son tort... Je vous écoute... »

— « Les Parisiennes ont beaucoup d'esprit, » articula sir John lentement.

Il se rappelait ce qu'il s'était dit avec sa décision enfin reconquise : « Il faut en finir. Ou bien elle m'aime, ou bien elle ne m'aime pas. C'est une chose à savoir une fois pour toutes. » Le rire de Lucie l'énervait au delà de toute expression. Il lui semblait que la jeune femme eût dû comprendre la crise de jalousie presque tragique dont il avait été la victime. L'antithèse était insoutenable pour lui entre le sérieux de sa douleur et le joli accent de plaisanterie mondaine avec lequel Mme de Nançay l'accueillait.

— « ... Oui, » continua-t-il, « vous avez beaucoup d'esprit, mais vous rappelez-vous le titre d'une comédie de votre Alfred de Musset ? »

— « *Entre la coupe et les lèvres ?...* » interrogea Mme de Nançay malicieusement.

Elle rencontra de nouveau dans les yeux de sir John ce regard de violence qu'elle avait tant haï chez son premier mari. Ses dispositions conciliantes changèrent aussitôt.

— « Où avais-je la tête? » se dit-elle. « Ah! messieurs les Anglais, vous tirez les premiers, on va vous répondre. Il vous faut une leçon. Hé bien! vous l'aurez... »

— « Non, » reprit sir John sans se départir de son ton sérieux et triste. « Ce n'est pas : *Entre la coupe et les lèvres*... C'est : *On ne badine pas avec l'amour*. Permettez-moi, madame, de vous rappeler une conversation que nous avons eue ensemble, lorsque j'eus l'honneur de vous demander votre main, il y a trois mois... Vous m'avez répondu... »

— « D'en attendre six, » interrompit Lucie. « Nous ne sommes pas en juillet, que je sache. »

— « J'ai accepté cette réponse, » continua Strabane, « parce que j'ai cru que vous vouliez vraiment consulter votre cœur. Mais je n'admets pas que vous m'ayez fixé ce délai uniquement pour me faire souffrir. »

— « Je suis bonne princesse, » répondit Lucie; « cette séance d'escrime avec Vitale m'a mise en gaieté. Je vous laisse aller... Pour vous faire souffrir? Et par quoi? »

— « Par votre intimité avec des hommes

dont le seul regard devrait vous offenser. Lucie, » continua-t-il avec véhémence, « si vous n'avez aucune intention de devenir ma femme, dites-le-moi, ce sera charité. Si vous l'avez, sacrifiez-moi ceux qui me portent ombrage. Je sens que je deviendrai fou de jalousie. »

— « Est-ce du marquis de Bonnivet que vous êtes ainsi jaloux ? » demanda-t-elle.

— « Ah! vous savez bien que je vous parle du prince, » reprit sir John. « Il vous fait la cour, je le sais, je le sens, je le vois. Que vous traversiez cette cour avant d'être ma femme, non, je ne le souffrirai pas. »

Et l'expression de sa bouche devint à la fois douloureuse et cruelle. Mais cette douleur ne toucha pas Mme de Nançay, elle vit seulement la cruauté de cette jalousie, et, appréhendant que cet homme, évidemment hors de lui, ne se livrât à quelque violence, elle se leva. Il se leva aussi. Elle marcha vers la sonnette, et, le doigt sur le timbre :

— « Vous réfléchirez, » fit-elle, « à ce qu'il y a d'injurieux dans la manière dont vous venez de me parler. Je vous demande pardon de vous quitter si vite. J'ai demandé ma voiture pour trois heures, et j'ai à peine le temps de m'habiller... *Good bye,* » acheva-t-elle en pressant le timbre.

— « Adieu, » répondit sir John en s'inclinant. L'évidente froideur de Mme de Nançay venait de lui donner le coup de grâce :

— « Ce n'est qu'une coquette, » se disait-il en regagnant Florence. « Je me donne ma parole d'honneur d'avoir tout quitté après-demain, sans la revoir. »

Et il ordonna au cocher de l'arrêter au bureau du télégraphe ; le temps d'annoncer sa prochaine arrivée à lord Herbert.

— « Quel sauvage ! » se répétait Lucie, tandis que sa femme de chambre lui préparait sa toilette des Cascines, « quel sauvage !... Il m'a dit : Adieu... Bon, je le verrai à mes pieds demain, repentant, soumis. Mais cela finira mal... »

Et un petit frisson secouait ses jolies épaules.

VI

« Et d'un ! » soupirait le marquis de Bonnivet en revenant chez lui de la gare, où il avait accompagné sir John Strabane, soi-disant rappelé en Angleterre par une dépêche urgente. « Je connais le pèlerin. Il n'écrira pas. Je connais Lucie. Elle ne remuera pas son petit doigt pour le rappeler. Avec deux orgueils brouillés, on romprait le mariage le mieux assorti. A l'autre maintenant... »

Il se mit à songer profondément au jeune prince napolitain. Il lui suffisait de se rappeler ces yeux noirs aussi impénétrables qu'aimables pour comprendre que Vitale n'avait rien de commun avec le violent mais sincère Strabane.

— « Il faudra jouer serré, » se dit-il. « Nous nous sommes devinés depuis longtemps... »

Il pleuvait, et le marquis s'abritait sous son parapluie, tout en songeant. Il manœuvrait ses fines bottines à travers la boue et les flaques d'eau avec l'adresse d'un chat qui se promène sur une table encombrée de bibelots. Une éclaboussure que lui jeta une roue maladroite ramena son souvenir vers l'époque de son opulence :

— « Quand je serai le mari de Mme de Nançay, je ne connaîtrai plus ces misères, » pensait-il.

Certes, il y avait bien d'autres mariages opulents auxquels il pouvait prétendre en vendant son nom. C'était là un marché qu'il ne ferait cependant qu'à la dernière extrémité. Par un contraste inexplicable, il n'avait pas hésité à commettre une indélicatesse au jeu pour avoir de l'argent, et il répugnait à son amour-propre de faire dire qu'il avait épousé une guenon deux fois millionnaire. Sa vanité d'homme à bonnes fortunes se révoltait contre l'existence possible d'une marquise de Bonnivet outrageusement laide. Il n'était venu à Florence que pour guetter justement au passage une femme qui joignît à des conditions de richesse et d'indépendance un grand charme personnel. Toutes ces qualités, Lucie se trouvait les réunir. Aussi faisait-il le siège de la jeune veuve avec une suite et une prudence accomplies.

— « Vitale a beau être fin, » se dit-il encore, « si je ne l'enfonce pas, je ne suis plus le Bonnivet d'autrefois, et puis Mme Annerkow est si jolie !... »

La femme associée ainsi au plan de campagne du marquis se trouvait être une grande dame russe, séparée de son second mari, et qui venait d'arriver à Florence depuis quinze jours. Elle avait rencontré le jeune Vitale dans le monde, et elle en était devenue éperdument amoureuse. Elle avait fait la confidence de cette passion à une de ses compatriotes, Mme Denisow, une blonde et gaie créature, toujours en mouvement, toujours en train de rire et de causer. Pâle et mince, l'air romanesque, avec des yeux gris qui étincelaient, Mme Denisow ne pensait qu'à des intrigues de galanterie, qu'elle prenait toutes au sérieux, sous le prétexte de sentiments. Elle adorait Bonnivet à cause de sa réputation d'autrefois.

— « C'est idéal, mon cher, » lui avait-elle dit, en prononçant *idéhalle*, « c'est adorable..., c'est le coup de foudre de votre écrivain... Je ne trouve plus son nom, j'adore ses romans pourtant..., ravissants !... Elle l'a vu deux fois et elle l'aime, elle l'aime... — Je suis donc en folie de lui, me racontait-elle ; faites-le-moi connaître... — Quel métier, mon doux marquis, quel métier !... »

— « A-t-elle déjà eu des aventures ? » avait demandé Bonnivet.

— « Si elle en a eu, » avait répondu Mme Denisow en s'exaltant, « mais, mon cher, c'est pour elle que s'est tué Boris, vous savez donc bien, Boris, de la table... Boris Fedorovitch, enfin, Karatiew, dont je vous ai conté l'histoire... Nous étions chez la princesse Sofia, et nous nous amusions à faire tourner des tables... Il y avait là des sceptiques comme vous... Hé bien, mon cher, la table a dit : — Je suis l'âme de Boris... — Quel Boris ? demande mon frère. — Boris Fedorovitch, reprend la table. — Pas possible, s'écrie mon frère, je l'ai quitté cette après-midi... — C'était à Pétersbourg, nous envoyons chez Karatiew, il s'était brûlé la cervelle à huit heures, il en était dix... Et la cause!... Irène Annerkow, mon cher, qui l'avait quitté pour un de mes amis, un charmant garçon. »

Ces étranges phrases de Mme Denisow revenaient au souvenir du marquis, tandis qu'il achevait de gagner son appartement. Elles le poursuivirent à la table où il dîna, puis le soir encore chez la comtesse Ardenza, où son protégé, le futur de Figon (sans S.), eut un succès prodigieux, en donnant dix-sept imitations d'acteurs parisiens sur la célèbre chanson de Musset : « *Si vous croyez que je vais dire...* » C'était là un des procédés par lesquels ce jeune homme se poussait dans le monde.

— « Moi-même, » avait-il commencé, — « *si vous croyez que je vais dire...* »

Et il avait récité le couplet simplement... « Mlle Sarah Bernhardt, » et penchant la tête, flûtant sa voix, il avait reproduit la mimique et l'accent de la célèbre tragédienne... « M. Baron... M. Delaunay... M. Got... » Et pour finir, il avait tiré de sa poche un faux-nez qu'il s'était collé adroitement, — « M. Hyacinthe... »

— « Ah! ces Français! » s'écriait Mme Denisow au milieu des applaudissements, « je les adore! Mon doux marquis, présentez-moi celui-là, que je l'aie à ma soirée d'après-demain. Croyez-vous qu'il voudra bien recommencer pour nous ces ravissantes imitations?... »

Tout en amenant Servin de Figon auprès de Mme Denisow, le marquis entrevoyait une possibilité de mettre à profit ce qu'il savait du caprice de Mme Annerkow pour Vitale. Il avait consenti, comme patron du jeune Français, à organiser un souper que Servin désirait offrir chez Doney avant son départ. Mme Denisow et son amie seraient de ce souper. On placerait la belle Mme Annerkow à côté du prince. Oui, elle était bien belle, peu scrupuleuse, et lui bien jeune. Une bonne petite infidélité, dûment constatée par tous les potins de la ville, n'avancerait pas beaucoup ses affaires auprès de Lucie... « Ce sera toujours autant de fait, » se disait le marquis, « et nous trouverons autre chose ensuite... » Il se rendait compte que Mme de Nançay serait, avant tout, déterminée dans le choix de son second mari par la croyance dans la profondeur du sentiment qu'elle inspirait. Aussi avait-il eu toujours bien soin, depuis qu'il avait commencé son investissement, de ne pas donner lieu sur lui-même au moindre racontar. Cette sagesse ne lui coûtait plus guère. Le prince Vitale avait d'autres tentations à vaincre.

Le résultat de ces calculs fut que, dix jours après la soirée de la comtesse Ardenza et le départ de sir John, vers onze heures et demie du soir, le prince Vitale se rendait à pied au restaurant de la rue Tornabuoni, invité par M. Louis Servin de Figon (une couronne de baron en haut de la carte, simplement). Le jeune Napolitain se sentait en avance, et par cette belle nuit de printemps il longeait le quai de l'Arno avec ravissement. La rivière coulait si douce, et le bruit de l'eau contre un barrage pratiqué du côté des Cascines arrivait, continu et sourd. Les boutiques, juchées sur les arcades du Pont Vieux, se détachaient sous un clair de lune qui faisait aussi ressortir en noirceur la petite colline de San-Miniato. Le fourmillement des étoiles emplissait le vaste espace. Le prince jouissait avec délices de sa promenade par cette admirable nuit. Il s'arrêtait, s'accoudait sur le parapet, regardait le paysage. Il fumait un de ces longs cigares percés d'une paille que l'on allume en les plaçant au-dessus d'une bougie sur un instrument de cuivre. Tout en dégustant ce cigare de Virginie, très noir et très fort, il fredonnait l'air d'une des chansons populaires de son pays, entendues chez Mme de Nançay : « Beau chasseur qui vas à la chasse, — cette caille est une impertinente, oui, — elle en a déjà trompé tant d'autres, — peut-être, peut-être, elle te trompera... »

— « Non, » pensa le prince, « elle ne me trompera pas, la jolie caille, mais il voudrait bien me tromper, l'autre chasseur. » Le profil diplomatique de Bonnivet, dont les moindres rides révélaient la ruse et la surveillance de soi, occupa une minute cette vive imagination de Méridional, et il raisonnait : « Depuis que l'Anglais est parti, le sire est tout sucre et miel. Mais si on ne prend pas les mouches avec du vinaigre, on ne prend pas don Antonio Vitale avec du miel et du sucre... » Et tout en prononçant cette phrase au dedans de lui, le prince cligna son œil, comme cela lui arrivait dans ses minutes d'ironie, et l'expression de son regard devenait alors inexprimable. Il s'y lisait de la défiance et de l'ironie, de la dureté avec de l'hypocrisie, ce qui faisait dire méchamment à Bonnivet : — « Je vois bien que Vitale a le mauvais œil, mais je ne sais pas lequel !... » — « Bah ! » fit le jeune homme en humant une bouffée de tabac, « je serais bien naïf de me tourmenter maintenant. Soyons calme et voyons venir, comme le conseille toujours le père Heurtebise... Quelle nuit divine!... » C'était un trait bien italien du caractère du prince qu'il pût jouir sans arrière-pensée de la sensation présente à la minute même où il était le plus intéressé par un but à poursuivre.

— « Si j'épouse Lucie, » continuait-il à se répéter intérieurement, « je retourne là-bas six mois de l'année, » il pensait à Naples et à la terre d'Otrante, les deux pays entre lesquels s'était écoulée sa première jeunesse, « et nous y vivons sans aucun souci... Ah! fils de ma mère, pourquoi n'y suis-je pas dès aujourd'hui? — Mais parce qu'il vous reste vingt-deux mille trois cents et quelques francs, mon prince, et pas un centime de plus... Avant les événements, cela m'eût suffi. Mon oncle aurait-il raison de prétendre que tout le génie de Cavour n'était rien, puisqu'il n'a pas appliqué à l'Italie entière le code de Naples? Cher homme d'oncle! Quelle idée de lui avoir soufflé Bianca, sa danseuse, et de m'en être fait un ennemi à jamais? Qu'importe? Lucie est bien jolie, elle sera princesse, et notre marquis y perdra sa peine. »

L'heure sonna à une prochaine église de cette claire sonnerie qui vibre si finement dans l'atmosphère florentine. — « Encore dix minutes de flânerie, » se dit le prince, « et nous irons souper. J'ai une faim de loup, ce soir. Pourquoi Bonnivet m'a-t-il fait inviter par ce petit imbécile de Français auquel il gagne une poignée de louis par jour sous prétexte de le protéger? Pour m'empêcher d'y voir clair dans son jeu en se montrant tout aimable ?... Il me croit terriblement bête. *Meno male.* C'est la finesse des finesses de passer pour un nigaud. » Et Vitale, ayant jeté son cigare, monta l'escalier du restaurant le sourire aux lèvres. Qui le voyait, ce joli sourire, songeait involontairement à ces délicieux seigneurs du XVIIIe siècle dont l'unique affaire était de s'amuser d'abord et d'amuser ensuite, et il fredonnait un autre couplet de la même chanson : « A Pausilippe — je veux aller ce soir, — avec la meilleure jeunesse... »

— « Exact comme un soldat, » lui dit Bonnivet en le recevant sur le seuil du petit salon d'attente qui précédait la pièce où l'on devait dîner.

— « Marquis, l'exactitude est la politesse des princes, » dit l'étonnant Servin en serrant la main du nouveau venu. Rien qu'à la manière dont il prononçait ces deux mots : « marquis, — prince..., » on eût deviné la joie profonde qu'il éprouvait à traiter des personnages authentiquement nés. Ce souper, les parties de rubicon avec Bonnivet, une demi-bonne fortune avec une vicomtesse, — âgée de cinquante ans ! — qu'il n'avait pas voulu inviter ce soir par discrétion, ce devaient être là les principaux événements de son séjour à Florence qui lui avait coûté cher cependant. Il y était venu avec une demi-mondaine, cette Pauline Marly que ses relations avec plusieurs grands seigneurs ont fait surnommer par Casal « la Gothon du Gotha. » Servin l'avait emmenée de Paris par vanité et renvoyée de même, moyennant un cadeau considérable, pour aller dans un monde titré. Il avait osé la faire passer, confidentiellement, auprès de ceux qui les avait vus ensemble, pour une grande dame. On pense s'il avait trompé un Bonnivet !

— « Mais, cher comte, » répondait-il à un homme d'un certain âge qui lui conseillait de s'arrêter à Sienne pour y voir les Pinturicchio de la cathédrale, « je n'ai même pas eu le temps de visiter ici la chapelle des Médicis. Invitation par-ci, invitation par-là, vous êtes si aimables qu'on n'a pas une minute dans sa journée... Et puis je ne peux pas manquer les courses de Pise, et tout de suite après je dois être à Paris pour la représentation de la duchesse de Nade. » — Il ne la connaissait que par les journaux! — « Est-ce que vous ne l'avez pas vue, il y a deux ans, ici, cette bonne Yolande?... Pardon, voici Mme Annerkow avec Mme Denisow... Vous m'excuserez, comte... Et Mme Ardenza... »

Cette dernière arrivait accompagnée de Vanini, son ami, qui ne la quittait jamais. Il faisait ses commissions, s'occupait des dépenses de la maison, de l'éducation du fils, et cette liaison qui durait depuis quatre ans avec une fidélité absolue, avait rendu peu à peu à la comtesse Ardenza son rang dans le monde, compromis autrefois par une série d'inconstances.

— « Mon mari vous fait ses excuses, » dit-elle à Servin, « il ne peut pas veiller à cause de ses migraines. — Cencio, » dit-elle en s'adressant à son sigisbée, « avez-vous dit au cocher pour une heure et demie ? »

— « Nous sommes tous là, » dit Bonnivet à son protégé, « offrez votre bras à la comtesse. »

Le petit salon présentait alors un tableau en raccourci de toute la portion cosmopolite de la société florentine. Il y avait là dix personnes : les deux Russes d'abord, Mmes Annerkow et Denisow, — puis une Anglaise, l'honorable mistress Brown, une femme de quarante ans, au teint couperosé, férocement rousse et plus grande de la tête que la moitié des hommes, — une Italienne, la comtesse Ardenza, — un Hollandais qui passait pour l'attentif de Mme Denisow, Vincenzio Vanini qui était le patito de Mme Ardenza, le comte polonais, admirateur de Sienne et des peintres primitifs, qui prétendait à la main de Mme Brown, Bonnivet, le descendant d'un connétable, compagnon de François Ier, Vitale, l'héritier d'un grand nom Italien, — et l'amphitryon, pour représenter dans ce milieu d'aristocratie composite l'intrusion de la démocratie moderne. Car le grand-père Servin, qui labourait la terre en pleine Beauce, voici soixante ans, eût été passablement étonné de voir son petit-fils offrir à souper à des convives de cette variété de rang et d'origine. Les portes s'ouvrirent et la table apparut toute garnie de fleurs, avec le miroitement de ses cristaux et de son argenterie.

— « Dix personnes à souper, c'est le meilleur nombre, » disait Servin de Figon à sa voisine. « On peut causer chacun à part et généralement... Le marquis est de cet avis... Ah! comtesse, que je suis heureux qu'il ait bien voulu devenir mon ami... »

Tandis que le brouhaha d'un commencement

de souper, avec sa gaieté un peu forcée, retentissait autour de lui, le prince, qui avait l'habitude des regards des femmes, reconnaissait sans peine qu'il plaisait beaucoup à Mme Annerkow. Il l'avait rencontrée un très petit nombre de fois, mais sa fatuité naturelle ne s'étonnait guère que ces entrevues eussent suffi à lui conquérir le cœur de la jeune Russe.

— « Est-ce que vous habitez toujours Florence, mon prince, » lui disait-elle. Et rien que dans l'accent dont elle détachait ces deux syllabes « mon prince, » elle avait mis cette indiscernable nuance de flatterie tendre par laquelle les femmes qui veulent plaire spécialement savent montrer leur désir. D'autres questions et d'autres réponses partaient de tous côtés autour d'eux : — « Étiez-vous hier à la *Cavalleria Rusticana?*... — Vous a-t-on raconté le poisson d'avril qu'on prépare au capitaine Guardi? Une dépêche signée de son colonel et qui le rappelle immédiatement!... Il est en Sicile... — Est-ce que la partie était belle au cercle, hier au soir? »

— « Mon Dieu, madame, » répondit le jeune Vitale, « je ne peux pas dire si j'habite ou non Florence, non plus qu'une autre ville... Je m'ennuie ici, je vais là... Je m'ennuie là, je reviens ici. »

— « Alors, » reprit-elle, « vous ennuyez-vous ou vous amusez-vous à Florence ? »

La conversation ainsi engagée en était arrivée, après le premier service, à un tel degré d'expansion, que la jeune Russe exposait au prince sa théorie sur l'amour.

— « Je n'admets pas, » disait-elle, « tous les compromis de l'hypocrite morale du monde. L'amour est complet ou il n'est pas... Je n'ai jamais lu qu'un vrai livre de passion, c'est l'*Abbé Mouret*, de Zola... Le connaissez-vous ? »

Au moment même où il écoutait cette phrase en se laissant aller au charme des yeux caressants de sa voisine, Vitale aperçut un sourire de Mme Denisow, qui, par-dessus la table, indiquait à Bonnivet le groupe qu'il formait avec Mme Annerkow. Le marquis répondit par un sourire aussi et par un haussement des paupières, comme pour dire :

— « Que voulez-vous, c'était fatal. »

— « Nous y voici, » pensa Vitale dans un éclair. Et il reposa son verre plein de vin qu'il se préparait à boire : — « Nous ne tomberons pas dans ce grossier piège, monsieur le marquis. Vous n'irez pas demain raconter hypocritement à Mme de Nançay ma bonne fortune avec la belle

Russe. » Puis, à voix haute, déplaçant du coup la conversation :

— « Je ne lis jamais de romans, madame. Nous autres, malheureux Italiens, nous avons eu, depuis vingt ans, notre chère patrie à refaire... Vous savez, l'action et la littérature ne vont guère ensemble. — Avez-vous vu le volume des lettres de la marquise d'Azeglio ? »

Et il commença d'entretenir Mme Annerkow du magnifique rôle des femmes piémontaises dans le *risorgimento,* entremêlant ses discours d'anecdotes sur Cavour, sur Victor-Emmanuel, sur Garibaldi, si bien qu'en se levant de table, ils en étaient, elle et lui, au même point qu'en s'y asseyant.

— « Bataille gagnée ? » fit Mme Denisow en s'approchant de son amie.

— « Pas même livrée, » répondit l'autre en riant d'un mauvais rire. « C'est un beau garçon, mais ces Italiens ne savent plus ce que c'est qu'une femme. La politique, le comte Camille, le roi, l'alliance allemande... Il est ennuyeux comme un journal. »

— « Vitale !... De la politique !... Pas possible !... On me l'a changé. »

VII

Le prince était content de lui en rentrant vers deux heures du matin dans le petit logement meublé qu'il occupait au Borgo Ognissanti et qu'il avait longtemps visé avant de l'obtenir. Il y avait connu un peintre américain en train de copier les Fra Angelico de Saint-Marc et qui avait séjourné là plusieurs années. Quatre étages à monter et il se trouvait chez lui : deux chambres qui donnaient au midi sur l'Arno, avec un balcon d'où le regard découvrait le plus merveilleux horizon de clochers, de palais et de villas très au loin, toutes blanches dans la verdure noire des cyprès. Le service était fait par une servante aux traits rudes qui prononçait les *c* à la manière florentine, comme des *h* aspirées. La propriétaire de ce petit appartement était une vieille dame, veuve d'un officier tué dans la guerre de 1866. Elle avait été riche, et les restes de son opulence passée lui avaient permis de meubler coquettement le petit salon et la chambre à coucher qui coûtaient, le service compris, quatre francs par jour. Vitale prenait cette somme, ainsi que tout son argent, à même la légendaire cassette posée sur la commode, à côté des objets de son nécessaire de voyage. Il était là, réellement, comme l'oiseau sur la branche. En quelques heures, il pouvait avoir fini ses préparatifs et partir pour le tour du monde. Ce soir-là, il regardait, en se disposant à se coucher, le détail de ce tranquille appartement, et il souriait de la déconvenue de Bonnivet.

— « Dormirai-je mieux, » se dit-il, « quand je serai le maître et seigneur de la Folie Wérékiew? Car je le serai, marquis, en dépit de votre finesse. »

Ce contentement d'un soir s'augmenta encore d'un trait que Lucie lui décocha par plaisanterie quelques jours plus tard. Il avait fait très froid le matin, et le prince était venu à la villa en simple redingote.

— « C'est vrai, » dit-elle, « vous n'avez plus de manteau, maintenant que vous avez laissé le vôtre aux mains de la belle Mme Annerkow. »

— « Ah! madame, » répondit-il, « si j'ai été Joseph, je vous jure que ç'a été un Joseph sans le savoir. »

— « Elle est bien jolie, pourtant, » reprit Mme de Nançay.

— « Oui, bien jolie, mais, tout Italien que je suis, j'ai le ridicule d'être fidèle, et quand j'aime une femme, aucune autre n'existe pour moi. »

Lucie avait rougi un peu, d'une de ces adorables rougeurs des blondes qui font paraître le bleu de leurs yeux encore plus délicatement bleu. Cette rougeur avait ravi le prince, d'autant plus que l'amabilité du marquis diminuait de jour en jour. C'était comme le thermomètre auquel Vitale rapportait son succès. « Cette caille est une impertinente, » chantonnait-il, — et il ajoutait mentalement : « mais nous savons l'art de la chasser. » Il faisait maintenant des armes avec Mme de Nançay trois ou quatre fois par semaine, toujours en présence de Bonnivet. Ce dernier, très adroit tireur, boutonnait son rival à chaque assaut, mais le prince mettait une grâce diplomatique à se reconnaître inférieur. S'il était moins habile, il se savait plus souple et plus fort, et il excellait à le montrer. Sous le costume d'escrime qui moulait son torse et lui permettait de déployer toute son agilité, il avait un air de jeunesse avec lequel Bonnivet, si bien conservé qu'il fût, ne pouvait entrer en lutte. La différence du teint des deux hommes suffisait à révéler leur âge, ainsi que la prodigalité de mouvements que faisait le prince, et Lucie ne pouvait se retenir de cette comparaison.

— « Allons, Prince Charmant, » disait-elle au jeune homme entre deux passes d'armes, « chantez la romance à Madame. »

Le prince alors s'asseyait à terre sans s'aider de ses mains, comme il se relevait d'ailleurs, — jeu enfantin auquel il aurait pu défier son rival un peu trop mûr pour ces souplesses, — et, les jambes croisées, se servant de son fleuret comme d'une guitare, il imitait avec un art de comédien le son des cordes touchées. Puis il commençait une de ces folles chansons de Naples que Lucie aimait tant. Il avait une voix pure et spirituelle, et la plus fantaisiste des mimiques, — une mimique de jeune fat, cependant, car il ne lui arrivait jamais d'outrer les jeux de physionomie jusqu'à la grimace, ni la bouffonnerie des gestes jusqu'à la caricature.

— « C'est la meilleure minute de ma journée, » s'écriait Mme de Nançay. « Encore une fois ce couplet, Prince Charmant, et comme tout à l'heure... »

Il était, en effet, charmant, le prince, et, qui

plus est, entièrement charmé. La facilité de caractère qui lui permettait d'être joyeux, comme un écolier, de la joie de chaque jour, tout en calculant le lendemain comme un froid ambitieux, lui rendait plus douces les impressions de ce printemps florentin; et, pêle-mêle, le sourire de Lucie, les espérances de fortune, le plaisir du soleil, la gaieté de la belle vie physique s'unissaient en lui pour le faire heureux, — même sa chance aux cartes. Il s'était remis à jouer, bien que la dame de pique l'eût déjà dépouillé d'une grosse portion de sa fortune, mais une partie d'écarté à cinq francs le point, est-ce que cela compte?

Un soir que Lucie avait été plus coquette avec lui que d'habitude, — ils avaient fait ensemble une promenade en victoria jusqu'à la chartreuse d'Ema où se voit l'admirable tombeau d'un évêque sculpté pieds nus, la mitre au front, et couché sur une pierre, — ce soir donc, Vitale monta au cercle. Il y entrait au moment même où un nouveau venu, diplomate turc, de passage à Florence, offrait une partie de rubicon au marquis, lequel s'excusait sur la nécessité d'une visite. Pourquoi le prince ne put-il pas résister au désir d'humilier son rival? On disait au cercle, — avec beaucoup de justesse, — que Bonnivet, aussi pauvre que Vitale, sinon davantage, ne s'asseyait devant le tapis vert qu'avec la certitude de gagner.

— « Voulez-vous de moi comme partner? » dit le prince à l'étranger; puis, quand ils furent assis l'un en face de l'autre :

— « A combien le point? » demanda-t-il.

— « Voulez-vous un louis? » fit le Turc. Il était venu en Europe hypnotisé par Khalil-bey, de fastueuse mémoire, et il devait traverser les clubs d'Italie, de France, d'Angleterre et d'Espagne avec ce modèle constant devant les yeux. Un louis le point, c'était le chiffre de Khalil. Ce serait le sien.

— « Va pour un louis. »

Le prince avait mis dans sa manière d'accepter ainsi les conditions de son adversaire, vraiment excessives pour un homme ruiné, une coquetterie qui n'échappa point au marquis.

— « Est-ce qu'il serait sûr du mariage, » se demanda ce dernier, « pour ne plus compter? »

Il lui fallut sortir sans voir le résultat de la partie engagée, et la visible contrariété qui se peignait sur ses traits fut pour Vitale un de ces petits triomphes d'amour-propre qui, dans les rivalités de ce genre, procurent une sensation délicieuse. Cependant le diplomate turc commençait de battre les cartes. Il remuait agilement de fines mains blanches, et les bougies placées sur la table éclairaient étrangement son long visage creusé, où le reflet de la barbe rasée avait des tons verdâtres, comme dans quelques anciens portraits.

— « Cet Arabe m'a donné d'affreuses cartes, » se dit le prince en regardant son jeu, « pas un carreau et pas un as... et le talon est pire encore... J'y suis de quatre-vingt-dix points pour ce premier coup... C'est amusant d'embêter Bonnivet, mais j'ai fait une sottise. »

— « Sept cartes, une dix-septième, quatorze d'as, » annonçait l'autre.

— « Plus de deux cents louis d'un coup, » songeait Vitale. « Allons, jouons serré, mais je m'enfonce. »

Et il joua serré, le Prince Charmant, il venait d'avoir la vision très nette de son petit trésor, des quelque vingt-quatre billets de banque enfermés dans sa cassette. C'était à lui de donner, cette fois.

— « C'est comme un fait exprès, » dit son adversaire après les écarts, « six cartes, une seizième, un quatorze de dames, trois as... »

A la quatrième partie, et quand ils additionnèrent, Vitale était fortement rubiconné. Il devait un peu plus de cinq cents louis. Ils firent encore deux tours avec les mêmes chances, et c'est sur une perte de quinze mille francs que le prince leva la séance à une heure du matin.

— « Il n'y a pas d'autre moyen, » se disait-il le lendemain, en sortant de l'hôtel où il venait de régler sa dette à son adversaire de la veille, « non, il n'y a pas d'autre moyen. Ou bien écrire à mon oncle et me faire marier par lui à une héritière de là-bas après réconciliation... Ou bien Mme de Nançay. — Mais je n'ai plus le loisir de marivauder... Encore un peu de temps et je tomberai dans les dettes, dans les ruses ignobles à la Bonnivet. A l'action, Iago. »

Et il héla un fiacre qui passait. Ce n'était pas un homme très scrupuleux que le prince Vitale. Avec ses dehors abandonnés, il y voyait droit et juste.

— « Je lui ai demandé sa main une fois déjà, » songeait-il, tandis que sa voiture filait au trot d'un petit cheval leste sur la route de la villa Wérékiew, « elle a remis la réponse à six mois, et j'ai de quoi les attendre et au delà. Mais d'ici à six mois, tout peut changer. Aujourd'hui je me trouve en faveur; profitons-en pour essayer. »

Depuis qu'il connaissait Lucie, le jeune homme

avait profondément réfléchi sur ce caractère de femme : « Si elle avait un amant à l'heure présente, » s'était-il dit, « elle l'épouserait... Un amant? Et pourquoi non?... » Il se rappelait leur intimité de ces derniers jours, celle de la veille. Ne s'était-elle pas gentiment appuyée sur son bras pour descendre l'escalier en spirale qui mène à la crypte de la Chartreuse? Et comme elle avait, avec son joli sourire, mis à son corsage les fleurs qu'il lui avait cueillies dans le petit cimetière abandonné, au milieu du cloître! A ce souvenir, le prince Vitale se sentait plus décidé. Il faisait une après-midi un peu orageuse et lourde, « un temps à mal de nerfs, comme dans les romans français, » se dit le prince en riant... « Si elle est toute seule, osons. »

Toute seule? Oui, Mme de Nançay était toute seule quand Vitale entra dans le petit salon de la villa. Elle se tenait assise à une menue table mobile, écrivant une lettre, et l'extrême finesse de ses traits était rendue plus sensible par une sorte de fraise qui encadrait son cou délicat. Elle portait une robe toute en dentelle noire avec des nœuds orange aux bras, à l'épaule une ceinture de même nuance, et quelque chose de la langueur du jour flottait dans ses yeux et son sourire.

— « Que vous êtes gentil d'être venu, » fit-elle en tendant la main au jeune homme, « je suis aujourd'hui dans mes *blue devils*... »

— « J'en ai autant à vous offrir, » fit le prince en prenant place à côté d'elle sur le divan très bas où elle était assise, et lui baisant la main. — « La seule différence, hélas! est que vous avez des raisons imaginaires, et que moi j'en ai de véritables. »

— « Ah! » dit-elle vivement, « comprend-on jamais les souffrances d'un autre? »

— « Mais, » répondit le prince, « je crois que je vous comprends très bien. Vous souffrez de mener une vie contraire à la vérité de la nature... Regardez ce ciel..., » et il lui montrait le profond azur qu'on apercevait à travers la fine guipure du long rideau, — « regardez ces fleurs..., » et il touchait de la main à de frêles roses-thé qui achevaient de mourir dans leurs vases de verre de Venise en embaumant l'air de la chambre, — « regardez toutes choses autour de vous, dans la lumière de cet heureux printemps. Ah! madame, tout vous parle d'aimer et votre cœur aussi... Vous lui dites de se taire et il étouffe... Voilà tout le secret de vos heures tristes. »

— « L'amour, » dit-elle, d'un ton accablé,

« toujours l'amour!... Il semble que ce soit là toute l'existence de la femme, d'après vous autres. »

— « Je vous plains, » reprit Vitale avec un accent très sérieux. Le contraste entre cet accent et le ton habituel de sa causerie donnait plus de valeur à ces paroles qui convenaient du reste à sa beauté. Avec son front pâle, ses boucles fières, l'éclat de ses yeux, sa jolie bouche aux dents si blanches, il pouvait prononcer sans ridicule de ces phrases d'exaltation romanesque qui exercent un attrait tout puissant sur les femmes, même lorsqu'elles sont débitées avec des physionomies d'hommes d'affaires.

— « Oui, je vous plains, et malgré les atroces mélancolies que je peux cacher sous ma gaieté, combien je trouve mon sort préférable au vôtre! Je souffre, moi aussi, mais je vis, du moins... Je vous aime tant!... » continua-t-il en lui prenant la main.

Elle se retournait vers lui, touchée par la musique de cette voix, et son regard se fit doux et caressant à rencontrer celui du jeune homme. Celui-ci n'attendait que ce moment pour agir. Tout en prononçant ses phrases tendres et s'abandonnant, lui aussi, à l'émotion qu'il exprimait, il ne perdait pas de vue la résolution prise. Il passa la main qu'il avait libre autour de la taille de Lucie et il l'attira vers lui, si faiblement d'abord qu'elle ne résista point. Ce ne fut qu'à la seconde où elle sentit le souffle de cet homme sur son visage, où elle l'entendit lui dire : « Ah! Lucie, aimez-moi... » qu'elle se leva, comme d'un bond, et repoussa Vitale. Ce dernier, au lieu de la laisser s'en aller, se leva à son tour et l'attira sur le divan, d'une étreinte plus forte. Elle se débattit. Le prince, perdant à cette lutte son sang-froid de tout à l'heure, la prit par les poignets, et la renversa d'un mouvement si brusque qu'il lui fit mal. Elle jeta un cri, et la colère qui se lisait sur son joli visage fit comprendre à cet homme que cette défense n'était pas jouée.

— « Je n'ai pas mérité cela, » disait-elle, « je n'ai pas mérité cela... »

Et se dégageant, avec un effort suprême, elle s'enfuit à l'autre bout de la pièce. Mais, là, au lieu d'appeler, et comme si la dépense d'énergie nerveuse qu'elle venait de faire l'avait épuisée, elle se mit à fondre en larmes en jetant ces mots :

— « Vous vous êtes conduit comme un drôle. Ne me parlez plus jamais, jamais, de votre amour... »

— « Encore une partie de perdue, » se dit le prince, « c'est une série. »

Et tout haut :

— « Ah ! madame, comment me faire pardonner ma conduire ? — Si je fais un pas en avant, » songeait-il, « elle sonne, et je suis perdu. »

— « Je ne vous la pardonnerai jamais, » lui répondit-on.

La colère de Lucie était d'autant plus forte qu'elle avait ressenti un mouvement de véritable émotion à écouter les discours du prince. Mais à travers toutes ses inconséquences, elle était une très honnête femme, très pure, et surtout, comme beaucoup de femmes mariées dans des conditions douloureuses, elle avait une horreur de la brutalité de l'homme, une répugnance pour le délire auquel elle venait de voir Vitale en proie qui détruisaient du coup le charme dont elle s'était laissé envelopper depuis le départ de sir John. Un coup de cloche vint interrompre un tête-à-tête du plus cruel silence. Lucie regarda le prince comme pour lui dire : « Vous voyez à quelles surprises vous m'exposez… » C'était la comtesse Ardenza qui arrivait toute languissante à cause de la chaleur et qui commença son gentil papotage : — « Cencio m'a dit… Cencio m'a montré... Cencio par-ci, Cencio par-là... » — On voyait que son *patito* et son fils étaient ses seules préoccupations, et aussi que Cencio était réellement pour elle une espèce de factotum. Il y a dans les liaisons italiennes comme un côté bourgeois et pot-au-feu qui ne resssemble ni de près ni de loin à ce que nous entendons, de ce côté-ci des Alpes, par amour et par intrigue. Mais bien loin d'être choquée par ces détails d'une intimité de cet ordre, Lucie s'en trouva touchée.

— « Cencio l'aime, » songeait-elle, « il ne peut pas l'épouser et il la traite comme sa femme. Et Vitale qui peut m'épouser me traite comme une fille. »

Son dégoût augmenta le lendemain quand Bonnivet lui révéla les pertes au jeu qu'avait éprouvées le prince.

— « Ah ! » se dit-elle, « ce n'était même pas de la passion, c'était du calcul ! Et je me suis brouillée avec sir John pour ce misérable !... »

VIII

— « Que penses-tu du marquis de Bonnivet ? » disait, à quelques semaines de là, Lucie de Nançay s'adressant à son cousin, Maurice Olivier. Tous les deux se promenaient dans le jardin de la villa par une après-midi du commencement de juillet, bleue et déjà brûlante. De sir John Strabane aucune nouvelle. Vitale avait quitté Florence à la suite de sa déception et rejoint son oncle à héritage dans son château de Manduria, pas très loin de Lecce. Bonnivet, devenu l'hôte quotidien de la maison, ne cachait déjà plus son désir. A la question posée par Lucie, Maurice sentit une soudaine angoisse lui serrer le cœur. Les passions absolument cachées et silencieuses, comme celle qu'il éprouvait pour sa cousine, sont douées d'une étrange lucidité. Leur méditative solitude est remplie par des réflexions continues sur les moindres faits qui se rapportent à l'être aimé. Ces réflexions se ramassent en un corps de raisonnement, et il en résulte des phénomènes de sagacité qui ressemblent à ceux de la double vue. On dirait que celui qui aime a des sens particuliers pour observer et interpréter la vie de la personne qu'il aime. Maurice était bien rarement présent aux visites que recevait Mme de Nançay, et cependant il avait assisté en pensée aux péripéties diverses qui, durant ces derniers mois, avaient tour à tour éloigné, puis rapproché d'elle sir John Strabane et le prince Vitale. Aujourd'hui, et grâce à des indices de toutes sortes, il se rendait compte que le marquis s'imposait davantage, et d'heure en heure, à la sympathie de Lucie. Cet habile homme avait enveloppé la jeune femme de si délicates prévenances, il avait eu un art si doux de la plaindre à l'occasion des violences de l'Anglais et des perfidies du Napolitain, il avait su la convaincre de son culte avec une si rare entente des moindres effarouchements d'une âme souffrante, qu'elle commençait à concevoir un mariage avec lui comme la meilleure solution d'une existence qui ne pouvait se prolonger. L'audacieuse tentative du prince, en lui montrant le danger des familiarités irraisonnées, l'avait guérie pour toujours de ce goût innocent du flirt, auquel s'était tant complue sa fantaisie de jeune veuve, demeurée à demi jeune fille.

— « Hé bien, » s'était-elle dit, « Bonnivet n'a plus trente ans, il n'en a même plus quarante, ni quarante-cinq, mais il est charmant. Il sait la vie d'une façon supérieure et il est bon, si bon! Il m'aimera un peu comme un père, mais du moins sans la brutalité que je hais tant. Je ne serai peut-être pas heureuse. Je serai contente... Être aimée comme dans les livres, cela n'est qu'un rêve. Il faut redevenir pratique et raisonnable... »

Sous l'influence de ces idées, elle s'était abandonnée avec délices à l'intimité du marquis. Quoique aucune parole définitive n'eût été prononcée entre eux, l'un et l'autre sentaient trop bien vers quel but ils marchaient, et Bonnivet, au contact de cette femme si fine et si jeune encore, s'attendrissait autant que sa sèche nature de Don Juan vieilli et peu scrupuleux pouvait lui permettre un attendrissement. Il se surprenait à être ému de la félicité qu'il prévoyait, pour les années de sa décadence. Lucie était aussi candide qu'elle était riche et jolie.

— « Ce sera, » songeait-il, « une fin digne de moi... »

Sans que Maurice eût aperçu toute la profondeur de ce caractère, les nuances des relations de cet homme avec Lucie ne lui échappaient pas, et il souffrit plus encore de l'entendre répéter avec insistance :

— « Oui, que penses-tu du marquis ?... Il me semble que tu ne l'aimes pas... »

— « Qui te fait croire ?... » dit le jeune homme en rougissant. Il s'était habitué aux ivresses et aux tourments de la passion silencieuse, et maintenant il souffrait le martyre rien qu'à penser à une révélation possible de son sentiment. Avouer l'antipathie qu'il éprouvait pour le marquis, n'était-ce pas en avouer la cause secrète ? Et il répondit :

— « Je ne connais pas assez M. de Bonnivet pour le juger, mais il me paraît un très charmant et très galant homme. »

Le joli visage de Lucie s'éclaira d'une lumière, comme il lui arrivait lorsqu'elle était joyeuse. Par un de ces gestes d'une grâce enfantine que son rôle de grande sœur aimait à prodiguer à son cousin, elle lui prit la main et la caressa.

— « Que tu me fais plaisir de parler ainsi, » dit-elle, « j'avais si peur !... Alors, » continua-t-elle en rougissant à son tour, « tu ne serais pas trop malheureux s'il devenait ton cousin ? »

Il la regarda et il lut dans ses yeux bleus toute l'importance qu'elle attachait à cette question.

Depuis bien des jours, — il n'aurait pu en dire le compte, pas plus qu'il n'aurait pu dire quand il avait commencé de l'aimer, — oui, depuis bien des jours il était préparé à cette fatale minute où elle lui dirait : Je me marie. Mais il en est de ces préparations-là comme du courage des parents qui veillent sur l'agonie d'un poitrinaire. Ils le savent condamné, puis cette agonie les frappe en pleine espérance. Maurice crut, à l'extrême douleur ressentie, qu'il allait défaillir. Il prononça pourtant ces mots :

— « Hé quoi ! notre douce vie va finir ?... »

— « Non, non, jamais, » fit Lucie comme avec emportement, « tu continueras à demeurer avec moi, comme par le passé. Ah ! mon frère aimé, » ajouta-t-elle en l'attirant et lui donnant un baiser sur le front, « peux-tu croire que je te quitterais ?... La première condition du contrat, si je me marie, sera que je garde avec moi mon cher Maurice. »

— « Tu le dis, » répliqua le jeune homme, « et puis ton mari dira autrement. »

— « Mais, bête, c'est pour cela que je choisirai le marquis. Si tu savais comme il parle de toi avec délicatesse ! »

Cette sympathie de Bonnivet blessa le jeune homme au cœur plus encore que tout le reste.

Les bons procédés de ceux que nous haïssons, lorsqu'ils ne désarment pas notre haine, l'exaspèrent singulièrement. Il se détourna pour cacher l'altération que son visage devait subir et il cueillit deux roses qu'il tendit à Lucie sans la regarder. Celle-ci s'aperçut bien du trouble de son pauvre cousin, mais comment l'aurait-elle attribué à sa véritable cause ? Comment aurait-elle cru que le jeune homme d'aujourd'hui, l'enfant d'hier, grandi avec elle, l'aimait d'un sentiment autre que celui d'un frère pour sa sœur ? Elle le savait d'une susceptibilité de cœur presque maladive. Elle se disait que leur existence intime, passée, depuis des mois et des mois, tout entière entre Mᵐᵉ Olivier, son fils et elle, devrait forcément se modifier un peu par l'introduction d'un nouvel hôte, et elle se disait aussi que Maurice voyait cette modification inévitable et qu'il en souffrait.

— « Allons, sois sage, » dit-elle en l'embrassant de nouveau, « sois sage. Et puis, » dit-elle encore avec un sourire, « rien n'est fait. »

— « Non, rien n'est fait, et il faut que rien ne se fasse, » répétait le jeune homme, resté seul après cet entretien. Comme machinalement, il était rentré à la villa lorsqu'on était venu pour appeler Lucie qu'une visite réclamait. Puis il était sorti et il marchait sur la grande route.

— « Oui, cela ne se fera pas, mais comment l'empêcher ? Puis-je lui dire que je l'aime ? Elle rirait. Elle ne me croirait pas... Si elle me croyait, ce serait pire. Elle ne m'aime pas... Elle ne voudrait plus de ma présence... Ah! si seulement elle épousait quelqu'un qui fût digne d'elle, mais ce scélérat de Bonnivet!... »

Maurice, halluciné par la plus frénétique des jalousies, apercevait en ce moment le marquis sous un jour affreux. Quoiqu'il ignorât la véritable tache qui souillait l'honneur de Bonnivet, il en savait trop sur le passé galant de cet homme pour ne pas le mépriser, lui qui était demeuré presque pur, à travers les chutes de conscience que la curiosité inflige aux jeunes gens les plus scrupuleux. La seule idée d'une existence uniquement dépensée en bonnes fortunes lui causait donc une espèce d'horreur. Il détestait de même l'esprit du marquis, tout en papotages mondains ou en épigrammes. Vingt raisons d'antipathie et de situation se réunissaient pour lui rendre insupportable la pensée du mariage de son ennemi avec sa cousine. Mais comment agir ?

Toute cette après-midi, Maurice erra, en proie

à cette anxiété, dans les chemins qui avoisinent Fiesole. Il s'asseyait sous des oliviers dont la blanche verdure brillait au soleil. Il traversait des allées de cyprès dont le morne feuillage s'harmonisait avec la couleur de sa pensée. Il passait devant les villas dans les jardins desquelles les statues de marbre étincelaient sur l'intense azur. Les résolutions les plus folles succédaient en lui à des accès de larmes. Il finit par s'arrêter à un projet dont le caractère déraisonnable avait du moins cet avantage de ne pas offrir une impossibilité absolue.

— « Le marquis, » se disait-il, « est avant tout un homme du monde... Si je l'insulte gravement en public, il faudra de toute nécessité qu'il se batte avec moi. Qu'il me blesse ou que je le blesse, le mariage est rendu bien difficile, car enfin Lucie m'aime trop et ne l'aime pas assez pour me sacrifier tout à fait... L'insulter gravement?... Il est indispensable que le vrai motif de mon antipathie ne soit pas deviné, par elle au moins... Bonnivet a bien toujours cet air d'impertinence, même avec moi, dont je puis prendre prétexte... »

En songeant ainsi, Maurice se sentait troublé par cette horreur de l'action qui est commune à tous les solitaires et particulièrement aux amoureux chez qui la maladie habituelle de la sensibilité tarit profondément les énergies. Une agonie le terrassait à l'idée de l'affront qu'il devrait infliger à son rival, devant des spectateurs. Ces accès de timidité aboutissent, chez ceux qui les traversent, ou bien à une paralysie entière du vouloir ou bien à des fureurs de résolution effrénée. Ce fut le cas pour le cousin de Lucie, qui finit par se diriger du côté de Florence en proie à la fixe idée de rencontrer son ennemi et d'en finir ce soir même avec ses doutes :

— « Je le verrai et la circonstance m'inspirera. »

Il alla d'abord tout droit au cercle. Ce fut avec un battement de cœur qu'il poussa la porte qui donnait entrée dans la salle de jeu. Il venait d'entendre la voix de Bonnivet qui disait : — « Le roi... » — Le marquis jouait à l'écarté avec un autre Français de passage à Florence comme M. Louis Servin, recommandé à Bonnivet comme M. Servin, et comme lui tributaire de l'adroit joueur. Cinq autres personnes se trouvaient dans le salon, qui causaient, suivaient les détails de la partie, dépliaient et repliaient des journaux.

— « Bonjour, Maurice, » fit le marquis avec

son plus amical sourire dès qu'il vit entrer le jeune homme. Ce dernier répondit à cet accueil de la façon la plus froide, et il se mit à lire un journal à son tour, afin de se donner une contenance. Tenant droite devant lui la hampe autour de laquelle s'enroulait l'imprimé, il réfléchissait, avec une ardeur de fièvre, à la façon dont il exécuterait son projet :

— « Le frapper au visage devant tout ce monde, je ne le peux pas, on m'enfermerait comme fou et il refuserait de se battre... »

Il regardait alors son ennemi par derrière, cette tête joliment coiffée, le col blanc, un peu haut, pour cacher les rides, la ligne bien tombante des épaules. Un geste que le marquis faisait avec sa belle main, au petit doigt de laquelle luisait une large émeraude et un serpent d'or, donna soudain une tentation à Maurice. Bonnivet, tout en jouant, fumait un cigare qu'il posait parfois, pour donner les cartes, sur un cendrier de métal placé à côté de lui. Maurice se leva, passa tout près de la table et du bout de la hampe qui tenait son journal, fit tomber le cigare à terre. Puis il se retourna et regarda le marquis fixement sans prononcer une phrase d'excuse. Bonnivet, qui crut à une distraction, sortit simplement un nouveau cigare de sa poche, l'alluma et recommença de jouer. Au moment où il venait de poser ce second cigare sur le cendrier, comme le précédent, Maurice repassa du même côté; du bout de la hampe, il fit encore rouler le cigare. Bonnivet ne put retenir un geste d'impatience.

— « Maladroit..., » dit-il en ses dents.

Et tout haut :

— « Voyons, Maurice, on dirait que vous le faites exprès. »

— « Monsieur le marquis, » répliqua Maurice avec un tremblement dans la voix, « je vous défends, entendez-vous bien, je vous défends de me parler sur ce ton. »

L'accent dont cette phrase fut prononcée contrastait si fort avec les manières connues de Maurice, et d'autre part le marquis passait pour un homme si chatouilleux sur le point d'honneur, que toutes les personnes présentes attendirent avec une curiosité singulière la réponse et l'issue de cette altercation subite. Bonnivet avait été surpris lui-même de telle sorte, qu'il demeura une minute sans pouvoir articuler une parole. Il aperçut la vérité comme dans un éclair : Maurice aimait sa cousine, et lui cherchait querelle pour empêcher le mariage.

— « Essayons de voir où il en veut venir, » se dit le marquis. « J'ai fait mes preuves... Pour une fois, soyons endurant. »

Ce fut donc avec une douceur extraordinaire qu'il répliqua, comme un maître indulgent qui parle à un élève :

— « Vous ne vous possédez pas, Maurice, ou bien vous m'avez mal entendu. »

— « Je vous ai entendu parfaitement, je me possède parfaitement, » repartit l'autre, « je vous répète que votre ton me déplaît, et ce n'est pas d'aujourd'hui. Je vois que vous commencez à en changer... C'est fort heureux... On s'instruit à tout âge... »

— « Messieurs, » dit le marquis que la colère gagnait, quoiqu'il en eût, et qui voyait le jeune homme décidé à pousser l'algarade jusqu'au bout, « je vous demande pardon de cette scène regrettable. — Dans une heure, monsieur, » continua-t-il en s'adressant à Maurice, « deux de mes amis auront l'honneur d'aller vous demander sur quel ton vous désirez que je vous parle. »

— « Et j'aurai l'honneur de les faire se rencontrer avec deux des miens, » dit Maurice en s'inclinant et se retirant.

— « C'était à moi de donner, » fit le marquis

à son partner en rallumant un troisième cigare; « finissons notre partie, voulez-vous ? »

Et tout en battant les cartes, il se disait à lui-même: « La sotte aventure ! Ce jeune insensé n'en voudra pas démordre. Il faudra se battre. Est-ce triste ? Bah ! Monsieur mon futur cousin en sera quitte pour quelques gouttes de sang. Nous nous réconcilierons sur le terrain. J'expliquerai à Lucie que je l'ai ménagé à cause d'elle. Mais les coups d'épée ont de tels hasards ! J'aurais dû prévoir cette folie. Ce gamin la dévorait des yeux, — un enfant !... On ne saurait penser à tout, dit le proverbe... N'importe, — je réussirai... » Et la partie finie, il se leva pour s'entendre avec deux des personnes qui étaient là et qui avaient tout vu. — « L'épée, le gant de ville, au premier sang et demain matin. » C'est par ces mots qu'il leur résuma toutes ses intentions au cas où ils échoueraient dans toute tentation conciliatrice, et toujours il en revenait à cette phrase :
— « La sotte aventure ! »

IX

C'était un mardi que cette scène avait eu lieu, et, le jeudi soir, deux femmes allaient et venaient presque affolées dans la villa Wérékiew. L'une était Mme Olivier, l'autre Lucie. Le marquis avait eu raison de redouter les hasards des coups d'épée. Dans ce malheureux duel, une charge à fond de Maurice, assez bon tireur quoiqu'il ne pratiquât guère, avait contraint Bonnivet à une riposte aussi vigoureuse que l'attaque. Le jeune homme était tombé, frappé gravement. La mère, folle de douleur, trouvait à peine la force de vaquer aux soins ordonnés par le docteur qui avait déclaré ne pouvoir encore se prononcer. Elle venait de se trouver mal au moment d'aller dans la chambre de son fils afin de le veiller. — « J'irai, » avait dit Lucie. Le sommeil, lorsqu'elle y pénétra, avait clos les yeux du jeune homme, qu'elle regarda longtemps, si pâle du sang qu'il avait perdu : « Et pourquoi s'est-il battu ? » se demandait la jeune femme. Prévenue par un mot du marquis, elle avait en vain supplié Maurice de laisser arranger l'affaire, et elle n'osait pas voir en face la terrible vérité. Tandis qu'elle regardait autour d'elle, le visage même de la pièce paraissait répondre à cette question. Sur les murs encombrés de photographies, que retrouvait-elle? Des souvenirs de voyages faits avec elle. Sur la table posée en travers et devant la fenêtre, de façon à pouvoir regarder le jardin où elle se promenait si souvent, quels portraits étaient placés, dans les cadres qu'elle lui avait donnés? Des portraits d'elle, une dizaine, correspondant aux diverses phases de sa vie. Elle était là toute petite fille, en cheveux flottants, de profil, — puis de face, et jeune fille dans un petit déguisement où elle avait joué la comédie, « en Pierrette triste, » disait Maurice, — er puis encore jeune fille, et puis jeune femme, et puis telle qu'elle était à Florence. Aucun des objets qui garnissaient cette table n'était étranger à son souvenir. Elle reconnut un porte-plume, qui avait été un accessoire de bal dans une fête où elle avait justement dansé le cotillon avec son cousin. Un nœud de ruban qu'elle avait porté se fanait, suspendu au-dessus du petit cadre à marquer les jours. Elle s'assit à cette table et ouvrit le buvard distraitement. La première chose qu'elle vit fut une lettre fermée sur laquelle Maurice avait écrit son nom à elle. Le cœur serré, presque avec épouvante, elle brisa le cachet, un cachet où elle pouvait encore se retrouver, car elle avait choisi pour Maurice la pierre gravée dont l'empreinte, une Diane chasseresse, se voyait sur la cire, et elle lut cette lettre, dont l'écriture hâtive lui fit mal :

« Mercredi, une heure du matin.

« Si tes yeux tombent jamais sur ces lignes, Lucie, hé bien ! c'est que jamais, jamais plus ces beaux yeux que j'ai tant aimés, ne rencontreront les miens, et alors tu ne pourras pas m'en vouloir de t'avoir écrit ce que je t'écris, et, pour une fois, pour la première et la dernière, il m'aura été permis de sentir tout haut devant toi. Ah ! *sweet lady of my heart,* — vois, je n'ose pas te dire dans notre langue de chaque jour le nom que je t'ai donné dans ma pensée, — ce que je t'écris là, je serais mort avant que ma bouche en pût proférer seulement une syllabe. Mais si je suis mort quand tu liras cette lettre, et mort à ton service, comme les chevaliers d'autrefois mouraient pour leur dame, il faudra bien que tu penses à moi un peu autrement qu'à un enfant malade, — oui, mon aimée, il le faudra, et cette seule idée me rend presque douce la perspective de la rencontre de demain.

« Vois, je t'écris sans fièvre, — bien posément, — pour t'expliquer le secret de ma vie; et, de toute cette longue souffrance répandue sur des années, je ne peux rien, presque rien exprimer maintenant. Tout me paraît contenu dans une phrase que je te dis parce qu'elle est au passé, que je n'aurais jamais osé te dire au présent : je t'ai aimée, Lucie, depuis tant de jours ! — Te rappelles-tu ton mariage ? Tu traversais l'église avec ton visage sérieux et fier. L'orgue entonnait une marche triomphale. Tu n'as pas cherché du regard le jeune homme qui n'avait pas voulu prendre place dans le cortège, parce qu'il savait qu'il pleurerait trop; et que ces larmes-là devaient couler, comme coulaient les miennes, dans l'ombre de l'église, et non sous les yeux des indifférents ! — Oui, je t'aimais, alors comme aujourd'hui, avec adoration et avec désespoir. Ce qui faisait mon supplice, ah ! ma chère âme, comprends-moi un peu, c'est que tu m'aimais, toi aussi, d'une manière qui ne devait jamais changer. Quand tu me souriais si doucement, quand tu me caressais les cheveux avec la main, quand tu venais dans ma chambre, quand tu m'emmenais partout avec toi dans ta voiture, ce que je sentais avec une douleur mêlée de si folles délices, c'était une tendresse venue de toi, qui devait demeurer celle d'une sœur. Mais, moi, ce n'était pas comme un frère que je t'aimais. Et que je t'aimais! Avec quels bonheurs, malgré tout, j'ai vécu auprès de toi depuis ton veuvage, — oui, malgré tout, — car si tu ne m'aimais pas, tu n'aimais personne! Je souffrais certes de jalousie, mais je savais bien, au fond, que tu restais libre. — C'est parce que je ne peux pas supporter l'idée que tu cesses de l'être que j'ai fait ce que j'ai fait.

« Allons, il faut que je rassemble mes pensées… Oui, c'est la conversation que nous avons eue l'autre jour qui m'a décidé. L'amour rend étrangement perspicace, Lucie, on l'a dit souvent, et c'est du premier jour que j'ai deviné dans l'homme avec qui je me battrai demain, le plus dangereux des rivaux. Heure par heure, j'ai suivi son plan pour s'approcher de toi, la tactique habile par laquelle il s'est tour à tour débarrassé de ceux qui pouvaient gêner, non pas son amour, mais son ambition !... Que tu fusses mariée à un autre, c'était déjà une douleur à ne pas la supporter ; mais mariée à un homme qui ne voulait de toi que ta fortune ! Non, ma douce aimée, tu ne te rends pas compte de l'étude que j'ai faite du caractère et du passé du marquis pour arriver à cette certitude. Et c'est lui que tu aurais épousé, que tu épouserais si je n'agissais ! Il fallait mettre entre lui et toi quelque chose d'irréparable. J'ai pris le moyen le plus rapide. Dans quelque douze heures, ma cousine, et qui m'aime, ne pourra se marier avec l'homme que j'aurai blessé ou qui m'aura blessé, — qui m'aura tué peut-être. Mais si tu savais la joie profonde que j'éprouve à exposer ma vie pour que tu ne sois pas la proie de celui qui allait s'emparer de toute la tienne ! Tu te moquais souvent de mon caractère romanesque, et c'est vrai que je n'ai pas été absolument pareil aux autres. Mon existence, à moi, s'est tout entière dépensée à rêver de toi, auprès de toi, à t'aimer dans des agonies et des extases dont tu n'as rien soupçonné. — Du moins, si je meurs, mon secret ne sera pas mort avec moi et je ne t'aurai pas vue emmenée loin de notre intimité par quelqu'un que je méprise. — Hélas ! demeurée seule, peut-être la révélation du sentiment que j'aurai eu pour toi, te touchera-t-elle assez pour que jamais, jamais plus tu ne te laisses prendre à ces hypocrisies de cœur, qui n'ont de commun avec l'amour que les paroles. Moi, ton pauvre Hamlet, comme tu m'appelais en me plaisantant, j'aurai lutté pour toi, mon Ophélie. — Et si je reviens, — peut-être aurai-je alors le courage de te montrer tout mon cœur, et toi, tu ne riras pas de l'enfant qui t'aura prouvé qu'il est un homme et qu'il saurait mourir pour tes chers yeux. — Ah! qu'ils étaient beaux, et que je les aurai aimés! »

—

Lucie de Nançay lut et relut cette étrange lettre, dont l'enfantillage ne pouvait plus la faire sourire après le dangereux duel qui avait suivi, et elle s'abandonna en arrière sur le fauteuil. Comme un éclair illumine tout un horizon, toute leur vie commune lui apparut à la clarté de cette confidence qui avait failli être un aveu d'outre-tombe, et sous un autre jour. Elle comprit que cet amour dont elle était éprise, dévoué jusqu'à la mort, respectueux jusqu'à la piété, délicat jusqu'au silence, elle l'avait eu auprès d'elle et qu'elle n'en avait rien su, et reprenant la lettre, elle la couvrit de baisers en fondant en larmes. Elle retourna auprès du jeune homme qui dormait toujours et elle le regarda longuement en lui touchant les cheveux d'une main si légère que, même éveillé, il ne l'eût pas sentie. Puis elle marcha de nouveau vers la table et, dans un buvard qu'elle avait apporté elle-même pour écrire, elle prit une autre lettre, très longue celle-là, et qui portait sur son cachet les armes des Bonnivet. C'était celle que le marquis lui avait envoyée le jour même et par laquelle il lui demandait de la revoir pour lui expliquer de vive voix l'état d'angoisse où il se trouvait lui-même. Elle approcha cette lettre de la bougie et la brûla, — puis, revenant vers le lit du blessé : — « Ah! » dit-elle, « il est bien jeune. Je vieillirai avant lui... Et cependant!... » Et sentant les larmes lui venir de nouveau, elle mit la main sur son cœur comme pour en contenir le battement et elle dit tout bas : « Ah! mon Dieu! ne le laissez pas mourir... Je sens que je l'aime! »

Houlgate, août 1885.

IV

Un Joueur

A GEORGES BRINQUANT.

UN JOUEUR

J'ÉTAIS entré au cercle en sortant du théâtre, et je m'attardai devant la table de baccarat. Je regardais, juché sur une de ces chaises hautes à l'usage des joueurs qui n'ont pas trouvé de place près du tapis vert, ou des simples curieux comme moi. C'était ce que l'on appelle, en termes de *club*, une belle partie. Le banquier, un joli jeune homme en tenue de soirée, la boutonnière fleurie d'un gardénia, perdait environ trois mille louis, mais sa physionomie de viveur de vingt-cinq ans se tendait à ne trahir aucune émotion. Seulement le coin de la bouche d'où tombaient les sacramentels : « J'en donne... En cartes... Bac... Voilà le point..., » n'aurait pas mâchonné avec tant de nervosité un bout de cigare éteint, si la frénésie froide du jeu ne lui eût serré le cœur. En face de lui un personnage en cheveux blancs, joueur professionnel celui-là, faisait le croupier, et il manifestait sans hypocrisie sa mauvaise humeur contre la déveine, qui, de coup en coup, diminuait le tas des jetons et des plaques entassés devant lui. En revanche, la plus joyeuse allégresse illuminait les visages des pontes qui, assis autour de la table, allongeaient leurs mises et marquaient sur le papier, avec la pointe du crayon, les alternances de la passe, cet « esprit de la taille » auquel les moins superstitieux ne sauraient s'empêcher de croire aussitôt qu'ils touchent une carte. Il y a, certes, dans le spectacle de toute lutte, fût-ce le combat d'un sept contre un huit et d'un roi contre un as, une je ne sais quelle fascination qui intéresse bien profondément la curiosité ; car nous étions là, autour de ces joueurs, moi cinquantième, à suivre cette partie sans nous apercevoir que la nuit avançait. Quel philosophe expliquera ce phénomène encore, cette inertie d'après minuit qui, à Paris, immobilise tant de gens, n'importe où, mais hors de chez eux où ils se reposeraient du travail et du plaisir? Pour ma part, je ne regrette pas d'avoir cédé, cette nuit-là, au charme malsain du noctambulisme, car si j'étais sagement rentré à une heure convenable, je n'aurais pas rencontré, dans le salon où l'on soupe, mon ami le peintre Miraut en train de boire une tasse de bouillon, seul à sa petite table. Il ne m'aurait pas proposé de me mettre devant ma porte dans sa voiture, et je ne l'aurais pas entendu me raconter une histoire de jeu que j'ai transcrite de mon mieux le lendemain matin et qu'il m'a donné la permission de raconter à mon tour, la plume en main.

— « Que diable faisiez-vous au cercle passé minuit, » me demanda-t-il, « puisque vous ne soupiez pas ? »

— « Je regardais jouer, » lui répondis-je; « j'ai laissé le petit Lautrec en bonne voie. Il perdait dans les soixante mille... »

Le coupé s'ébranlait comme je prononçais cette phrase. Je voyais Miraut bien de profil, qui allumait sa cigarette avec cet air à la François Ier, — le François du Titien au Louvre, — dont ses cinquante ans bien sonnés ont seulement amplifié, comme étoffé la beauté. Est-ce assez étrange qu'avec ses épaules de lansquenet, l'opulence de sa carrure et son masque de sensualité gourmande, presque gloutonne, ce géant demeure le plus délicat, le plus nuancé de nos peintres de fleurs et de portraits de femmes? Il convient d'ajouter qu'une voix musicalement douce sort de ce coffre de gladiateur, et que les mains, je les remarquais de nouveau tandis qu'elles maniaient la petite bougie et la cigarette, ont une finesse incomparable. Je sais en outre, par expérience, que ce soudard est d'une vraie bonté de cœur, et je ne m'étonnai pas trop de la mélancolique confidence involontairement provoquée par ma phrase sur le jeu. Il eut par bonheur tout le temps de me détailler son récit. A mesure que nous approchions de la Seine, le brouillard s'épaississait, et notre voiture avançait au pas, tandis que mon compagnon se laissait aller à se souvenir tout haut d'une histoire déjà ancienne. Des sergents de ville erraient portant des torches. D'autres torches brûlaient à l'angle d'un pont que nous traversions, posées à même la pierre et répandant comme un ruisseau de résine en feu. La fantastique silhouette des autres coupés qui croisaient le nôtre dans cette brume âcre, presque noire, trouée par places de flammes mouvantes, ajoutait sans doute à cette impression du passé qui envahissait l'artiste, car sa voix se faisait plus adoucie et plus basse, comme s'il s'en allait, en esprit, loin, bien loin de moi qui l'interrompais juste assez pour susciter sa mémoire :

— « Moi, » avait-il commencé, « je n'ai jamais joué que deux fois, et, me croirez-vous ? aujourd'hui, je ne puis même pas regarder jouer... Il y a des heures, vous savez, de ces heures où on n'a pas les nerfs bien en place, dans lesquelles la vue seule d'une carte me force à sortir de la chambre... Ah ! c'est qu'elles me représentent, ces deux seules parties, un si terrible souvenir... »

— « Qui n'en a pas de cet ordre ? » interrompis-je. « Et moi qui étais présent quand notre pauvre Paul Durieu se prit de querelle, pour un coup douteux, dans ce même cercle dont nous sortons, et puis ce fut cet absurde duel, et nous l'enterrions quatre fois vingt-quatre heures après que je lui avais serré la main, là, devant cette table verte. Il y a toujours un peu de tragédie autour des cartes, et des crimes, et des déshonneurs, et des suicides. Mais tout cela n'empêche pas qu'on y retourne, comme on retourne en Espagne aux courses de taureaux, malgré les chevaux éventrés, les picadors blessés et le taureau massacré. »

— « Soit, » reprit Miraut, « mais il ne faut pas avoir été soi-même la cause d'une de ces tragédies, et voilà ce qui m'est arrivé, dans des circonstances toutes simples. Mais quand je vous les aurai dites, vous comprendrez pourquoi le plus innocent des bésigues m'inflige ce petit frisson d'horreur que ressentirait, devant un tir de campagne, un homme qui aurait tué quelqu'un par mégarde en nettoyant une arme. C'était justement l'année de mon entrée au cercle, en 1872, qui fut celle aussi de mon premier succès au Salon... »

— « Votre *Ophélie parmi les fleurs*?... Si je me la rappelle?... Je vois encore la touffe de roses blondes, près des cheveux blonds, des roses d'un blond si pâle, si tendre, et puis sur le cœur ces roses noires, comme tachées de sang... Qui a ce tableau, maintenant? »

— « Un banquier de New-York, » fit le peintre en poussant un soupir, « et qui l'a payé quarante mille francs. Moi je l'ai vendu quinze cents à l'époque... Vous voyez, je n'étais pas encore l'artiste fortuné dont votre *alter ego* Claude Larcher disait méchamment : « Heureux Miraut ! son métier

« consiste à regarder toute la journée une Améri-
« caine qui lui rapporte quinze mille francs... »
Entre nous, il aurait pu faire des mots sur d'autres que sur ses vieux amis... Enfin, Dieu ait son âme. — Mais si je vous parle argent, » continua-t-il en me touchant le bras, il sentait que j'allais répondre et défendre la mémoire de mon vieux Claude, « croyez bien que ce n'est pas pour vanter ma valeur commerciale. Non. Seulement, ces quinze cents francs se rattachent à mon aventure. Imaginez-vous que je n'avais jamais eu à moi d'un coup une somme pareille. Mes débuts ont été si durs. J'étais arrivé à Paris avec un secours de ma ville natale, mille francs par an, et pendant six ans je m'en suis contenté... ou presque. »

— « J'ai connu ces misères-là, » dis-je, « mais pas longtemps. Mangiez-vous chez Polydore, comme nous, rue Monsieur-le-Prince, où pour dix-huit sous on arrivait à déjeuner? Lorsque vous verrez Jacques Molan et qu'il vous ennuiera avec ses femmes du monde et les élégances de son prochain roman, parlez-lui de cette crèmerie. Ça ne traînera pas, et en cinq minutes vous en serez débarrassé... »

— « Nous avions résolu le problème, nous

autres, par le phalanstère, » reprit le peintre; « quelques camarades et moi, nous faisions la popote ensemble. La petite amie d'un de nous, qui avait été cuisinière, — telles étaient nos élégances, à nous, — préparait nos deux repas par jour, pour quarante-cinq francs par mois et par tête. Quinze francs de chambre. Pas de service. Je faisais mon lit moi-même. Ci : soixante francs pour l'essentiel. J'étais fagoté comme un voleur, mais je ne savais pas ce que c'était que de prendre l'omnibus. Mes camarades vivaient comme moi, et nous ne nous en sommes pas trop mal trouvés. Il y avait là Tardif le sculpteur, Sudre l'animalier, Rivals le graveur, et puis, le mieux doué de tous, le cantinier de notre cantinière, comme nous les appelions, Ladrat... »

— « Ladrat? Ladrat? » fis-je, en cherchant dans ma mémoire, « je connais ce nom. »

— « Vous l'aurez lu dans les journaux, » continua Miraut, dont le visage s'assombrit; « mais, j'y arrive. Ce Ladrat, qui remportait tous les prix d'atelier à l'école, était dès lors la victime du terrible vice. Il buvait. Que voulez-vous? Dans l'existence trop libre que nous menions, à demi ouvriers et sans cesse mêlés à des modèles ou à des ouvriers, nous étions exposés à bien des tentations, et, tout d'abord, à celle-là. Ladrat y avait cédé. Il faut que je vous dise cela pour que vous ne me jugiez pas trop sévèrement tout à l'heure. Cette triste habitude lui fit même manquer son prix de Rome. Il s'alcoolisa si bien en loge qu'il acheva follement, à la diable, une composition commencée de main de maître. Bref, en 1872, il était le seul de nous qui fût demeuré dans la bohème, et dans la plus basse. Il était devenu ce que nous nommons un tapeur, l'homme qui va d'atelier en atelier, empruntant cent sous ici, davantage ailleurs, avec l'intention bien arrêtée de ne jamais rendre. Ça dure des années, une vie pareille. »

— « Remerciait-il au moins par un peu d'outrage, » repris-je, « comme ce Legrimaudet que j'ai connu et qui n'entrait jamais chez Mareuil sans lui demander quelque chose pour la petite chapelle, — c'était sa formule, — et sans l'insulter ensuite, pour sauvegarder sa dignité ? Un jour, il le trouve en train de corriger les épreuves d'un article qui allait paraître. Il mendie. André lui donne. « Monsieur, » fait-il en glissant la pièce blanche dans sa poche, « voulez-vous reconnaître si un écrivain a du « talent, vous n'avez qu'à savoir si on reçoit sa

« copie dans un journal. Si on la reçoit, il est « jugé, c'est un médiocre. Adieu... » Voilà un beau pauvre ! »

— « Non, » dit Miraut, « ce n'était pas le genre de Ladrat. Il remerciait, il fondait en larmes, il jurait de travailler, puis il sortait pour entrer au café et s'assommer d'absinthe. Il avait honte alors et ne reparaissait plus de quelques jours. Ses emprunts étaient d'ailleurs minimes. Cela ne dépassait guère les cent sous. Aussi ne fus-je pas peu étonné, une après-midi, en rentrant, de trouver une longue lettre de lui où il ne me demandait pas moins de deux cents francs. Il s'était bien écoulé six mois depuis que je ne l'avais vu, et il me racontait que depuis ces six mois il avait lutté contre son vice, qu'il n'avait pas bu, qu'il avait voulu travailler, que ses forces l'avaient trahi, que sa femme était malade, — il vivait toujours avec la cantinière, — enfin une de ces lettres de mendicité navrantes qui vous font mal à recevoir... »

— « Quand on y croit, » insinuai-je, « car, après dix ans de Paris, on a tant reçu de missives pareilles, et, sur le tas, s'il y en avait deux de sincères... »

— « Il vaut mieux risquer d'être dupe toutes

les autres fois que de manquer ces deux-là, » repartit le peintre. « D'ailleurs, sur le moment, je ne mis pas en doute la sincérité de Ladrat. Le hasard voulait que j'eusse touché le jour même les quinze cents francs de l'*Ophélie*. J'ai toujours été très méticuleux dans mes affaires d'argent. Je n'avais pas de dettes, et je gardais une somme à peu près égale dans mon tiroir. Mon atelier était installé, ma garde-robe fournie pour toute l'année. Je me souviens que je dressai en idée le bilan de ma position, tout en brossant mon habit pour me rendre à un de mes premiers dîners dans le monde, un de ces dîners de triomphateur où l'on apporte un appétit d'affamé et un amour-propre d'écolier. On croit également à l'authenticité des vins et à celle des éloges! Je comparai ma situation à celle de mon ancien copain du Quartier, et j'eus un de ces bons mouvements, naturels à la jeunesse comme la souplesse et la gaieté. Je pris dix louis que je mis dans une enveloppe, j'écrivis l'adresse de Ladrat, puis j'appelai mon concierge. Si cet homme avait été là, mon vieux camarade aurait eu l'argent dès le soir même. L'homme était en course. « Ce « sera pour demain, » me dis-je, et je partis en laissant l'enveloppe toute préparée sur ma table.

Ma résolution était si bien prise, que j'éprouvai par avance ce chatouillement de petite vanité que nous procure la conscience d'une action généreuse. Elle n'est pas très jolie, cette vanité, mais elle est humaine, et il y en a tant d'autres qui n'ont pas ce prétexte élevé, témoin celle qui succéda pour moi à celle-là, presque tout de suite! Je me trouvai assis, dans la maison où je dînais, entre deux femmes très élégantes qui rivalisèrent à mon égard de flatterie et de coquetterie. Bref, je sortis de là vers les onze heures, en proie à une de ces crises de fatuité où l'on se sent le maître du monde, et je débarquai dans notre cercle, qui occupait alors l'hôtel de la place Vendôme, conduit par un des convives qui s'était offert à m'en faire les honneurs. N'y connaissant guère personne, je n'y avais pas mis les pieds depuis six semaines que j'avais été reçu. Deux peintres m'avaient servi de parrains, et la perspective de l'Exposition annuelle m'avait seule décidé à cette candidature, malgré la cotisation qui me semblait alors très forte. Nous arrivons dans la grande salle. J'étais si naïf que je demandai à mon guide le nom du jeu qui ramassait tant de personnes autour de la table. Il se mit à rire et me démontra en deux mots les règles du baccarat: « Ça ne vous tente pas? » me dit-il. — « Pourquoi non? » répondis-je, un peu vexé de mon ignorance, « mais je n'ai pas d'argent sur moi. » Il m'expliqua, en riant toujours, comment il me suffisait de signer un bon pour avoir sur parole jusqu'à trois mille francs, quitte à les rendre dans les vingt-quatre heures. J'ai compris depuis que ce garçon m'avait tenté pour jouer lui-même sur la chance d'un débutant. Mais je me serais tenté tout seul. J'étais dans une de ces minutes où l'on crierait, comme l'autre, au batelier dans la tempête : « Tu portes César et sa fortune... » Oh! un très petit César et une très petite fortune, car je pris place à la table en disant à mon compagnon: « Je vais signer un bon de cinq louis, et, si je perds, je m'en vais... »

— « Et vous avez perdu, et vous êtes resté. Il y a de l'écho dans mon portefeuille, » interrompis-je; « je me souviens d'avoir tant de fois formé ces sages résolutions et de ne pas les avoir tenues!... »

— « Ce ne fut pas aussi simple que cela, » reprit Miraut. « Mon tentateur, qui s'était assis près de moi, me dit d'attendre ma main. Je lui obéis. La main m'arrive. J'abats neuf. J'avais risqué mes cinq louis. « Faites paroli, » me souffle mon conseiller. J'abats huit. Je parolise encore, sept, et je gagne. Enfin, de neuf en huit et de huit en sept, et parolisant toujours, je passe six fois de suite. Au septième coup, et toujours soufflé par mon compagnon, je fais un louis seulement. Je perds. Mais j'avais environ trois mille francs devant moi. Mon guide, qui en avait gagné presque autant, se lève et me dit : « Si vous êtes raisonnable, faites comme « moi. » Mais, à présent, je ne l'écoutais pas. Je venais d'éprouver une sensation trop forte pour m'en détacher ainsi. Je ne suis pas de l'école de ceux que vous appelez les analystes, et que j'appelle, moi, passez-moi le mot, des coupeurs de cheveux en quatre et des égoïstes. Je ne passe pas ma vie à me regarder penser et sentir. Pardonnez-moi donc si je ne vous exprime qu'en gros et par des images ce qui se passait en moi. Durant les courts instants où j'avais gagné, il s'était fait dans tout mon être comme une subite invasion d'un enivrant orgueil. Un sentiment exalté de ma personne me remuait, me soulevait. J'ai ressenti une émotion analogue en nageant par une grosse mer. Cette vaste houle mouvante qui vous menace, qui vous balance et que l'on domine de sa force, oui, c'est bien le symbole exact de ce que fut le jeu pour moi dans cette première période, celle du gain; car je gagnai de nouveau dans les mêmes proportions que tout à l'heure, et puis de nouveau encore. Je ne risquais de grosses sommes que sur ma main, et, sur celle des autres, des enjeux insignifiants; mais, à chaque fois que je touchais les cartes, ma veine était si insolente que c'était autour de moi un silence d'abord, puis, quand j'abattais, comme un frémissement d'admiration. Peut-être, sans cette admiration, aurais-je eu le courage de ne pas continuer. Hélas! j'ai toujours eu un amour-propre de tous les diables, qui m'a fait commettre cent sottises, et, avec mes cheveux gris, il m'en fera sans doute commettre d'autres encore. Je le connais, je m'en rends compte, et puis, va te promener, quand la galerie me regarde, je ne peux pas supporter qu'on dise : Il a reculé. C'est sublime d'être ainsi quand la scène se passe sur le pont d'Arcole; mais à une table de baccarat, et devant le hasard d'une carte, c'est imbécile. Pourtant cet orgueil d'enfant fut la cause qu'après m'être étalé dans ma bonne chance, je ne voulus pas plier devant la mauvaise, quand je la sentis approcher. Car je la sentis. Il vint une seconde où je compris que j'allais perdre, et l'espèce de lucidité victorieuse qui m'avait fait prendre les cartes avec une confiance absolue s'éclipsa tout d'un coup. Il était dit que je traverserais dans une même séance toutes les émotions que le jeu procure à ses dévots, car, après avoir connu l'ivresse de la veine, j'ai connu la sèche et cuisante ivresse de la guigne. Oui, c'en est une. Vous savez le mot célèbre : « Au jeu, « après le plaisir de gagner, il y a celui de « perdre... » Je ne trouve pas d'autre phrase pour vous expliquer cette espèce d'ardeur empoisonnée, ce mélange d'espoir et de désespoir, de lâcheté et d'acharnement. On compte vaincre la mauvaise fortune, et l'on est certain que l'on sera vaincu. On perd la faculté de raisonner, et l'on joue des coups que l'on sait absurdes. Et le gain file, les plaques d'abord, puis les jetons rouges, puis les blancs, et l'on signe des bons nouveaux. — Après avoir eu, dix années durant, la force de regarder aux six sous d'un tramway, comme moi, on joue des cinq cents, des mille francs sans hésiter. Mais je vous résumerai tout d'un mot : j'étais entré au cercle à onze heures, à deux je tournais la clef de ma porte ayant perdu sur parole les trois mille francs de mon crédit, et c'était, comme je vous l'ai dit, à peu près tout ce que je possédais. »

— « Hé bien ! » fis-je, « si vous n'êtes pas devenu joueur après cette secousse-là, c'est que vous n'étiez pas doué. C'était à se perdre pour jamais. »

— « Vous avez raison, » reprit Miraut. « Quand je me réveillai le lendemain du sommeil accablé qui suit de pareilles sensations, la scène de la veille ressuscita devant ma pensée, et je n'eus plus que deux idées : celle de prendre ma revanche le soir même, et celle de combiner mes paris d'après l'expérience que j'avais acquise. Je reconstituais mentalement certains coups que j'avais perdus et que j'aurais dû gagner, les uns en tirant, les autres en ne tirant pas à cinq. Tout à coup mes yeux tombent sur l'enveloppe à l'adresse de Ladrat laissée la veille sur la table. Un involontaire calcul s'accomplit en moi, qui me montre dans le don de cet argent un sacrifice insensé. Quand j'aurais payé les trois mille francs de ma dette, il ne me resterait presque rien. Pour me refaire une mise qui me permît de retourner là-bas le soir, — et je sentais que je ne pouvais pas ne pas y retourner, — il me fallait emprunter au marchand de tableaux, brocanter quelques études. Je ramasserais bien cinquante louis ainsi, et sur ces cinquante louis j'allais en distraire dix pour ce paresseux, pour cet ivrogne, pour ce menteur! — Car j'essayai de me démontrer à moi-même que sa lettre n'était qu'un tissu de faussetés. Je la pris et je la relus. Son accent me déchira de nouveau le cœur Mais, non. Je ne voulus pas entendre cette voix, et je me jetai à bas de mon lit pour écrire précipitamment un billet de refus. Je le fis rapide et sec, afin de mettre l'irréparable entre mon vieux camarade et ma pitié. Mon billet parti, j'en eus bien un peu de honte et de remords; mais je m'étourdis de mon mieux à travers les démarches que je dus faire. « D'ailleurs, » me disais-je pour achever d'apaiser ma conscience, « si je gagne, « je serai toujours à temps d'envoyer la somme « à Ladrat demain, — et je gagnerai. »

— « Et avez-vous gagné? » lui dis-je comme il se taisait.

— « Oui, » répondit-il d'une voix tout à fait altérée, « et plus de cinq cents louis; mais, le lendemain, il était trop tard. Aussitôt après avoir reçu mon billet de refus, Ladrat, qui ne m'avait pas menti, fut saisi de la folie du désespoir.

Sa compagne et lui prirent la fatale résolution de s'asphyxier. On les trouva morts dans leur lit, — et c'est moi, vous entendez bien, moi, qui fis forcer la porte. J'arrivais avec les deux cents francs... Oui, c'était trop tard!... Voilà comment vous vous rappelez avoir lu ce nom de Ladrat dans les journaux. Comprenez-vous maintenant pourquoi la vue seule d'une carte me fait horreur? »

— « Allons, » lui dis-je, « si vous lui aviez envoyé l'argent la veille, ça l'aurait sauvé un mois, deux mois. Il serait retombé, le vice l'aurait repris, et il aurait fini de même. »

— « C'est possible, » reprit le peintre; « mais, voyez-vous, dans la vie, il ne faut jamais être la goutte d'eau qui fait déborder le vase. »

Paris, février 1889.

V

Autre Joueur

A HENRY RIDGWAY.

AUTRE JOUEUR

SOUVENIR DE NOËL

« QUOIQU'IL fût ton cousin germain, » dis-je à Claude, après avoir lu le télégramme qu'il venait de me tendre, « je suis sûr que tu ne pleureras pas sa mort. Il s'est fait justice, et je n'attendais pas tant de lui. Son suicide épargne à ton vieil oncle le scandale d'un affreux procès. Mais quelle histoire !... Cette vieille femme assassinée, et pour lui voler ses misérables économies. En être venu là, de dégradations en dégradations, lui que nous avons connu si fier, si élégant!... Je le vois encore, et son arrivée dans notre vieille ville de province, lorsqu'il eut été nommé lieutenant d'artillerie. Nous le suivions à la promenade avec tant d'orgueil naïf. Il avait vingt-sept ans, et toi et moi à peine le tiers... Ah! malgré tout, pauvre, pauvre Lucien! »

— « La destinée est parfois bien étrange, » répondit mon compagnon. En prononçant cette phrase d'un ton extrêmement sérieux et qui excluait toute idée de banalité, il tisonnait le feu et y regardait... quoi?... C'était le 24 décembre. Nous avions formé le projet d'une soirée au théâtre, puis d'un souper dans un restaurant du boulevard. J'étais venu à cette intention, et voici qu'au lieu de sortir, nous demeurions à deviser. Le silence de la nuit d'hiver était infini autour de ce vieil hôtel Saint-Euverte dont mon ami occupait toute l'aile droite. — « Oui, bien étrange, » répéta-t-il, « et c'est une coïncidence à faire croire aux causes occultes que j'apprenne cette mort aujourd'hui, veille de Noël, et à cette heure, » il regarda la pendule. — « Que penserais-tu, » continua-t-il, « si je t'avouais qu'à de certains moments j'ai comme l'hallucination que toute la responsabilité de la vie de Lucien pèse sur moi ? Le plus inexplicable des hasards a voulu que je fusse mêlé d'une façon très mystérieuse, presque fantastique et pourtant très étroite, à la première grosse faute de cette vie, à cette tricherie de jeu au cercle Desaix, à Clermont, qui le fit chasser de la ville et le contraignit de donner sa démission... Tu sais le reste, et comment il a roulé depuis lors. »

— « Oui, je me souviens de tout cela, » repris-je à mon tour, « ton oncle blanchit en quelques jours après cette histoire. Lorsqu'il passait sur le cours, cet hiver-là, et que nous nous y promenions aussi, tu me faisais éviter son côté, de peur de rencontrer ses yeux, tant il était triste. Il descendait de sa maison par la rue qui tourne, là où se dressait le mur de la fabrique d'eaux gazeuses. Je voudrais savoir si les petits garçons d'aujourd'hui s'amusent encore à y chercher, comme nous, dans le ruisseau, des morceaux de verre de couleur. En avons-nous ramassé quand ta bonne Miette et ma bonne Mion causaient sur le banc qui est à trois arbres de là !... »

— « Si je ne pouvais pas soutenir la mélancolie du regard de mon vieil oncle, » continua Claude, « c'était pour des raisons plus fortes que tu ne l'as jamais soupçonné. Ah! ce sont d'anciennes, de très anciennes choses; j'ai eu si souvent la tentation de te les raconter alors, puis je n'ai pas osé, » et, comme mon visage exprima sans doute une muette curiosité, il s'accouda au bras de son fauteuil, le front sur sa main, les yeux perdus, dans l'attitude de quelqu'un qui rassemble des impressions lointaines: « Tu te rappelles, » fit-il, « la boutique du père Commolet, le marchand de jouets?... »

— « Derrière la cathédrale, au bout de la rue des Notaires. On obliquait à gauche et c'était une étroite, une longue ruelle, tout assombrie par les arceaux gothiques. Nous l'appelions *la rue Froide*. Des gargouilles surplombaient, avec des sculptures d'une laideur terrible. Il tombait de là de longues cascades d'eau par les jours de pluie, et, par les jours d'orage, aussitôt le coin passé, quel soufflet vous donnait le vent, embusqué le long du chevet de la vieille église! »

— « Oui, mais tu te souviens que la devanture de la boutique de Commolet illuminait pour tous les enfants de la ville ce coin sinistre. Il jaillissait de cette boutique une source de tentations, intarissable. Il y avait derrière ces vitres, toujours brouillées, d'idéales bergeries, des troupeaux de bœufs et de moutons coloriés, rangés sur des prairies factices, des forteresses défendues par des fantassins tout ronds, au lieu que les soldats de plomb des autres marchands étaient plats. Les cavaliers contre lesquels luttaient ces fantassins se démontaient de leurs chevaux et ce simple détail les rendait vivants comme de véritables dragons et des cuirassiers réels. Il y avait là aussi des bateaux pontés avec des écoutilles, d'autres qui marchaient par la vapeur, et de microscopiques canons de cuivre qui se chargeaient à poudre. Moi, l'imperceptible trou percé dans leur culasse pour mettre le feu à la poudre me poursuivait avec la fascination d'un regard. Revois-tu, comme je fais, Commolet en train de se promener au milieu de ces prestigieux objets, dans ce paradis surnaturel, et sa casquette de drap jaunâtre à oreillières qui ne quittait jamais sa tête ? Ce mince personnage, avec une face grise en lame de couteau, son nez infini et deux yeux d'un bleu pâle, me semblait un jouet de plus, quelque bizarre et compliqué pantin, parmi les autres. Quand nous pouvions décider nos bonnes à revenir du cours par cette rue, aujourd'hui démolie et qui méritait bien son surnom, tu te rappelles que le cœur nous battait dès l'apparition de l'église par-dessus les toits des maisons. Mais, cette année-là, c'était en 1861, l'année où l'on te mit pensionnaire, j'étais seul à faire cette route quand je revenais du collège, et il y avait à cet ensorcelant étalage un objet qui effaçait pour moi tous les autres, — un sabre de cuivre doré. Littéralement, ce sabre me remplissait cette rue Froide d'un éclat de soleil. Comment j'en étais arrivé à un désir frénétique de posséder ce jouet, cela ne t'étonnera pas, toi qui sais l'ardeur de mon imagination d'alors et que j'ai vécu à l'état de fièvre chaude jusqu'à ma quinzième année. L'or de ce fourreau fulgurait pour moi dans cette ruelle grise; il éclaboussait de rayons les teintes sombres des pierres. Le ceinturon était de cuir rouge, la poignée incrustée de nacre. Boucler ce cuir rouge autour de ma taille, manier la nacre de cette poignée, tirer cette lame de ce fourreau damasquiné, constituait pour ma tête de neuf ans un de ces rêves de félicité, si violemment caressés qu'ils deviennent invraisemblables. Hélas! le sabre d'or coûtait vingt-quatre francs. Ma sœur Blanche, qui me donnait toujours des livres, m'avait bien dit: « Si tu arrives à avoir dix francs « d'économie, je te compléterai la somme. »

Économiser ces dix francs sur nos chétives semaines d'écolier, tu sais si nous le pouvions. Ma seule chance était qu'à Noël de cette année, mon oncle m'octroyât, comme cela lui était arrivé une fois déjà, une petite pièce; mais lui aussi était pour les livres. Mon espoir était donc bien faible, et cette faiblesse augmentait encore l'ardeur de ma convoitise. »

— « Ce que je t'en ai connu de ces émotions-là, mon pauvre Claude, » interrompis-je; « mais je ne savais pas l'histoire du sabre. Je t'ai vu en revanche amoureux, je ne peux pas employer un autre mot, d'un horrible petit diadème de madone, tout garni de pierreries fausses, qui rutilait chez un marchand d'objets religieux, et tu rêvais d'en couronner Aline Verrier, la jolie et blonde Aline, qui jouait aux épingles avec nous chez ta sœur quand j'allais y goûter. »

— « Était-il si horrible que cela ? » fit-il en hochant la tête. « Je le vois, pour ma part, aussi beau que le diadème de la reine Constance qu'on montre à Palerme, dans le trésor !... Mais, puisque tu n'as pas oublié la rage de mes fantaisies, tu comprendras mieux le drame moral qui se joua en moi durant cette nuit de Noël d'il y a vingt ans. Ma sœur Blanche était souffrante comme toujours, elle avait eu dans la journée une migraine si forte qu'elle avait dû se coucher. Mon beau-frère, qui prévoyait la catastrophe prochaine, ne la quittait plus et tous les deux avaient consenti à ce que j'allasse dîner chez mon oncle. « Il faut « pourtant bien qu'il s'amuse un peu, » disait-elle en caressant mes boucles avec sa main maigre, dont la moiteur froide me faisait une si saisissante impression. Elle ne devinait pas, chère sœur, que sa chambre de malade, si tiède et si calme, était l'endroit où je me plaisais le mieux du monde. Tu sais comme depuis la mort de notre père et de notre mère elle avait été bonne pour moi, et, si elle avait vécu, que j'aurais été autre!... Cette chambre, tu t'en souviens, donnait sur la place d'Armes. Par les fenêtres, on voyait la statue d'un maréchal du premier Empire, en grand costume et le bras tendu pour donner un ordre. N'ayant d'autre ami que toi qui ne pouvais pas venir chez nous parce que l'on craignait notre bruit pour ma sœur, cette pièce tendue de bleu, où je jouais seul et silencieusement durant des heures, s'animait et se métamorphosait au gré de mon caprice. Les meubles devenaient des personnes auxquelles je prêtais des gestes, des discours, des intentions, des actes. Une des chaises était toi, une autre Aline. Je me livrais, en votre compagnie, à des jeux imaginaires, tandis que Blanche lisait, couchée sur sa chaise longue, auprès du feu, avec son pauvre visage d'une poitrinaire de vingt-cinq ans. Elle était mon aînée de tout cela. Par les fenêtres closes, arrivaient les cris des gamins de la rue en train de jouer autour du bronze du soldat célèbre... Je n'aimais donc pas beaucoup à sortir, et cependant, par ce soir de Noël, l'idée de dîner chez l'oncle Gaspard Larcher me souriait. N'avais-je pas la secrète espérance qu'il me donnerait une piécette d'or, de la couleur du sabre qui miroitait à la devanture connue? « *Ch'est que ch'est un richeu chouchou...* » J'entendais d'avance l'accent auvergnat du père Commolet et je le voyais approcher du fourreau convoité sa main cordée de rides. A cette seule image, j'étais presque obligé de fermer les yeux. »

— « Oui, c'est bien sa phrase, » dis-je en riant, « et quand il débattait la vente avec son « *à che « prix ch'est donné!...* » Mais pardon de te couper ton récit et arrivons chez l'oncle Gaspard. Qu'y avait-il là? »

— « Tous nos morts, » répondit-il avec une mélancolie qui était aussi la mienne, car notre passé d'enfants fut si commun. « Vois-tu la salle à manger avec son dressoir et son meuble en bois tourné? Mon oncle présidait, très maigre et très grand, le front bien pris dans ses cheveux demeurés noirs, au petit doigt la large émeraude verte que nous lui enviions tant, en redingote marron. Si je m'étais baissé, moi qui étais tout à côté de lui, pour ramasser ma fourchette ou mon couteau, j'aurais pu voir ses pieds cambrés dans ces fameuses bottes qu'il ne quittait jamais, habitude à laquelle il prétendait devoir une exemption absolue de rhumes et de douleurs. Ma tante Laure se tenait en face de lui, avec ses mitaines noires et les deux anglaises grises qui, sous son bonnet à rubans lilas, pendaient le long de son visage tout plissé, passé et lassé, qu'éclairaient ses doux yeux noirs. Il y avait là aussi M. Optat Viple, l'ancien inspecteur, qui était représenté dans nos albums de famille par une photographie dans laquelle il regardait une fleur posée sur son chapeau. Il avait colorié la fleur lui-même, en rouge dans l'album de tes parents, en blanc dans le nôtre, — et c'était la même fleur! ce qui nous causait un étonnement jamais dissipé. Il y avait Mme Alexis, Greslou l'ingénieur, le capitaine Hippolyte Morin, le vieux M. Largeyx,

Mlle Élisa, mon autre tante Claudia, venue de Saint-Saturnin pour les fêtes. C'est la seule de tous les convives qui soit encore de ce monde avec l'oncle Gaspard et moi-même. Il y avait mon cousin surtout, qui fut durant le repas singulièrement capricieux, tantôt taciturne, tantôt rieur et buveur. Quoiqu'il ne fût pas en uniforme, son visage martial révélait du coup l'officier. Depuis lors et à distance, j'ai compris qu'il flottait dans ses yeux bruns quelque chose d'ambigu et aussi que les coins de sa bouche, qui tombaient un peu, révélaient un fond de crapule. Tu comprendras tout à l'heure pourquoi le sujet de la causerie m'est demeuré présent à la mémoire. J'étais, à table, le seul enfant, et trop petit pour qu'on prît garde si je comprenais ou non les discours échangés. On parlait des pressentiments et, à ce propos, des superstitions, au sujet du maréchal dont la statue se dressait sur la place d'Armes, devant la maison de ma mère. A Eylau, et avant de lancer ses dragons à la charge, cet homme si brave avait reculé deux fois, comme s'il eût vu la mort face à face. Il avait cravaché son cheval alors avec emportement et dit à l'officier le plus proche : « Je suis « comme mon pauvre Desaix, aujourd'hui, je sens « que les boulets ne me connaissent plus. » Cinq minutes plus tard il tombait, frappé en pleine poitrine. Cette anecdote servit de point de départ à vingt autres. Mme Alexis raconta qu'ayant vu en rêve le facteur entrer et lui remettre une lettre funèbre, la lettre lui avait été, en effet, donnée le lendemain dans des circonstances identiques. Le capitaine avait entendu distinctement la voix d'un de ses amis l'appeler ; à cette même heure cet ami, qu'il ne savait pas malade, se mourait. M. Largeyx, qui devait se mettre en voyage, avait été supplié par sa femme de ne point partir, et ce conseil lui avait sans doute sauvé la vie, car le train qu'il voulait prendre avait déraillé. De telles histoires se répètent dans toutes les conversations de ce genre, toujours analogues, toujours affirmées avec une pareille bonne foi, et toujours impossibles à vérifier, tant notre besoin de merveilleux donne aisément le coup de pouce à nos souvenirs. Mon oncle et M. Viple écoutaient ces propos avec le sourire d'incrédulité que tu devines. C'étaient deux vieux diables, nés sous l'Empereur et grandis dans la philosophie du dix-huitième siècle. Ils avaient beaucoup fréquenté un interne de Dupuytren dans leur première jeunesse, et leur réponse, lorsqu'on leur parlait du Surnaturel, était cette simple phrase qu'ils prononçaient en se regardant: « Ils n'ont donc jamais « vu disséquer? » Ils furent, ce soir-là, comme d'ordinaire, parfaitement incrédules et ironiques, et clignant des yeux pour faire tour à tour parler les convives. — « Et vous, Lucien? » interrogea M. Viple à un moment. — « Moi, » fit le jeune homme, « je n'ai pas vu disséquer, comme vous « dites, mais j'ai mes superstitions; je me suis « battu et je crois aux pressentiments; j'ai joué « et vu jouer et je crois aux fétiches. »

— « Jurerais-tu qu'il eût tort, » fis-je en riant, « toi qui ne pouvais plus passer une fois au baccarat, aussitôt que Molan te regardait jouer?... »

— « Que savons-nous, en effet, de ce que nous appelons le hasard? » dit Claude. « Mais, sur le moment, ce ne fut pas l'idée qui me frappa, ce fut le mot. A cette époque, les termes inconnus et à demi compréhensibles exerçaient sur moi un véritable ensorcellement. Quel frisson firent courir en moi ces deux syllabes jusqu'alors inentendues : fétiche, je renoncerais à l'expliquer devant quelqu'un qui ne serait pas toi. A quelques phrases de mon cousin, je devinai à peu près, comme un enfant en est capable, ce que le terme signifiait, et je m'amusai à me répéter ce mot : fétiche, une fois sorti de table et rentré au salon. J'étais assis comme d'habitude sur cette petite chaise très basse que tu aimais aussi, dans le dossier de laquelle une sculpture en bois configurait la fable du *Renard et de la Cigogne;* messire Renard, accroupi et le museau dressé, regardait dame Cigogne fouiller de son long bec un vase à col étroit. Tout dans cette pièce, en ce moment éclairée par les quatre hautes lampes, s'accordait si bien à la physionomie des personnes rassemblées là pour y prononcer les mêmes discours parmi les mêmes meubles du plus pur style Empire, — les meubles de mon grand-père, le vieux notaire et le voltairien. Son portrait, appendu à la muraille, ressemblait à mon oncle avec une exactitude extraordinaire. « C'était un bon homme, « mais un païen, » me répétait souvent ma tante; autre mot qui me laissait rêveur. Il avait eu mon oncle très jeune et mon père très vieux. Je songeais qu'il avait connu, lui, le maréchal, notre compatriote, et dans ma tête, que le sommeil gagnait, toutes les phrases écoutées se mélangeaient étrangement au souvenir de ce que je savais de cet aïeul au portrait énigmatique. Tout cela ne m'empêchait pas d'être profondément anxieux à l'endroit du cadeau que me ferait mon oncle, et lorsqu'on annonça, vers neuf heures, que ma bonne m'attendait, ce fut le cœur battant que je présentai ma joue à l'accolade de toutes les vieilles gens pour finir par cet oncle Gaspard qui tira de sa poche un petit volume enveloppé d'un papier de soie. — « Tu l'ouvriras à la maison, » me dit-il. C'était cet adorable livre sur les papillons, tout illustré de dessins coloriés, qui nous servit de prétexte durant les vacances à torturer tant de ces délicats insectes, pour les comparer aux planches du recueil. Mais en recevant ce présent, et tandis que je disais merci, ma déception était grande. Ah! que j'eusse mieux aimé de quoi augmenter le trésor enfermé dans ma tirelire, pareille à la tienne, une pomme de grès teintée en vert que je secouais une fois par jour au moins pour entendre le bruit de mes gros sous. Le rêve du sabre doré dormait dans cette tirelire et il me fallait l'y laisser! Que devins-je, lorsque mon cousin me dit : « Moi aussi, je veux te faire mon « cadeau; suis-moi dans ma chambre. » Il m'emmena, et cherchant dans son porte-monnaie deux pièces, une blanche et une jaune : « Voilà qui est « pour toi, » fit-il en me montrant celle d'argent qui valait quarante sous; « quant à celle-ci, » ajouta-t-il en me montrant la jaune qui valait, elle, les dix francs, mes dix francs, « regarde-la bien,

« c'est elle qui va me servir de fétiche. Il faut
« que j'aie la veine au jeu, ce soir, tu m'en-
« tends ?... Tu la donneras au premier pauvre
« que tu vas rencontrer d'ici à la maison. N'y
« manque pas, sinon tu me porteras une guigne
« noire. » J'entends encore ces mots, qui étaient
fort obscurs pour moi, de par delà ces vingt
années. Je pris les deux pièces dans ma main déjà
gantée de son gros gant de laine tricotée, je
promis à mon cousin d'exécuter fidèlement sa
commission, et il me remit aux soins de Miette,
qui, sa cape brune sur la tête, ses galoches aux
pieds, sa lanterne à la main, m'attendait au bas
du grand escalier. »

— « Voilà un vrai trait de joueur, » l'interrompis-je. « C'est comme en Italie, où l'on fait
tirer les numéros du *lotto*, le samedi, par un petit
garçon, vêtu de blanc pour la circonstance... »

— « Il était tombé beaucoup de neige la
veille, » continua Claude, sans relever mon exclamation, « en sorte que, pour ne pas glisser, nous
marchions très lentement par les rues silencieuses. Miette me tenait la main gauche, et avec
les doigts de ma main droite je serrais fortement
les deux pièces que je sentais de grandeur très iné-
gale. Les boutiques étaient presque toutes fermées,

mais à la plupart des fenêtres on voyait de la lumière. Pour rentrer à la maison, nous devions contourner le chevet de la cathédrale et passer précisément devant le magasin du père Commolet. Ma bonne, que nous appelions la Fourmi, c'est toi qui l'avais baptisée, parce que tu lui trouvais une inexprimable ressemblance avec cet industrieux animal, ne causait guère, et moi je regardais ce coin de la vieille ville qui formait à cette heure un paysage singulier. Les sveltes arceaux se détachaient en noir sous la couche de neige blanche qui les recouvrait. Le ciel étincelait d'étoiles et la maison de Commolet montait, droite, close et sombre. L'image du jouet rêvé flamboya soudain devant moi avec plus d'intensité que jamais, et je songeai qu'il serait à moi, si la pièce d'or que je sentais si mince sous ma main m'appartenait. A peine ces deux idées furent-elles entrées à la fois dans mon esprit qu'elles se lièrent d'elles-mêmes. Si la pièce d'or m'appartenait ? Mais, si je veux, elle m'appartient. Qui m'empêche de donner au premier pauvre, non pas celle-là, mais l'autre ? Qui le verra ? Si j'avais dit tout cela au cousin, c'est à moi qu'il aurait donné les dix francs. C'est un si bon, un si excellent garçon... J'en étais là de mes réflexions quand nous passâmes sous les fenêtres du cercle dont mon cousin faisait partie lorsqu'il était chez mon oncle. J'avais entendu ma sœur dire un jour qu'on jouait là « un jeu d'enfer. » Cette expression me revint et avec elle la vision subite de l'enfer, en effet, dont l'abbé Martel, tu te souviens encore, nous faisait en chaire des descriptions terribles. « Si je prends ces dix francs, » me dis-je tout d'un coup, « c'est un vol; or le vol « est un péché mortel. » Je me vis damné. Je lâchai aussitôt la petite pièce d'or pour ne plus manier que la grande. « Je donnerai les dix francs au « premier pauvre, » pensai-je; « mais s'il ne s'en « rencontre pas? » Je n'en avais pas vu un seul depuis la maison de mon oncle. « Hé bien, s'il « ne s'en rencontre pas, je le dirai demain à mon « cousin, et il ne me reprendra pas la pièce. » Je raisonnais ainsi, mais je savais trop que mon raisonnement était un mensonge. Nous devions passer devant le portail de la chapelle des Capucins. C'était le rendez-vous ordinaire des mendiants et, par cette veille de Noël, ils seraient là tous qui attendraient l'arrivée des fidèles à la messe de minuit. C'était un des coins de notre ville que nous connaissions le mieux, car là se tenait la mère Girard, la marchande qui nous vendait des pommes en automne, en hiver des sucres d'orge, et des cerises au printemps, attachées par du fil à un petit bâton. L'angle de ce portail, à droite, servait de niche à un aveugle dans le masque flétri duquel s'ouvraient des yeux blancs à demi cachés par des paupières sanguinolentes. Ne l'aperçois-tu pas, remuant la tête, tout droit et sec dans sa blouse bleue ? Il tenait par une chaîne rouillée un caniche d'un blanc sale et tendait aux passants, en guise de sébile, l'intérieur d'un chapeau de feutre noir, privé de sa coiffe ? Je n'étais pas arrivé à dix pas de la chapelle que j'entendais sa plainte : « La charité, « bonnes gens... » A peine la voix eut-elle frappé mon oreille que de nouveau la tentation de m'attribuer la pièce d'or se présenta devant ma pensée, irrésistible cette fois. Aucune autre idée n'eut le loisir de paraître et de chasser celle-là qui me fit, machinalement, quitter la main de ma bonne et déposer dans le chapeau de l'aveugle... »

— « La pièce d'argent ? » lui demandai-je comme il hésitait.

— « Oui, » fit-il avec un soupir, « la pièce d'argent. La chapelle des Capucins était dépassée, le trottoir de la place du Taureau longé, le coude de l'impasse de l'Hôpital tourné. Nous étions devant notre maison. Un étrange calme avait succédé en moi à ma première agitation. Le simple fait de la faute commise, et irréparablement, m'avait tiré de l'incertitude, et, du coup, apaisé pour quelques instants. J'ai compris depuis, par le souvenir de ces minutes-là, pourquoi la plupart des criminels, aussitôt l'action exécutée, entrent dans une période de repos intime qui leur permet quelquefois de dormir à la place même où ils ont tué. Cependant, la mystérieuse voix intérieure qui nous dit : « c'est mal, » commença de s'éveiller en moi lorsque je me trouvai devant ma sœur. Je n'avais jamais eu, depuis deux ans que j'étais chez elle, une pensée qu'elle ne connût, et, dans mon existence d'enfant sage, mon seul méfait sérieux avait consisté à faire, l'année d'auparavant et malgré sa défense, une cueillette des plus belles fleurs de notre jardin. Je les avais plantées par la tige dans ma petite brouette, au préalable remplie de terre, afin d'avoir un jardinet à moi. Surpris par un domestique, j'avais pris la brouette entre mes bras, escaladé l'escalier quatre à quatre, jeté le tout, sable et fleurs, dans une armoire à charbon située au fond d'un corridor, et je n'avais plus osé passer là qu'en tremblant, quoique personne ne me parlât jamais de cette équipée. Mais, à deux ou trois reprises, ma sœur Blanche m'avait regardé si singulièrement, qu'un jour je fondis tout à coup en larmes, et j'avouai mon forfait. Elle me boucla les cheveux avec les doigts, comme c'était son habitude quand elle me gardait auprès d'elle un peu longtemps, et elle me dit, avec un sourire : « Est-ce que tu crois que tu pourras jamais rien me « cacher? » Allait-elle voir dans mes yeux que j'avais cette fois une faute à cacher, plus grave que ma première peccadille, — elle ou mon beau-frère, le médecin, cet homme si sérieux dont les silences m'avaient toujours un peu gêné? Mais non, soit que Blanche se sentît plus souffrante encore que d'habitude, et mon beau-frère plus préoccupé, soit qu'avec l'âge j'eusse fait quelques progrès dans l'art de l'hypocrisie, ils se contentèrent, ce soir-là, de me questionner sur mon oncle et ma tante, feuilletèrent mon livre et me renvoyèrent dans ma chambre. Mon premier soin, tandis que Miette allumait les bougies et qu'elle avivait la flamme du foyer, fut de rouler la pièce d'or dans mon mouchoir. Je la glissai sous mon oreiller, afin qu'en me déshabillant la brave fille ne pût s'apercevoir de rien. Elle me dévêtit comme chaque soir, me fit mettre à genoux au pied de mon lit pour dire ma prière, et posa elle-même mon soulier au coin de la cheminée, tout prêt pour recevoir le cadeau de Noël. Le vent s'était levé. Il commençait de souffler autour de la place d'Armes, avec ce frémissement que nous avons tant de fois écouté ensemble. Pourquoi Miette, qui ne prononçait pas vingt paroles par heure, me dit-elle tout à coup: « Les pauvres gens, qui sont sans abri par une « nuit pareille!... » En parlant ainsi, elle retirait de ma couchette la bassinoire de cuivre. A travers le couvercle je voyais la braise rougeoyer. Mes rideaux baissés, ma couverture préparée, la flamme claire de ma cheminée, tout dans ma petite chambre exprimait la douceur de l'existence que je menais à cette époque auprès de ma chère Blanche. Ce n'était pas la première fois que la sensation de la sécurité profonde, rendue comme perceptible par l'aspect de ces objets familiers, m'engourdissait délicieusement le cœur; mais, tandis que je me coulais entre mes draps chauffés, voici qu'au lieu de me fixer dans cette sensation, je laissai mon esprit évoquer, par contraste, l'image de l'aveugle debout sous le portail et fouetté par la bise : « La charité, bonnes « gens..., » disait sa voix. « C'est égal, » songeai-je tout à coup, « j'ai volé ce pauvre homme...,

« volé, volé... » Je me répétai ces syllabes à plusieurs reprises. Ma bonne avait soufflé la lumière et quitté la chambre, que la flambée dernière des bûches croulantes éclairait fantastiquement. Je dépliai mon mouchoir et je pris la piécette d'or dans ma main pour chasser, par cette impression, le sentiment de honte qui venait de me faire monter le sang au visage, quoique je fusse tout seul et que personne ne pût me voir. Oui, *elle* était là, je la tenais, et avec elle, c'était comme si j'eusse tenu le jouet tant convoité. Pas tout à fait cependant. Il faudrait d'abord expliquer à ma sœur comment ces dix francs étaient en ma possession. Lui raconter que mon oncle me les avait donnés? Impossible. Elle lui en parlerait. Il dirait que non, et je serais perdu. Attendre quelques semaines et soutenir que c'était le résultat de mes économies? Je comptai sur les doigts de ma main demeurée libre, il fallait plus d'une demi-année pour que cette fable devînt vraisemblable, et d'ici là le sabre serait peut-être vendu. Bah, étais-je simple de ne pas avoir songé tout de suite au plus sûr moyen? Une après-midi que je sortirais avec ma bonne, je cacherais les dix francs dans le creux de ma main, et, à un moment de la promenade, j'aurais tout uniment l'air d'avoir ramassé la pièce par terre. J'étais minutieux et j'observais beaucoup. J'avais, plusieurs fois déjà, trouvé ainsi quelques petits objets. La pièce d'or serait une trouvaille de plus... Oui, c'était là un plan raisonnable, je m'y arrêtai, et je me retournai sur le côté droit pour dormir. Je ne pus pas. Je me vis en présence de ma sœur, et lui débitant ce mensonge. Je sentais d'avance que les joues me brûleraient et que tout en moi crierait, — quoi? Mon vol. Oui, un vol. Car voler, c'est prendre ce qui n'est pas à nous, et cette pièce n'était pas à moi. Elle était au premier pauvre rencontré sur mon chemin, et ce pauvre était l'aveugle des Capucins. Je l'entendis soudain qui me disait de sa même voix traînante : « Voleur..., voleur... » J'étais un voleur. Cela me causa une contraction au cœur presque insupportable. Un voleur, mais cela me représentait un comble d'abjection! Un voleur, comme les deux hommes que nous avions vus traverser la place, un soir d'été, entre des gendarmes, en haillons, la face souillée de poussière et de sueur, l'œil farouche, les mains liées avec des chaînettes! »

— « Ton cousin était pourtant avec nous, ce jour-là, » m'écriai-je.

— « Hé bien ! » dit Claude, « cette image de

honte m'envahit, m'oppressa, m'écrasa, et avec elle un si intense dégoût de mon action, qu'ayant pensé au sabre doré, j'aperçus nettement que je n'aurais plus aucun plaisir à le porter. Je m'imaginai l'avoir au côté. Toi ou un autre, vous m'en faisiez des compliments. De quel front les recevrais-je ? Je tirai mon bras du lit et je posai la piécette volée sur ma table de nuit. Elle me semblait brûlante maintenant. — « Non, » me dis-je, « non, je ne la « garderai pas. Je la jetterai demain ou je la don- « nerai à quelque autre mendiant. » Cette résolution prise, je fis un signe de la croix et je dis un *Ave* pour m'y confirmer. Dans l'ombre, je cachai simplement la maudite pièce au fond du tiroir de ma table de nuit, et j'essayai de dormir. Mais ces troubles m'avaient donné une sorte de fièvre. Mes idées étaient en éveil. Je n'avais jamais pensé aussi vite. Les phrases entendues chez mon oncle se mirent à tourbillonner en moi. La conversation sur les pressentiments et les influences occultes reparut dans mon esprit, et avec elle l'image de mon cousin Lucien. « Celle-ci, » avait-il dit, « regarde-la bien, c'est mon fétiche. » L'étrange impression de mystère que ce mot m'avait infligée déjà se ranima, et je raisonnai sur elle. En ne remettant pas la pièce d'or à l'aveugle, je n'avais pas seulement commis un vol, j'avais manqué à ma promesse envers Lucien. Je lui avais peut-être porté malheur. C'était une formule qui avait passé et repassé dans la causerie. J'aperçus alors, en pensée, et presque avec l'exactitude d'une hallucination, mon cousin qui sortait de chez lui et suivait le chemin que j'avais suivi. Sa jambe gauche traînait un peu. Le col de loutre de son pardessus était relevé, son gant fourré maniait sa canne à épée, une canne droite qu'il suffisait de lancer en avant d'un petit mouvement sec pour qu'il en jaillît cinq pouces d'acier aigu. Je l'entendais siffler son air favori de cette année-là : « Je suis le major... » Il contournait le chevet de la cathédrale, il montait au cercle... Là mes images se brouillaient. Je n'avais jamais vu de salle de jeu que sur la couverture d'un de nos livres. »

— « Place des Petits-Arbres, à la devanture du père Duchier ? »

— « Précisément. Tu te souviens comme la gravure était effrayante. Elle représentait un amoncellement, sur une table, de billets de banque et de louis que plusieurs personnes se partageaient avec fureur, tandis que, dans un coin, un jeune homme appuyait sur sa tempe le canon d'un pistolet. J'étais incapable, en ce moment, de lutter contre cette vision. Pour les enfants comme plus tard pour les amoureux, ce qui est conçu comme possible est admis aussitôt comme réel. Je me tournai et me retournai dans mon lit en proie à une anxiété si forte que je finis par me relever sur mon séant. J'allumai ma bougie et je regardai ma montre. Il n'y avait pas plus d'une heure que j'étais couché. Je réfléchis. « Il ne faut pas que *cela* arrive, » dis-je tout haut, et ma propre voix me fit peur. Quoi, cela? Je n'aurais pas pu répondre, mais je me trouvais accablé par l'attente de quelque épouvantable malheur. « Ce sera un pressentiment, » songeai-je, et je me rappelai la mort du maréchal dont j'avais tant regardé le profil héroïque. Ce souvenir d'un fait vrai donna un caractère de réalité absolue à mes appréhensions. J'étais bouleversé comme si la chose redoutée était là, présente et vivante. « Mais qu'y faire? qu'y faire? » me répétai-je avec désespoir. A la lumière de la bougie, je regardai la pièce d'or pour la première fois. Elle était à l'effigie de la République de 1848 et marquée d'une croix, que le joueur s'était sans doute amusé à tracer avec la pointe d'un canif. Dans l'état d'énervement où je me trouvais, ce signe cabalistique me frappa soudain d'une terreur superstitieuse dont, à cette minute, je retrouve encore l'impression. Probablement cette image me suggéra celle de la chapelle. Je revis le caniche et sa chaînette, les paupières de l'aveugle, le chapeau tendu, et alors une idée s'imposa, irrésistible. Il fallait à tout prix réparer ce que j'avais fait, et cette nuit même. Il le *fallait*, et pour cela retourner à la chapelle, et remettre la pièce d'or dans le chapeau du pauvre... Résolution folle, et cependant réalisable. Je ne pensai pas une minute à charger ma bonne de cette commission. J'aurais dû m'expliquer, et j'eusse préféré la mort... Mon beau-frère et ma sœur étaient couchés, nos domestiques attendaient dans la cuisine le moment d'aller à la messe de minuit. Elle était au rez-de-chaussée, cette cuisine, et sur le devant. A l'autre bout du corridor, et faisant face à l'entrée, se trouvait la porte du jardin, fermée au loquet. Le jardin lui-même communiquait avec la rue par une porte basse dont la clef était pendue sous le hangar. Il m'était donc aisé d'exécuter une évasion, pourvu que je ne fisse aucun bruit. En un quart d'heure j'allais et je revenais. Et si j'étais surpris? Bon, je dirai que j'ai voulu entendre la messe de minuit. Je serai terriblement grondé. Mais un sentiment de justice, commun aux enfants et aux animaux, me faisait accepter, sans trop de révolte, la crainte d'un châtiment si mérité pour ma vilaine action. D'ailleurs il me suffisait d'apercevoir la possibilité de réparer ma faute pour que cela devînt, à mes yeux, une nécessité impérative. L'angoisse avait été trop forte, le soulagement était trop certain. Me voici donc me glissant à bas de mon lit, reprenant un à un mes vêtements que Miette avait posés sur la chaise, mes deux souliers, au risque de n'avoir pas de cadeau de Noël si le petit Jésus descendait par la cheminée durant mon absence, rampant l'escalier avec un battement affolé du cœur à la moindre crépitation, ouvrant la porte du jardin dont le grincement faillit me faire tomber sans connaissance... Encore une minute, et j'étais dans la rue, tout seul, pour la première fois de ma vie, à près d'onze heures du soir... Tu sais combien j'étais alors susceptible de frayeur, grâce à la nervosité maladive qui nous était commune à ma pauvre sœur et à moi. Laquelle n'avais-je pas subie de toutes les paniques dont les enfants sont victimes ? Êtres et idées m'avaient également hanté. J'avais eu peur de l'homme caché sous le lit et qui va vous saisir par la jambe, peur de la léthargie qui va permettre qu'on vous enterre vivant, peur des revenants et peur des démons, peur des voleurs et peur des fées, que sais-je? Mais, à ce moment-là, et tandis que je trottais sur la neige par les rues désertes, l'idée fixe me rendait insensible à mes préoccupations habituelles. J'allais, courant sur le tapis glissant et glacé, la maudite pièce serrée dans la main, mon chapeau baissé sur mes yeux, et préoccupé seulement d'arriver vite. Ah! je vivrais bien vieux que je n'oublierai jamais l'immense désespoir dont je fus pris au tournant de l'hôpital. Je fais un faux pas, le pied me manque, je tombe sur la neige, et, dans ma chute, la pièce d'or m'échappe des doigts; vainement je gratte cette neige avec mes ongles, vainement je sanglote en fouillant tout autour. Onze heures sonnent dans le clocher de l'hôpital. Il me faut rentrer les mains vides, le cœur bourrelé des plus invincibles remords. Du moins, un dernier malheur me fut évité, je pus revenir sans être surpris... »

— « Et la suite ? » insistai-je comme il se taisait.

— « Tu la connais trop, » répondit-il, « ce fut cette nuit même que Lucien, au cercle, ayant perdu au baccarat une somme pour lui énorme, perdit la tête et tricha. Ce fut la moins savante des tricheries, celle qui s'appelle en argot de joueurs la *poussette*, et qui consiste à pousser en avant un billet de banque, posé à cheval sur la ligne du tableau, quand le tableau gagne, et à le retirer quand il perd. Lucien fut pris, exécuté... Que te dire ? Je sais tout ce que tu pourras répondre, et que le hasard d'une coïncidence a tout fait, et que mon cousin n'en était sans doute pas à son premier coup, et que la passion du jeu suffit à perdre un homme. Pourquoi cependant n'ai-je jamais pu détruire entièrement le remords de cette unique improbité de mon enfance, qui m'a rendu honnête homme pour le reste de ma vie ? Et pourquoi cette veillée de Noël, si heureuse et gaie pour tous, n'a-t-elle jamais pu être pour moi que le plus mélancolique, le plus déprimant des anniversaires ? »

— « Alors, » lui dis-je après un nouveau silence, « notre réveillon de cette nuit, tu n'y tiens pas beaucoup ?...

— « Et toi ? » fit-il.

— « Après ton histoire, plus du tout, » lui répondis-je. « Donne-moi du thé et parlons encore de l'Auvergne, de nos courses dans la montagne, cette fois, pour chasser un peu ce triste souvenir... »

Et il fallait qu'il fût bien triste en effet, car cette conversation sur notre enfance, qui avait le privilège de le distraire dans ses plus mauvais moments, ne réussit pas à chasser le nuage que ce souvenir avait amassé sur son front, et, comme la superstition est contagieuse! j'ai beau moi-même me démontrer qu'il n'y a là qu'un scrupule maladif, je n'arrive non plus à me convaincre tout à fait qu'il n'a pas été un peu la cause du malheur de Lucien!

Paris, décembre 1884.

VI

Jacques Molan

A FERDINAND DE GIORGI.

JACQUES MOLAN

CE soir-là, Thérèse de Sauve était cruellement triste. C'était dans la semaine qui suivit sa première rupture avec Hubert Liauran. Elle avait trompé ce garçon qu'elle adorait, — entraînée par un caprice de sensualité qu'elle ne comprenait plus elle-même. Par suite de quelles indiscrétions Hubert avait-il soupçonné cette aventure? Elle ne le savait pas. Mais il l'avait soupçonnée, et elle la lui avait avouée, en proie à un de ces délires de sincérité, comme en ont les femmes véritablement éprises. Maintenant tout était fini entre eux. Elle le croyait du moins, et elle en était désespérée. Sous le prétexte d'une migraine, elle avait laissé son mari se rendre sans elle à un dîner où ils étaient priés, et, demeurée seule, elle vaquait à cette mélancolique occupation de reprendre une par une les lettres qu'elle gardait de son cher, de son pauvre ami. Par quelle étrange association d'idées ce passé tout vivant et encore tout saignant la fit-il songer à un autre passé, mort celui-là, et à son intrigue avec le célèbre romancier Jacques Molan, qui avait précédé de deux années cette passion pour Hubert? Ah! si ce dernier, qui, lui aussi à cette même heure, agonisait de désespoir parmi ses souvenirs, avait pu voir cette maîtresse, qu'il savait pourtant infidèle, chercher ce qu'elle cherchait parmi ses papiers! Hélas! Nous avons beau fouiller et fouiller dans le cœur d'une femme que nous aimons, il y a toujours un secret à y découvrir après un autre, et le plus cruel de ces secrets est encore celui-ci, qu'en nous disant après toutes ces hontes qu'elle nous aime, elle ne nous ment pas. Car en bouleversant le tiroir où elle était sûre de retrouver le seul souvenir qu'elle eût conservé de Jacques, la malheureuse ne pensait qu'à Liauran! C'était, ce souvenir, une espèce de nouvelle autobiographique composé

« pour elle seule, » comme il était écrit sur la feuille de garde, — ce qui n'avait pas empêché l'écrivain de la publier, en changeant seulement les noms, dans un recueil vendu à vingt-cinq mille exemplaires, sous ce titre à la Jacques Molan : « *Tristes nuances !* » Mais quand il avait apporté à Mme de Sauve ce petit manuscrit, elle n'était pas encore sa maîtresse, et il s'ingéniait, l'adroit et félin séducteur, à remuer en elle cette corde de poétisme vaguement littéraire que beaucoup de femmes du monde, restées naïves sur ce point malgré leurs fautes, portent en elles. Mon Dieu! comme Thérèse s'était sentie autrefois doucement caressée par cette confidence que le sycophante avait appelée mélancoliquement : « Mon grand Remords. »

MON GRAND REMORDS

Pour Elle seule.

J'aimais beaucoup ma petite chambre dans le chalet de ma tante, à Gérardmer. Par la croisée je voyais le lac et les bois. A chacun des meubles disparates, fauteuil Voltaire, chauffeuse, bergère garnie d'une housse, chaise cannée, un souvenir se rattachait pour moi, indéfini et attendrissant. Dans ma première jeunesse, aussitôt les vacances venues, j'accourais. Je prenais le chemin de fer jusqu'à Saint-Dié, puis le courrier, une diligence jadis peinte en bleu, que tiraient trois chevaux attelés avec des cordes. Le plancher du coupé garni de paille connaissait les battements d'impatience de mes pieds chaussés de souliers à clous, tandis que le conducteur s'arrêtait à l'auberge de la *Truite-Dorée*, sur la route. Je le voyais, lui et ses amis de l'impériale, s'asseoir à table, racler de la lame du couteau le « Géromé » dans sa boîte, beurrer un chanteau de pain avec cette pâte blanche et grasse que piquaient des grains d'anis, puis arroser le tout d'une topette de vin gris. Et des courses commençaient, au ras de la montagne, qui lançaient la colossale voiture au grand galop sur les pentes boisées de sapins. Il fallait bien rattraper le retard de la *Truite-Dorée*. Et nous n'avons jamais versé!

A peine débarqué, ma tante me conduisait à la petite chambre et, après un silence :

— « Comment trouves-tu le papier, mon Jacques ? » faisait-elle.

— « Ce n'est donc pas le même?... » et j'ouvrais mes yeux pour admirer les bouquets roses ou les fleurs bleues, tandis que ma tante, dont l'innocente manie consistait à combiner infatigablement des emménagements nouveaux de son chalet, riait toute une minute en montrant ses longues dents jaunies de buveuse de thé. Avec quelle religion elle préparait elle-même sa tasse du matin, celle d'après-dîner et celle d'après souper, dosant les feuilles séchées au moyen d'un verre à liqueur de vermeil dédoré! Elle riait, puis m'offrait sa joue en s'écriant: « A-t-il, Dieu, peu de tête! Donnez-vous donc la peine de penser à eux, ils ne s'en apercevront seulement pas. » Sur quoi mon oncle m'attirait à part:

— « Ta tata est folle avec ses papiers..., » et il m'entraînait au grenier où des quantités de rouleaux poussiéreux gisaient soigneusement empilés, comme des rondins dans un bûcher.

— « Cent vingt-quatre espèces! » exclamait-il. Ah! c'étaient un oncle et une tante à les mettre dans un roman, si je n'avais pas eu toujours un naïf respect pour des souvenirs de cette intimité douce! Et leur existence solitaire au bord de ce lac silencieux achevait de les revêtir, pour mon imagination, d'un caractère chimérique de créatures en dehors de l'humanité. Lorsque ma tante tricotait auprès de moi, dans son fauteuil en tapisserie, elle posait ses pieds, dont elle ôtait parfois la pantoufle, pour frictionner du plat de sa main un rhumatisme persistant, sur le barreau de ma chaise à moi, — une chaise en paille très basse et dans le dossier de laquelle était sculptée la façade de la cathédrale de Strasbourg. Je l'ai reconnue quand je suis allé depuis en pèlerinage dans cette antique cité d'où mon oncle était originaire. C'était dans la salle d'en bas, qui servait à toutes fins. Nous y mangions, nous y tenions salon, nous y prolongions notre veillée, habitude des hivers rigoureux qu'expliquait la présence du haut poêle en blanche faïence fendillée. En été, la porte-fenêtre s'ouvrait sur le jardin mi-potager, mi-fleuri. Là, je faisais la lecture à ma tante. Dans l'entre-deux des phrases du livre je regardais ses lunettes posées sur son nez carré, les tire-bouchons grisonnants de ses cheveux, le ruban jaune de son bonnet, les bagues de ses mains en train de parfaire un bas de laine bleue que mon oncle porterait l'hiver, dans un sabot à l'épreuve de la neige. Une de ces bagues avait un chaton en forme de cœur, et je me rappelais qu'un jour ma vieille tante m'avait conté une vague et douce histoire de sa jeunesse, qu'un capitaine Renard avait dû l'épouser, puis qu'au dernier moment on avait découvert que ce capitaine « entretenait une liaison! » Mes idées se mettaient à s'enfuir, à propos de ce terme énigmatique, loin de la tranquille salle dont le buffet bien rangé révélait à lui seul la confortable sécurité. Ma langue fourchait. Les lignes de l'exemplaire d'*Ivanhoë* se brouillaient étrangement et je lisais : « Lady Rowena qui entretenait une liaison... » Ma tante levait les yeux vers moi. Je me sentais rougir jusqu'au bout de mes oreilles qui s'écartaient si comiquement de ma tête tondue de collégien, et je continuais de lire avec une effrayante rapidité.

Je songeais à mon oncle que ma tante avait épousé sur le tard. « Ah! ce n'était pas mon idéal..., » faisait-elle quelquefois en souriant du même air dont elle me chantait dans mon enfance :

> *« Il le faut, disait un guerrier*
> *A la belle et tendre Imogine... »*

et le fait est que mon oncle n'était pas beau. Son nez infini, son ventre bedonnant, son pied surtout, très court et très cambré, lui dessinaient une silhouette de personnage de caricature. Dans les heures d'hésitation, lesquelles étaient fréquentes chez cet homme demeuré naïf malgré ses soixante ans, ce pied s'avançait et se cambrait davantage, ce nez et ce ventre bedonnant se mettaient sur une ligne droite. C'était pour se justifier le plus souvent auprès de ma tante de s'être attardé à boire un verre d'eau-de-vie de quetsch avec un de ses voisins, et cette justification commençait d'habitude par cette phrase, prononcée à l'alsacienne, sans liaisons et d'une façon plus traînante encore que de coutume : « Quand on est avec son ami..., » et, derechef, les lignes de l'exemplaire illustré d'*Ivanhoë* se brouillaient étrangement, et je mettais dans la bouche de Cédric le Saxon la formule du bonhomme : « Quand on est avec son ami... » Ma tante derechef levait les yeux. Mes oreilles cette fois tintaient d'émotion. Je savais trop qu'elle avait compris ma coupable moquerie. Je disais : « Non, je me trompe..., » et je mangeais mes syllabes en recommençant la phrase malencontreuse.

C'était le tour de la grande horloge. Posée à terre, dans sa gaine de bois bruni et sculpté, cette horloge vénérable, sur le cadran de laquelle j'épelais le nom à demi effacé de « ...mann, horloger à Épinal », remuait son balancier de cuivre, suspendu au bout d'une tige d'acier cannelé, avec la monotonie la plus rythmique. Et ce bruit monotone, invinciblement, finissait par se résoudre en un discours, et ce discours, par une étrangeté inconcevable, devenait précisément celui que ma tante débitait à sa cuisinière, quand il s'agissait de partir pour le marché. « Alors, vous m'achèterez..., » disait-elle, et sa phrase s'interrompait sur une onomatopée gutturale où se traduisait son anxiété de ménagère, puis elle parlait et c'était « du veau, » ou « un gigot, » ou quelque autre mets aussi vulgaire sur lequel se fixait sa phrase et son goût. Voici que l'horloge, comme si une âme de bourgeoise habitait les ressorts agencés jadis par Schumann, Lehmann, Riemann ? — combien ce nom m'avait inquiété de fois ! — se prenait à tictaquer un nom de plat de ménage, elle aussi : « Du veau !... Du veau !... » me criait-elle à travers le silence de la salle, si bien que je lisais distinctement : « Vous m'achèterez !... Vous m'achèterez !... » Ma tante alors piquait son aiguille à tricoter dans ses cheveux gris, et, de sa main devenue libre, elle caressait ma tête tondue en murmurant : « A-t-il, Dieu, peu de tête pour être si grandet ! »

Et vraiment, je crois que ma tante avait raison, et que ma pauvre tête me manquait souvent. Sans cela, eussé-je passé des heures dans ma petite chambre du premier, un livre ouvert sur mes genoux, mais ne le lisant pas, et l'âme comme dispersée dans le paysage que je regardais interminablement. Le petit lac bleuissait entre les arbres du jardin. Par derrière lui, une montagne dressait sa masse noire de sapins, et par derrière cette montagne, une seconde se profilait, violette celle-là et baignée de soleil. Deux ou trois barques glissaient sur l'eau frissonnante dont la nuance bleue se fonçait comme le saphir, pâlissait comme l'opale, miroitait comme l'acier, suivant l'heure du jour et la couleur du ciel. Le soir, un enchantement commençait. Des brumes traînaient sur ce lac, se déchiquetant aux pointes des branches des sapins et se brisant au soleil qui se couchait. Elles devenaient, pour moi, ces brumes changeantes, des formes impalpables de sylphes et de fées. Des êtres d'une matérialité vague et prête à se fondre en vapeur me paraissaient sortir des cavernes profondes de ce lac enchanté. Petit à petit les formes se précisaient, les contours devenaient reconnaissables, et depuis que j'avais doublé le cap de la dix-huitième année, la fée ou le sylphe avait d'ordinaire la figure fine, les yeux bleu de roi et les cheveux blonds de Mme de Jardres, laquelle possédait justement le chalet sis en face du nôtre. En me penchant bien, sous un certain angle, je pouvais la voir, lisant ou travaillant sur son balcon de bois découpé à jour. Je connaissais cette jeune femme pour l'avoir rencontrée souvent à la promenade et lui avoir été présenté par mon oncle, c'était dans le premier mois de ma dix-huitième année, en septembre.

— « Aimez-vous la musique ? » avait-elle dit de sa voix gaie en me regardant bien en face, comme c'était son habitude.

— « Beaucoup, madame. »

— « Hé bien ! venez quelquefois le soir, ma belle-sœur Germaine et moi nous jouons du piano, nous chantons, on boit une tasse de thé, puis, à dix heures et demie, bonsoir, plus personne ! C'est promis ?... » et elle m'avait tendu sa main gantée, ce qui n'avait pas été sans troubler un peu mes idées de provincial sur les convenances féminines. C'était la première Parisienne que je voyais de ma vie, et l'élégance de sa robe de campagne, faite d'une étoffe anglaise à carreaux contrariés, et coupée avec une complication singulière, son sourire qui découvrait des dents éclatantes, son chapeau de paille démesurément avancé sur son front, de telle manière que l'ombre noyait sa figure, et ces gants sans boutons qui montaient à moitié de son bras avec une profusion de bracelets d'or, et sa grâce en maniant l'extrémité de son ombrelle-canne, et ses pieds chaussés, par-dessus la bottine, de guêtres pareilles à l'étoffe de la robe, — bref, le peu de tête que me reconnaissait encore ma tante, s'en alla tout à fait après la troisième et dernière visite au chalet de Jardres.

Cependant je restai trois longues années sans revenir à Gérardmer, par suite d'une brouille de ma tante et de mon père à mon sujet. Elle voulait que je fusse médecin et me voir établi auprès d'elle. Mon père me réservait sa place au barreau de Nancy. J'obéis à mon père, je fis mon droit à Paris, parce que c'était ne rien faire, ou presque, et je commençai d'écrire, mais en cachette. Hélas! elles ne sont pas propices au cœur, ces années d'apprentissage, qui consistent à mélanger les pires affectations du vice à d'enfantines allures de carabin. Je fumai énormément de cigares, je laissai pousser mes moustaches, je me prétendis blasé avant d'avoir vécu, et lorsque ma tante, résignée et réconciliée, me pria de revenir passer mes vacances de quatrième année dans ma petite chambre de son chalet, — tendue d'un papier vert d'eau, cette fois, — j'arrivai avec les idées les plus conquérantes, parfaitement décidé à faire une cour sérieuse et suivie à la belle Mme de Jardres, si elle était encore là. Et elle y était, mais les meubles de ma chambre étaient là aussi, toujours les mêmes : les mêmes pelotes à épingles, le même portrait du duc d'Orléans, la même bibliothèque-étagère, suspendue à un ruban de soie bleue, et voici que, sous l'influence de ces objets familiers, mon assurance d'habitué des cafés du quartier Latin s'en alla pièce par pièce, voici que mon âme d'enfant, hésitante, timide et vagabonde, recommença de songer en moi, surtout lorsque je me fus assis sur la chaise basse et que je sentis contre mon dos la cathédrale sculptée. Mon oncle fumait gravement sa pipe en jouant au piquet avec le cousin Doridant. Le poêle de faïence fendillée était toujours à sa place, le buffet aussi. Ma tante tricotait un bas de laine. « Ah ! » fit-elle en retrouvant dans mon regard ma distraction d'autrefois, « il n'a jamais eu beaucoup de tête, » et l'horloge machinalement répétait : « Beaucoup de tête! beaucoup de tête ! »

Mon cousin Doridant était un singulier homme, petit, si pâle, si mince, et avec des cheveux si blancs quoiqu'il eût à peine quarante-deux ans. Il semblait que la nature eût économisé en le fabriquant, et le son assourdi de sa voix ajoutait à cette impression de parcimonie.

— « Bonjour, cousin Jacques, » me disait-il en me tendant sa main fluette; « et vous travaillez toujours beaucoup?... » Puis, sans attendre ma réponse : « Très bien! Très bien! » sifflait-il en humant une prise de tabac qu'il avait cueillie au fond de sa tabatière à queue de rat. Il la cueillait, en effet, cette prise, comme une fleur, tant ses doigts mettaient de délicatesse à serrer juste ce qu'il fallait de poudre noire. Et comme il la humait d'une narine savante, sans qu'un seul grain en fût jamais perdu! Il gardait sur sa tête une casquette en drap sombre dont le bourrelet pouvait se rabattre à volonté, ainsi que l'indiquaient deux cordons, noués par-dessus la visière, avec une précision parfaite. Doridant avait neuf cents francs de rente et il en vivait. Il habitait une chambre dans le village, où il faisait sa cuisine, menuisait ses meubles, raccommodait ses habits, en un mot, le campement complet d'un Robinson campagnard. En été, sa pêche; toute l'année, ce qu'il gagnait de sous à mon oncle, au jeu de piquet, augmentaient bien son revenu d'une centaine de francs. Il n'était pas rare que je le rencontrasse dans la campagne, ou vers le soir ou vers le très grand matin, tenant une poignée de bois mort qu'il rapportait chez lui, en vertu du grand principe éloquemment formulé par l'assassin qui, trouvant un sou seulement dans la bourse de sa victime, s'écriait : « Cent comme ça, ça fait cent sous. » Mais cette stricte et redoutable entente du détail infiniment petit, cette diplomatie supérieure du doit et avoir, éclataient au jeu en des traits d'une minutie infatigable. Mon oncle, l'ancien avoué, ne se croyait pas obligé de se contenir devant Doridant, qui avait été son clerc pendant tant d'années. Il criait, il soufflait, il frappait la table, il tripotait son écart, et dans les moments de déveine, il jurait : « Sac à papier! Il n'y a donc pas de Providence!... » à l'épouvante de sa femme, qui le regardait avec le même étonnement que si elle n'eût pas entendu cet inoffensif blasphème dix fois par jour depuis qu'il y avait, dans la maison, une table à jeu et des cartes à coins dorés. Le visage en lame de couteau du cousin Doridant demeurait cruellement pâle, ses yeux bruns se détachaient sur ce teint flétri avec l'éclat immobile des yeux d'une ancienne peinture, et ils gardaient bien la tranquillité impénétrable du regard d'un portrait. Les manches de serge verte qu'il mettait pour jouer, par une habitude de bureau et afin de préserver son inusable veste en drap gris de fer, serraient ses poignets trop minces; et ses doigts maniaient les cartes avec une dextérité qui leur donnait le caractère d'un mécanisme impersonnel. Ils enlevaient les cartes de l'écart, ces doigts de magicien, avec une décision souveraine, et les rangeaient sur le tapis sans que celles de dessous dépassassent d'une ligne celles de dessus. A côté de ce premier paquet, les levées se dressaient, les unes après les autres, avec la rigueur d'une figure de géométrie, et ce joueur impeccable avait, aux annonces de mon oncle, une façon de répondre : « qui valent ?... » ou : « ça ne vaut pas, » ou : « c'est bon, » d'une telle prudence que ces simples syllabes m'inspiraient l'idée d'un pouvoir surnaturel et d'une sorte de sorcellerie.

Auprès de cette table de piquet, par la belle après-midi du mois d'août, ma tante n'est pas la seule assise. Une autre figure de femme apparaît auprès d'elle : un col plat encadre un menu visage de jeune fille. Celle-là n'a guère plus de dix-huit ans. Une clarté réfléchie s'approfondit dans ses yeux modestes. Ses cheveux bruns sont simplement noués derrière sa tête, qui se penche sur l'ouvrage plus qu'il ne faudrait, parce qu'elle est un peu myope. Ses doigts poussent l'aiguille, ses dents coupent le fil sans que la bouche dise un mot, et tandis que je lis tout bas, non plus du Walter Scott, mais un volume de Balzac, tandis que Doridant répond : « qui valent?... » tandis que ma tante compte les mailles de son bas et mon oncle les cartes de son « point, » il me semble que, par moment, un regard curieux pèse sur moi, celui de Mlle Annette, la fille de l'amie de ma tante, venue de Remiremont pour un mois : « une fille charmante..., » a dit ma tante. « Une fille charmante..., » répète l'horloge que je m'amuse à faire parler à volonté, cette fois. Mais que m'importe ce regard curieux d'Annette? Je songe, moi, que les vitres du chalet de Jardres sont nettoyées, que les jardiniers ont ratissé les allées, que les deux bateaux ont été tirés du hangar et remis à l'eau dans l'embarcadère, que le « *village-cart* » et le poney de Madame sont arrivés par le train : « Ah ! vive l'amour dans le luxe, parce que lui-même est un luxe peut-être ! » dit le héros du roman que je lis et dans lequel je retrouve toutes mes sensations de jeune homme, avec cette différence qu'il possède une peau de chagrin au moyen de laquelle il satisfait tous ses désirs, au lieu que moi... Décidément, je n'ai plus du tout ma tête.

Si Mme Henriette de Jardres n'avait pas été la femme d'un des plus élégants parmi les conseillers d'État de l'Empire, elle n'aurait pas été lassée du monde jusqu'au dégoût, et elle n'aurait pas préféré à sa villa de Deauville la solitude de ce coin des Vosges. Si elle avait eu le pied moins joli, elle n'aurait pas chaussé des souliers vernis dont les cordons se dénouaient si souvent qu'il lui fallait, le long des promenades, prier Mlle Annette de les rattacher, et les bas de soie vert-pâle à coins vert-sombre qui moulaient la fine attache de ce pied, n'auraient pas apparu au bord de sa robe. Et si je n'avais pas considéré, avec une attention d'autant plus absorbée qu'elle était plus hypocrite, ces menus détails et vingt autres encore, j'aurais peut-être remarqué combien il passait de tristesse dans les yeux d'Annette à chacun des mouvements de mes yeux à moi vers Mme Henriette. Mais les journées de ce mois d'août tendaient le ciel d'un si clair azur, les soirées prolongeaient sur le petit lac de si troublantes agonies de lumière, j'avais toujours eu si peu de tête, et le relent de mon enfance passée traînait si langoureusement dans ma chambre que ma sensibilité romanesque s'exaspéra et que je devins éperdument amoureux de la belle Parisienne.

Pour l'instant, elle se trouvait seule à sa maison, avec ses deux enfants, son petit garçon Lucien et sa petite fille Marie : elle, toute blonde, et dans ses yeux le regard et sur sa bouche le sourire de sa mère; lui, tout brun, avec un profil décidé, presque dur. Quelque chose du bec de l'oiseau de proie se dessinait dans la ligne de son nez, où mon républicanisme naïf d'alors voulait voir un signe d'hérédité. — Le conseiller d'État n'avait-il pas pris part au coup d'État du Deux Décembre? — Quand leur mère partait à la promenade dans la minuscule charrette à deux roues, vernissée et lustrée, qu'elle conduisait elle-même, le poney corse trottait lestement sur le chemin qui fait comme une marge au joli lac. Le valet de pied s'asseyait, en livrée de ville et les bras croisés, sur le siège de derrière, tournant le dos au cheval et regardant la route avec un flegme imperturbable. L'un des deux enfants montait à côté de la mère, l'autre à côté du domestique. Si la charrette passait devant le chalet de ma tante, et que je fusse accoudé à ma fenêtre, — j'y étais toujours, — la mère m'envoyait un salut avec le bout de son fouet, les enfants un baiser avec le bout de leurs doigts gantés. Même le valet de pied, avec sa face rasée, sa lèvre supérieure éternellement abaissée et sa cocarde au coin de son chapeau, me semblait moins un être qu'un objet sympathique, comme le harnais à incrustations d'argent du poney, comme le moyeu en argent des roues de la voiture, comme le drap bleu des coussins, comme l'éclat jaune du bois flambant neuf, et je me jurais d'avouer mon amour à cette personne dont l'élégance se sauvait de la banalité par une délicieuse bonhomie... — la première fois que nous serions seuls!

Seuls? Hélas! nous ne l'étions jamais. Quel charme cette belle et coquette grande dame pouvait-elle bien goûter dans la compagnie de cette provinciale et gauche Annette? Toujours est-il qu'elle ne sortait jamais à pied sans la venir prendre à la maison. Et comment Annette ne comprenait-elle pas que sa place eût été bien plutôt à côté de ma tante qui demeurait sans compagnie des heures entières, pendant que nous courions la montagne avec Mme de Jardres, et que l'oncle visitait ses prés ? « Allez, ma fille. Va, mon neveu, » disait la bonne dame, « et amusez-vous bien ! Vous ne vous amuserez pas plus jeunes, » et nous partions, mes deux amies et moi, le long des routes qui avoisinent Gérardmer. Ces routes sont entaillées à mi-côte et en pleines forêts. D'un côté la montagne se dresse, hérissée d'arbres centenaires qui enchevêtrent, dans une épaisseur d'obscurité fraîche, leurs grandes branches chargées de végétations parasites, et les rochers que ces arbres déchirent de leurs racines dégouttent l'eau par toutes leurs fissures. De l'autre côté, la vallée se creuse à pic, foisonnante aussi de branches de sapins et de rochers âpres, et tout au fond, l'eau d'un lac paisible frémit doucement. C'est le lac de Gérardmer, celui de Longemer, celui de Retournemer. Par delà cette eau sommeillante le versant de la vallée se relève avec brusquerie, les sapins étagent leur verdure noire égayée par places de la verdure pâle du bouleau à tige blanche. De l'air bleu s'insinue dans tous les replis de cette vallée, adoucissant l'eau, veloutant les mousses, détachant les aiguilles des sapins qui vibrent, éclairant les cloches des digitales roses qui palpitent, amollissant la courbe déjà si molle de ces collines dont les feuillages dissimulent l'arête trop sèche. Le fin sourire des yeux de Mme Henriette s'associait si bien au charme de ce paysage que je perdais toute capacité d'étudier son caractère, rien qu'à la voir marcher dans ce décor d'une idylle demi-mondaine et demi-sauvage. La simple action de toucher sa main lorsque nous franchissions quelque ruisselet semé de pierres et qu'il me fallait la soutenir, me tournait le cœur sens dessus dessous, si bien que j'oubliais de rendre le même service à Mlle Annette.

— « Mais à quoi songez-vous donc, monsieur Jacques ? » disait Mme de Jardres en riant gaiement. « Il faut lui pardonner, ma chère. Vraiment, je crois qu'il n'a pas sa tête... » Et elle riait plus haut encore, d'un rire qui tintait dans le silence de la forêt. J'avais dix phrases à répondre pour une, mais le tintement clair de ce rire désarçonnait mes plus hardies résolutions, et, à peine rentré, je m'enfermais dans ma chambre. Je devenais de plus en plus triste. Le cousin Doridant prenait un air narquois en me regardant par-dessous la visière de sa casquette. L'oncle me versait des verres de vin gris à table. Il me disait : « Il faut qu'un jeune homme soit gai, à ton âge...., » en mettant un accent circonflexe du plus pur dialecte strasbourgeois sur chaque voyelle. Ma tante avait de longs entretiens avec Annette, qui se terminaient toujours par une sortie de sa part. Je restais seul avec la jeune fille, et nous causions d'objets parfaitement insignifiants, de l'avenir de la journée, d'une promenade faite ou à faire, de Paris dont elle me demandait curieusement des nouvelles, de Mme de Jardres jamais, et c'étaient, au milieu de cette causerie, des mutismes interminables coupés pour mon oreille par la voix de cette bavarde horloge qui maintenant répétait : « Henriette de Jardres! Henriette de Jardres!... » et je roulais dans d'infinies songeries.

Ce fut un soir. Toujours sous le prétexte qu'un jeune homme doit être gai, mon oncle m'avait versé tant et tant de verres de ce vin gris de Lorraine, que ma mélancolie n'eut plus de bornes. Je sortis et je m'assis sur un banc dans le jardin, derrière la maison. Il faisait nuit noire et sans clair de lune. J'entendis une voix qui me disait :

— « Vous souffrez, monsieur Jacques ?... »

Mlle Annette venait de s'asseoir auprès de moi. Je vois encore les étoiles de cette nuit-là, et surtout le chariot de la grande ourse qui se trouvait placé sur l'horizon, assez bas pour qu'il eût l'air de cheminer sur la crête de la montagne; et voilà que doucement, oh! bien doucement, comme de l'eau tombe goutte par goutte par la fêlure d'un vase, je laisse mon secret s'en aller par le coin fêlé de mon cœur, et je raconte ma passion déraisonnable. Petit à petit, je m'imagine que je suis auprès de Mme de Jardres, je prends une main que je sens brûlante dans la mienne, je prononce des phrases d'une folie tendre, je vois une figure se pencher comme sous le poids de l'émotion, j'embrasse une joue que je sens trempée de larmes en prononçant le nom de la belle dame dont je suis fou. Puis un cri me réveille, Mlle Annette s'est enfuie. Qu'ai-je fait, et comment oser la revoir?

Cette audace me fut épargnée. A neuf heures du matin, quand je descendis, suivant mon habitude de paresseux, je trouvai ma tante avec une figure que je ne lui avais jamais vue. Elle avait oublié de tirebouchonner ses cheveux gris, et son serre-tête de nuit tenait la place du bonnet à rubans jaunes : « Partie! Elle est partie ce matin pour

Remiremont, par le courrier de cinq heures!... »
Et mon oncle : « Partie sans nous dire adieu, avec un mot seulement pour annoncer qu'elle écrira. »

— « Voyons, que lui as-tu dit?... » fait ma tante en me tirant à part.

— « Ce que je lui ai dit? Mais rien, ma tante, je n'ai pas causé avec elle de la journée! » Et sur ce mensonge, je quitte la maison, mes pieds me dirigent vers le chalet de Jardres, et je rencontre sur la route Mme Henriette, au bras d'un homme, qu'à première vue je reconnais, à sa ressemblance avec le petit garçon qui courait devant avec sa sœur. Mme de Jardres me présente à son mari. L'air de certitude répandu sur le visage de l'homme d'État commence de m'intimider. Une question de sa femme à propos d'Annette achève de me troubler, et je réponds machinalement qu'elle est partie.

— « Ah! vous l'avez laissée partir, » fait vivement Mme de Jardres. « Pauvre petite! »

— « Mais qu'ont-ils donc tous à la plaindre? » me demandais-je.

La lettre promise arriva, expliquant qu'Annette entrait au couvent. Les de Jardres quittèrent Gérardmer huit jours après, et moi je ne retourne plus jamais auprès de ma tante. J'aurais trop

peur que l'horloge ne se mît à répéter le nom de la personne à laquelle je pense avec le plus profond remords. Ce nom n'est pas « Henriette, » et si ce remords est une fatuité, c'est une nuance bien spéciale de ce mauvais sentiment d'homme vaniteux, car c'est de la fatuité tendre et triste, toute faite de la navrante impression d'avoir méconnu la chose la plus rare de ce triste monde :
— Un vrai sentiment!

… Quand Mme de Sauve eut lu ces pages, elle resta longtemps à songer. Toutes les émotions qu'elle avait éprouvées plusieurs années auparavant lui revinrent à la pensée et aussi la suite de scènes douloureuses par lesquelles elle était arrivée à découvrir l'égoïsme atroce de cet homme de lettres qui paraissait à ce point préoccupé des finesses du cœur. Si elle s'était doutée, alors et même maintenant, que l'oncle et la tante de Jacques étaient deux campagnards dont il rougissait, — qu'à l'époque de la jeunesse de Jacques, Mme de Jardres n'avait pas encore son chalet dans les Vosges, — enfin que la soi-disant malheureuse Annette était une cousine, en effet, que le drôle avait séduite sans l'ombre d'aucun scrupule! Mais quoi ! Elle en savait bien assez, et elle se rappela quelle joie de délivrance elle avait éprouvée après avoir rompu avec ce romancier-cabotin au cœur encore plus dur que son imagination n'était tendre. Avec quelle joie plus vive encore elle s'était attachée à ce si jeune, à ce si délicat Hubert qui devait, hélas ! penser d'elle à cette heure ce qu'elle-même elle pensait de Jacques. Et elle se prit à fondre en larmes devant cette cruelle évidence que la vie du cœur oscille toujours entre celui qu'on martyrise et celui qui vous martyrise. Ou victime ou bourreau ? Est-ce donc là une loi qui ne souffre pas d'exception ? « Et cependant..., » disait-elle en secouant sa tête lasse, « vivre sans aimer, est-ce vivre ? »

Palerme, février 1891.

VII

Un Humble

A ROGER GALICHON.

UN HUMBLE

LA lourde voiture du tramway qui unit la gare Montparnasse à l'Arc de l'Étoile va s'ébranler. Il ne reste plus de libre à l'intérieur, par cette aigre et froide après-midi de février, que l'avant-dernière place du fond, à gauche, — place étroite, à peine visible entre une énorme bourgeoise qui tient un sac de cuir noir sur ses gros genoux, et un vieillard décoré de la rosette, sans doute un ancien officier, dont le visage brouillé de bile, les yeux d'un bleu dur, la bouche amère, disent assez le mauvais coucheur, celui qui doit inévitablement prononcer le premier la phrase : « On ne part donc pas ?... » Et juste à la seconde où il vient de lancer ces mots d'une voix âcre, la voiture, qui remuait déjà, s'arrête de nouveau. Un homme court et corpulent, plutôt porté que poussé par le conducteur, se précipite. D'une main il s'aide aux courroies du plafond, de l'autre il retient une serviette d'avocat bourrée de livres et verdie par l'usure. Entre les genoux qu'il heurte, les pieds qu'il froisse, les parapluies qu'il déplace, il roule jusqu'au vieillard et jusqu'à la bourgeoise. Avec un « excusez » auquel on ne daigne pas répondre, il prend place entre ces deux redoutables voisins. Le premier lui donne un coup de coude tout sec et dur, la seconde le déborde de ses formes. « Pardon, » dit le nouveau venu à gauche, « pardon, » dit-il à droite, et la voiture glisse au trot de ses deux chevaux gris de fer, sur ce boulevard d'artistes, de petits rentiers et d'ouvriers, qui étale dans ses innombrables boutiques de bric-à-brac un millier de gravures et de bustes représentant le premier Empereur. — Oh! la cruelle ironie des fins de gloires!

Cependant l'homme à la serviette s'est installé

tant bien que mal, et il l'a ouverte, cette serviette à son dernier période d'emploi. Il en a extrait une trentaine de feuilles de papier pliées par le milieu et sur le côté. De la poche de son pardessus grossièrement bordé de galon aux manches et tout gras au col, il a tiré un crayon, posé un peu en arrière son chapeau haut de forme, un chapeau de satin aussi fatigué de ressorts qu'élimé d'étoffe. Il porte des cheveux trop longs, une barbe inculte. Ses lourdes bottines sont tachées de boue, son pantalon gondole aux genoux, sa cravate noire se fripe autour d'un faux col en papier qui joue mal la toile. Les taches d'une de ses mains décèlent l'usage récent du porte-plume, et quand il tourne une par une les feuilles sur lesquelles son crayon trace des signes cabalistiques, les regards des curieux du tramway peuvent lire les mots : *Institution Vanaboste, Version latine*. L'homme à la serviette est un professeur et de la variété la plus mélancolique dans la docte espèce, un professeur libre.

Il n'a que cinquante-deux ans, le professeur libre. Vous lui en donneriez soixante, tant il porte sur toute sa personne les traces de sa vie toute faite d'un continuel, d'un irrésistible épuisement. Jugez un peu. Il s'est levé à cinq heures, ce matin, — sans bruit, pour ne pas réveiller sa femme. Il a fait sa toilette à l'aveugle, avec l'unique pot à eau, l'unique savon et l'unique peigne du ménage. Avant six heures il s'était rendu à pied de l'avenue des Gobelins, où il habite, par économie, jusqu'à une pension de la rue de la Vieille-Estrapade. De ces six heures à sept heures et demie, il a fait répéter leurs leçons et leurs devoirs à quelques élèves qui suivent le cours du lycée Louis-le-Grand. A huit heures il s'asseyait dans une des chaires de l'Institution Vanaboste, récemment transférée, depuis qu'elle a grandi, dans un ancien hôtel de la rue de la Montagne-Sainte-Geneviève, « entre cour et jardin, » disent les prospectus, qui négligent d'ajouter que ce jardin consiste en un carré de terre grand comme un mouchoir, où poussent trois acacias malades et où le soleil ne pénètre jamais, tant les maisons avoisinantes surplombent. Le professeur a pris pour tout déjeuner, entre ces deux séances, un croissant d'un sou grignoté en courant le long des murs tristes du Panthéon. Vers dix heures il rentrera chez lui. Quatre élèves à servir, deux par deux, jusqu'à midi et demi. Il est trois heures, et il a eu le temps, depuis son déjeuner, de donner un autre cours à l'école Sainte-Cécile, un pensionnat de jeunes filles où son âge le fait admettre. Encore cinq leçons, trois avant le dîner, deux après, et sa journée sera finie.

La voiture va, s'arrête, reprend, se ralentit, s'arrête, reprend encore. Le crayon du professeur continue, lui, à courir dans les marges des copies, d'y tracer les *cs* qui signifient *contre-sens*, les *ffr*, qui signifient *fautes de français*, les *fs*, qui signifient *faux sens*, et les *fo*, — les très nombreux *fo*, — qui signifient *fautes d'orthographe*. Et tout en corrigeant ces copies, le vieux forçat de l'enseignement libre pense au cachet qu'il va gagner. Son ancien collègue de la pension Vanaboste, Claude Larcher, l'écrivain aujourd'hui connu, lui a procuré une leçon chez une dame russe de passage à Paris, une heure quatre fois la semaine, auprès d'un petit garçon un peu trop pâle, très doux, qui doit seulement lire et écrire sous la dictée, et on donne trente francs pour cette heure! Jamais le professeur libre n'a été payé comme cela, et il caresse un rêve: profiter de l'occasion pour mettre quelque argent de côté et réaliser enfin son désir de ses vingt-sept années de mariage, quinze jours au bord de la mer avec sa femme. Il n'a jamais pu. Ses charges sont si lourdes, et il a toujours peiné. A dix-neuf ans, refusé à l'École normale, il se faisait maître d'étude pour préparer sa licence. Licencié, il épousait la fille d'un de ses collègues, et, tout de suite, c'était le mobilier à payer, c'était le premier enfant à élever, puis le second, puis le troisième, puis le quatrième. Aujourd'hui ses deux filles aînées sont mariées, l'une à un commerçant, l'autre à un avocat, deux anciens élèves. Comme on n'a pas eu de dot à leur donner, le père leur assure à chacune, par contrat, mille francs par an, — ci, deux mille francs. — Des deux garçons, l'un est sorti de Saint-Cyr cette année, et le père lui sert aussi mille francs par an. C'est la mère qui l'a décidé à cette pension, pour qu'il n'y ait pas d'injustice. Il a quelque part une vieille tante de province qui mourrait de faim sans les trois cents francs qu'il lui envoie, et il a recueilli chez lui la mère de sa femme. Tout cela compte, et le professeur n'est guère payé en moyenne que quatre francs le cachet, — trois quelquefois, quelquefois cinq, moins souvent six et sept rarement, très rarement. La leçon du Russe, c'est l'aubaine inespérée, d'autant plus que la correspondance du tramway de Montparnasse lui permet de se rendre chez son élève et d'en revenir pour soixante centimes sans perdre trop de temps, grâce au système des rails qui, en évitant les secousses, permet d'écrire. Aussi a-t-il un bon sourire, l'excellent père « H^2O, » comme l'appellent les Vanaboste, qui se moquent de son incurie personnelle en lui appliquant la formule chimique de l'eau. Il se soucie peu que ses deux voisins le serrent à qui mieux mieux, que les autres voyageurs le regardent avec dédain ou moquerie, lui, son chapeau, sa serviette et ses copies. Il voit en pensée un petit coin de plage normande, — d'après des dessins de journaux illustrés, n'ayant jamais quitté Paris. Il voit l'Océan, il voit la « maman, » — c'est sa femme, — assise sur les coquillages au bord des flots, *purpureum mare*, comme dit son cher Virgile... Et quand la voiture du tramway s'arrête à l'Arc, après avoir franchi la Seine et monté au pas la rude et longue avenue Marceau, c'est d'une allure guillerette qu'il sautille jusqu'à la porte de l'hôtel, loué tout meublé, rue du Bel-Respiro, où habite la grande dame russe, mère du petit André. Il en oublie d'essuyer ses semelles sous la marquise, et le portier en livrée qui vient de l'annoncer, comme les fournisseurs, par deux coups de cloche, dit à un valet de pied attardé dans la loge :

— « Ça gagne de l'argent comme ça veut, sans rien faire, et ça ne se payerait seulement pas un fiacre pour arriver propre... Vieux grigou, va! »

Ah! le brave homme!

Toblach, juin 1888.

VIII

Deux petits Garçons

A HENRY LAURENT.

I

LE FRÈRE DE M. VIPLE

UNE des impressions les plus saisissantes de mon enfance fut le séjour dans la cité provinciale où je grandissais alors, des soldats autrichiens faits prisonniers au cours de la campagne de 1859. Nous n'étions pas gâtés par les voyageurs, dans cette sombre ville de Clermont en Auvergne où le chemin de fer arrivait depuis quelques années à peine; ils se réduisaient à de rares malades, en route pour Royat encore sauvage, ou pour le Mont-Dore et la Bourboule difficilement accessibles. L'entrée de ces ennemis vaincus, avec leurs blancs uniformes salis par l'usure, avec leur physionomie de race étrangère, fut un événement pour toute la population, et en particulier pour les garçonnets de mon âge, — j'avais sept ans alors, — et avec quelle curiosité naïvement cruelle nous nous approchions des nouveaux venus, tandis qu'ils se promenaient sur cette terrasse de la Poterne célébrée par Chateaubriand, d'où l'on voit la ligne admirable des montagnes depuis le plateau des Côtes jusqu'à la masse boisée de Grave-Noire. Je ne sais pas quels rêves confus de vie guerrière s'agitent dans les cerveaux des enfants qui font courir leurs cerceaux en 1889 sur cette place, aujourd'hui très changée. — Où sont les chaînes attachées à de grosses bornes de pierre qui la fermaient du côté de la cathédrale? Où le talus sauvage qui dévalait à son pied et servait de forteresse aux galopins, objet de ma secrète envie? — Ils sont, ces garçons d'à présent, les fils d'un peuple sur qui pèse l'ombre d'une grande défaite, et nous étions, nous, des enfants encore voisins de l'épopée impériale. Les vieux qui passaient leurs mains de soixante-dix ans sur nos têtes bouclées avaient vu défiler les aigles victorieuses à leur retour de l'Europe, et la légende de la gloire napoléonienne était si forte, qu'elle se traduisait dans nos imaginations par les plus touchantes et les plus comiques chimères. Nous étions persuadés, par exemple, mes quatre meilleurs amis, Émile C***, Arthur B***, Joseph C*** et Claude L***, et moi-même, qu'un petit garçon français était plus fort que deux petits garçons de n'importe quel pays. Notre étonnement fut grand de comparer les braves et vigoureux soldats autrichiens aux soldats de notre pays qui passaient sur les mêmes trottoirs et sous les mêmes arbres. Nous demeurions stupéfiés qu'ils eussent la même taille, la même apparence de muscles. Telle était la forme puérile que revêtait notre foi dans la supériorité de notre race. Onze ans après, nous devions payer trop cher d'autres illusions et plus graves, mais fondées sur une foi presque aussi naïvement pareille.

Si je me rappelle ce séjour, d'ailleurs assez bref, que firent dans notre ville ces prisonniers aux uniformes pour nous singuliers, c'est qu'il s'y rattache un autre souvenir, celui d'une anecdote restée longtemps mystérieuse dans ma pensée et à laquelle je songe avec le même intérêt passionné, chaque fois que j'entends quelque discussion sur le caractère des enfants. Il faut ajouter que le personnage qui me la conta est demeuré dans ma mémoire comme un des types les plus originaux que j'aie rencontrés dans cette ville de province, où j'ouvrais déjà mes yeux fureteurs à toutes les originalités des visages, et aux moindres bizarreries des habitudes. C'était un vieil ami de ma famille, ancien universitaire et retraité comme inspecteur, qui répondait au nom presque fantastique de M. Optat Viple, et l'homme était aussi fantastique que son nom. Je le revois, par delà ces trente ans écoulés, comme s'il allait sortir du cimetière pour suivre de nouveau le Cours Sablon, sa promenade favorite, à l'heure du soleil : très grand, très sec, son chapeau à la main, avec un crâne pointu et chauve, des lunettes sur un nez infini, sa redingote serrée autour de sa longue taille, été comme hiver, et, hiver comme été, ses pieds pris dans des bottes à double semelle qu'il ne quittait même pas au logis de peur de s'enrhumer. Il s'était gracieusement chargé de m'enseigner les premiers éléments du latin et du grec, pour le plaisir d'appliquer une méthode à lui, et j'allais chaque jour vers neuf heures travailler dans son cabinet, avant son dîner qu'il prenait invariablement à dix, pour souper, — comme on disait dans le pays, — à cinq et demie.

Pas une fois, depuis la mort de sa femme, l'inspecteur en retraite n'avait manqué à cette règle de ses deux repas, dosés par lui d'après les conseils hygiéniques d'un médecin de ses amis, de qui il tenait l'horreur de l'alcool, du tabac et du café. Une bouteille de vin, — du vrai vin de Chanturge qu'il tirait de sa propre vigne, — suffisait à sa consommation d'une semaine. Mais dix bibliothèques n'auraient pas suffi à sa fringale de lecture. Je n'ai jamais connu d'homme à ce point possédé par la manie de la lettre imprimée. Tout lui était bon, depuis les journaux de la contrée jusqu'aux revues locales, et depuis les plus beaux auteurs latins jusqu'aux pires romans contemporains, le tout sans cesse coupé par une reprise quotidienne d'un Voltaire, édition de Kehl, qui remplissait deux énormes rayons de sa bibliothèque. M. Optat Viple était, — j'ai à peine besoin de le dire après ce détail, — outrageusement irréligieux et jacobin, à peu près au même degré que son ami, le vieux M. Gaspard Larcher, et ces deux braves mécréants ne s'abordaient guère sans que l'un dît à l'autre :

— « Homme noir, d'où sortez-vous?... » Sur quoi ils riaient tous deux avec la même juvénile bonne humeur. Pour M. Viple, la chose s'expliquait d'elle-même : un de ses très proches parents, le frère de sa mère, avait siégé à la Convention et voté la mort du Roi. Comment conciliait-il le républicanisme et l'horreur que lui inspirait le régime actuel avec une admiration de mameluck pour le premier Bonaparte? C'était, cela, un des mystères du bonhomme qui avait l'innocente manie de célébrer la Nature dans le style de Rousseau, à propos de cette sauvage et chère Auvergne qu'il avait parcourue à pied dans tous les sens. Il prononçait ce nom : Jean-Jacques, avec un tremblement dans la voix. Quand j'y songe, ce n'était guère raisonnable de me confier à ce Voltairien, quoiqu'il ne se permît pas de contredire en rien l'enseignement religieux qu'on me donnait alors. Mais il me parlait avec exaltation, tout jeune que je fusse, des encyclopédistes et des révolutionnaires. Professeur à Langres à sa sortie de l'École normale, il avait connu là un parent de Diderot. Tous les noms des écrivains du XVIIIe siècle défilaient dans les interminables conversations qu'il avait avec moi quand il venait me chercher pour la promenade. Car, dans les beaux jours, il me prenait à la maison et on le laissait m'emmener le long des routes, toutes jonchées des scories des anciens volcans. Nous passions là des heures, moi à le questionner sur mille choses enfantines ou sérieuses, lui à me répondre avec une bonté jamais lassée, tandis qu'au lointain les dômes profilaient leurs masses découpées en forme de cônes entiers ou tronqués, et les vignes verdoyaient autour de nous, avec leurs raisins tout petits et verts ou tout gros et noirs suivant la saison, et les ruisseaux couraient entre les saules, et les invisibles oiseaux chantaient. — O mélancolie des printemps d'autrefois !

Je me rappelle, comme si cette conversation datait d'hier, le jour où mon vieil ami me raconta l'anecdote à laquelle j'ai fait allusion tout à l'heure. Comme le temps paraissait incertain, nous étions sortis pour aller aux Bughes, une sorte de carrefour planté d'arbres, très voisin de la ville et que l'on gagnait par le faubourg Saint-Allyre. Nous allions croiser sur la Poterne un groupe de ces prisonniers autrichiens en uniforme blanc. M. Viple me fit brusquement prendre, afin de les éviter, la rue détournée, qui descend près de

Notre-Dame-du-Port, l'antique basilique romane à la sombre crypte. Il demeura silencieux assez longtemps. Je regardais son visage tout en rides, sur lequel mordait la pointe arrondie de son col, et je lui demandai tout d'un coup :

— « Monsieur Viple, vous n'avez donc pas envie de les voir de près, ces Autrichiens ? »

— « Non, mon enfant, » fit-il avec un regard que je ne lui connaissais guère, comme plein de l'ombre d'un noir souvenir, « la dernière fois que j'ai vu leur uniforme, c'était trop triste... »

— « Et quand donc, ça ? » insistai-je.

— « A l'invasion, » dit-il. Puis, comme calculant dans sa tête : « Il y a de cela quarante-cinq ans... »

— « Il sont venus jusqu'à Issoire ? » interrogeai-je, sachant qu'il était de cette ville.

— « Jusqu'à Issoire, » répondit-il; et comme nous descendions ensemble maintenant sur la route qui mène vers la gare, il ajouta, me montrant l'autre route, parallèle, et qui porte précisément le nom de route d'Issoire : — « Ils sont arrivés à Clermont d'abord, puis tout droit chez nous. Ah! notre maison a bien failli être brûlée alors... C'est vrai. Nous ne les attendions pas. Nous savions bien que l'empereur avait été battu, mais nous ne pouvions pas croire que ce fût fini. Ce diable d'homme avait si longtemps gagné la partie. Et puis nous l'aimions, mon père l'aimait. Il l'avait vu une fois, qui passait une revue à Paris dans le Carrousel, après la campagne d'Austerlitz. Qu'il nous a parlé souvent de cet œil bleu qu'avait Bonaparte et qui vous forçait de crier : « Vive l'empereur ! » rien qu'en vous regardant. Et puis, vois-tu, cet empereur-là, ce n'était pas comme celui-ci. C'était un homme de la Révolution, un jacobin au fond et qui n'avait pas peur des hommes noirs. Suffit... Suffit... »

— « Mais pourquoi les Autrichiens voulaient-ils brûler la maison ? » repris-je avec la persistance d'un petit garçon qui pressent une histoire et n'entend pas la laisser échapper.

— « Ces envahisseurs arrivèrent donc chez nous un soir, » continua le vieillard qui semblait m'avoir oublié et suivre seulement les visions qui affluaient dans le champ de sa mémoire. — « Ils n'étaient pas très nombreux : un simple détachement de cavaliers que commandait un grand officier au visage insolent, très jeune, avec des moustaches blondes très longues, qui flottaient presque au vent... Nous avions passé la journée entière dans la plus affreuse anxiété. Nous les savions à Clermont. Viendraient-ils? Ne viendraient-ils pas? Comment les recevrions-nous? Il y avait eu conseil chez mon père, qui était à cette époque le maire de la ville. Ma foi! s'il n'avait pas été malade, il était homme à se mettre à la tête d'une troupe déterminée, et à barricader les rues. Qui sait? si tous les villages en avaient fait autant, les alliés auraient eu le sort de nos grognards en Espagne. Il n'y a qu'une politique pour un peuple envahi, chouannerie ou guérilla, une chasse à l'ennemi tête par tête. Oui, nous aurions pu nous défendre. Nous avions des vivres, et tous les paysans dans notre pays gardent un fusil accroché au clou derrière la cheminée... Mais le pauvre homme était au lit, grelottant les fièvres qu'il avait prises à guetter des oiseaux sur les marais de Courpières. Bref, les conseils de sagesse avaient prévalu... Une sonnerie de trompettes éclate : c'étaient les ennemis. Ah! petit, puisses-tu ne jamais savoir ce que c'est que d'entendre des clairons sonner une marche étrangère de cette façon-là... Il passait une telle superbe dans cette sonnerie, un tel mépris pour nous et tant de haine! Je me souviens. Je l'entendais dans la chambre de mon père, le front contre la fenêtre et regardant l'officier cavalcader à la tête des siens;

et quand je me retournai, je vis le vieil homme qui pleurait... »

— « Alors ça devrait vous faire plaisir, monsieur Viple, de voir que ceux-ci sont vaincus maintenant... »

— « Plaisir? plaisir?... Je n'ai pas trop confiance dans cet empereur-ci... Mais suffit, suffit. » — C'était le mot du vieux jacobin quand il ne voulait rien me dire qui, répété par moi, pût déplaire à ma famille; et il reprenait déjà son récit : — « Il n'y avait pas un quart d'heure que les Autrichiens étaient dans la ville que l'on frappait bruyamment à notre porte. Le bel officier à longues moustaches venait s'installer chez le maire en compagnie de deux autres, et ordre m'était donné de déménager ma chambre. Je me vois encore pestant contre eux, et cachant un pistolet que j'avais chargé pour faire la défense, dans une espèce de petite soupente qui me servait de chiffonnier. J'étais furieux de la quitter, cette chambre, qui était la plus jolie de la maison, — elle donnait sur une petite terrasse où j'ai tant joué, — et l'on descendait de cette terrasse dans le jardin par un petit escalier de pierre tout verdoyant d'herbe sauvage. Au-dessous s'étendait la salle de billard, et au-dessus une espèce de mansarde où l'on me relégua pour le temps que les officiers devaient passer dans la maison. Ils commandèrent aussitôt le dîner. Ils étaient fatigués de l'étape, et il fallut que tout le monde mît la main à la pâte pour que le repas fût prêt à temps. Eux trois, et six personnes avec eux, cela faisait neuf et c'était beaucoup. Enfin nous vînmes à bout de composer ce repas, que ma mère voulut succulent. — « Il faut les adoucir, » disait la pauvre femme, qui me força d'aller au vivier prendre des truites pour eux, de ces belles et fraîches truites que j'aimais tant à sentir toutes frémissantes entre mes doigts serrés. Je dus descendre à la cave et leur chercher du champagne, quatre des bouteilles que mon père débouchait autrefois à l'annonce d'une victoire de l'empereur. La provision était presque épuisée ! Je ne peux pas te dire ma tristesse de préparer ainsi une fête pour eux avec ces choses qui étaient à nous, dans notre maison que commençait de remplir le tapage de leur violente gaieté, et ce tapage allait grandissant, grandissant, parmi les rires et le choc des verres, à mesure que le repas avançait. Et c'étaient des toasts, dans une langue que je ne comprenais pas. Car j'écoutais tout, assis dans la cuisine où il avait été arrêté que nous mangerions, au coin de la haute cheminée. A quoi buvaient-ils ? Sans doute à nos défaites, à la mort de notre pauvre empereur ! Je n'avais pas plus de douze ans alors, mais je te jure que l'on ne peut pas souffrir d'indignation et de colère plus que je ne souffrais assis sur ma petite chaise, en face de ma mère. En bonne maîtresse de maison, elle était surtout préoccupée du bris des verres et des assiettes : — « Il ne leur manque « rien ? » disait-elle anxieusement au domestique. — « Ils veulent ceci, ils veulent cela, » répondait ce brave Michel, — et on leur donnait cela, on leur donnait ceci, jusqu'à une minute où Michel entra, la figure bouleversée, et dit simplement : — « Ils veulent du café ! »

— « C'était pourtant bien facile de leur en préparer, » l'interrompis-je.

— « Tu crois, » répliqua M. Viple, « tu ne sais pas, mon pauvre enfant, ce que représentaient de rareté en ce temps-là le café et le sucre. On t'a raconté que l'empereur avait eu l'idée du blocus continental, n'est-ce pas, afin d'empêcher tout commerce de l'Europe avec l'Angleterre ?... Oui, c'était une idée, une grande idée, quoiqu'elle n'ait pas abouti. Enfin !... Elle eut ce résultat immédiat pour nous autres, petits bourgeois, de diminuer, de supprimer presque un certain nombre de denrées qui nous venaient de l'étranger. Aussi, quand le domestique rapporta cette réponse à ma mère, la malheureuse femme demeura terrassée : — « Du café! » s'écria-t-elle, « mais nous n'en « avons pas un grain à la maison. Va le leur dire. » — Deux minutes après le domestique revint, plus pâle encore : — « Ils sont ivres, madame, » dit-il, « et ils prétendent qu'ils auront du café ou qu'ils « casseront tout. » — « Ah! mon Dieu, » fit ma mère en tordant ses mains, « et moi qui ai laissé « mon service de Sèvres sur le buffet! » — Ce pendant le vacarme augmentait dans la salle à manger. Les officiers, auprès de qui le domestique était retourné, frappaient maintenant le plancher de leurs sabres, et criaient à faire frémir les vitres. Trois fois ce bon Michel alla essayer de leur faire entendre raison, trois fois il nous revint, chassé par des bordées d'outrages. Ils hurlaient : « Du « café..., du café!... » et ces mots si simples, prononcés à l'allemande, prenaient comme un rauque accent de cruauté. Enfin le tumulte devint si fort qu'il monta jusqu'à la chambre de mon père, et voici qu'à la porte de la cuisine nous le vîmes apparaître, grand et les yeux brillants, qui serrait autour de lui une robe de chambre en drap

brun, avec un foulard noué autour de sa tête :
« Que se passe-t-il?... » Je remarquai comme ses lèvres tremblaient en posant cette question. Était-ce de fièvre? Était-ce de colère? On le lui explique. — « Je vais leur parler, » répond-il, et il marche vers la salle à manger. Je le suivais. Je verrai toute ma vie cette scène : les officiers autrichiens en uniforme, leurs faces allumées par la boisson, des morceaux d'assiettes cassées, des bouteilles jetées çà et là par terre, la nappe tachée, et une vapeur de tabac autour de ces impudents vainqueurs. Oui, toute ma vie j'entendrai mon père leur dire : — « Messieurs, je n'ai pas ce que vous me de-
« mandez, je vous en donne ma parole d'honneur,
« et je me suis levé de mon lit de malade pour venir
« vous demander de respecter le foyer où je vous
« ai reçus comme des hôtes... » — Il n'avait pas fini que l'homme aux longues moustaches, dont les yeux bleus luisaient d'un mauvais regard, se lève, et prenant un verre de champagne qui était devant lui, il s'avance vers nous : — « Hé bien! » dit-il avec un assez pur accent, et qui témoignait d'une éducation supérieure à celle de ses compagnons, « nous vous croirons, monsieur, si vous
« voulez nous faire le plaisir de porter la santé
« de notre maître qui vient sauver votre pays...

« Monsieur, à la santé de notre empereur. » Je regardai mon père avec angoisse, et, moi qui le connaissais, je vis qu'il était dans une crise d'effroyable fureur. Il prit le verre, puis, avec une voix retentissante, levant ce verre du côté d'un portrait de Napoléon, que ces barbares n'avaient pas remarqué, il dit : — « En effet, « messieurs, vive l'empereur!... » — L'officier aux longues moustaches avait suivi la direction des yeux de mon père. Il aperçut le portrait, une simple gravure ; il en fit voler le cadre en éclats d'un coup de fourreau de sabre, et, remplissant de nouveau le verre que mon père avait pris, il dit brutalement : — « Allons, crie : Vive « l'empereur d'Autriche ! et plus vite que ça. » — Mon père reprit le verre, le souleva de nouveau, et dit : — « Vive l'empereur!... » — « Ah! chien de Français! » hurla l'officier, et empoignant la chaise qui était auprès de lui, il en asséna un coup dans la poitrine du malade qui tomba en arrière la tête contre l'angle de la porte, tandis que nous poussions tous, ma mère, les domestiques et moi, des cris d'horreur... »

— « Et il était mort? » interrogeai-je.

— « Nous le crûmes, » répondit M. Viple,

« sur le moment, quand nous vîmes le sang tremper de rouge le foulard blanc de sa tête. Mais non... Seulement il mit six mois à se remettre. »

— « Et qu'avez-vous fait, vous, monsieur Viple ? » continuai-je.

— « Moi, » dit-il comme hésitant, « rien, vraiment rien..., mais mon frère... »

— « Vous aviez donc un frère ? Vous ne m'en avez jamais parlé ? »

— « Oui, que j'ai perdu tout jeune et qui avait presque mon âge, à peine un an de plus... Quand il se fut couché dans sa mansarde, — la même que la mienne, — nous avions la même chambre et on nous avait exilés ensemble, — il se mit à penser, penser... Les petits garçons de ce temps-là, vois-tu, voulaient tous devenir soldats, ils entendaient tant parler de combats, de dangers, de coups de canon, de coups de fusil, qu'ils n'avaient pas peur de grand'chose. Celui-là pensait donc à la cruelle journée, à l'arrivée des ennemis, à leur entrée dans la maison, aux préparatifs du dîner, à son père frappé, à l'empereur insulté. Il voyait l'officier étranger dormant dans son lit, à lui, le fils de ce vieillard lâchement blessé, et voilà qu'une idée de vengeance se mit à grandir, grandir dans sa petite tête... Il connaissait la vieille maison comme tu connais la tienne, dans tous ses recoins. Elle avait été construite en plusieurs fois ; et la fenêtre en tabatière de la chambre mansardée, où couchait l'enfant, donnait sur un toit en pente douce qui, à deux mètres plus bas, avait un rebord. En marchant le long de ce rebord, on arrivait à un mur vêtu de lierre. Dans ce mur étaient scellés des barreaux de fer qui faisaient comme une échelle pour aller jusqu'au haut d'une cheminée dans un sens, et dans l'autre ces barreaux rejoignaient un second rebord de toit, grâce auquel on pouvait arriver en deux pas sur la terrasse dont je t'ai parlé. C'était celle qui attenait à la chambre où couchait l'officier... Voilà mon frère se levant, s'habillant en hâte, se glissant comme un chat sur la pente du toit, puis sur le rebord, puis descendant par les échelons de fer, puis sautant sur la terrasse et s'approchant de la fenêtre... C'était une nuit très chaude d'été. L'officier avait seulement fermé les volets sans fermer la fenêtre. Mon frère s'en rendit compte tout de suite en passant sa petite main à travers un cœur découpé dans le bois du volet. Il allongea le bras sans rencontrer la vitre. Il y avait près de ce cœur une petite ficelle qui servait à ouvrir le battant du

volet. Il eut le courage de la tirer... — « Le pire
« qu'il puisse m'arriver, » songeait-il, « c'est d'être
« surpris... Hé bien! je dirai que j'avais oublié
« quelque chose dans ma chambre... » — C'était
une excuse insensée. Mais l'enfant avait son
idée... Le volet s'ouvre en grinçant, personne ne
bouge. L'officier dormait profondément, alourdi
sans doute par le vin et les liqueurs. Son ronfle-
ment remplissait la pièce d'une espèce de râle
régulier. Avec des précautions de voleur, mon
frère se glisse sur le parquet jusqu'au chiffonnier
où il m'avait vu cacher le pistolet. Il le prend. Tu
penses si à chacun de ses mouvements son cœur
battait vite. Il resta un quart d'heure peut-être,
accroupi par terre, étreignant son arme sans
savoir ce qu'il allait faire. La lune qui entrait de
biais par la fenêtre éclairait un peu la chambre,
juste assez pour qu'après un certain temps on
distinguât les formes vagues des objets. L'officier
dormait toujours d'un sommeil que ce même
râle monotone révélait si calme, si entier...
L'image de son père se présente à l'enfant. Il
revoit la scène, le vieillard soulevant vers le portrait son verre de champagne, et puis la chaise
lancée, et la chute du corps, et le sang. L'enfant
se lève, il rampe jusqu'au lit. Il distingue presque

les traits du dormeur, il arme le pistolet... — Que ces petits bruits deviennent énormes dans ces minutes-là! — Il dirige le canon dans le coin de l'oreille, là, au bas des cheveux, et il tire... »

— « Et alors? » fis-je, comme il s'interrompait.

— « Alors, » reprit le vieillard, « comme un fou, il court à la fenêtre, franchit la balustrade de la terrasse, se glisse de nouveau sur le rebord du toit, grimpe le long de l'échelle, puis sur l'autre toit. Il entre dans sa chambre, rabat la fenêtre à tabatière, cache le pistolet sous son matelas, et se recouche en faisant semblant de dormir, tandis qu'un tumulte soudain emplissait la maison, témoignant que le coup de pistolet avait éveillé les gens et qu'on cherchait sans doute le meurtrier. »

— « Et l'a-t-on trouvé? »

— « Jamais... Toutes les perquisitions, toutes les menaces, rien n'y a fait... On a voulu nous brûler, arrêter nos domestiques l'un après l'autre. Mais il y avait un alibi pour tout le monde, heureusement, — mon frère y compris. Et d'ailleurs, comment aurait-on pensé à un enfant? Et puis, l'officier mort était, par bonheur pour nous, détesté également de ses soldats et de ses chefs... »

— « Ah! il était mort, lui... Ça, par exemple, c'était juste! » m'écriai-je.

— « N'est-ce pas? Tu trouves que c'était juste, » interrogea le vieil inspecteur, et ses yeux brillaient d'un éclat de fièvre à ce lointain et toujours présent souvenir...

— « Et votre frère? » insistai-je... « Qu'est-il devenu? »

— « Je t'ai déjà dit que je l'ai perdu tout jeune, » répondit-il.

... Passant par Issoire, il y a quelques années, je me rencontrai chez une de mes parentes éloignées, avec une vieille dame de quatre-vingts ans qui était un peu la cousine de mon vieil ami l'inspecteur. Nous en parlâmes longuement, et à une minute je lui demandai :

— « Est-ce que vous avez connu son frère? »

— « Quel frère? » dit-elle.

— « Celui qui est mort tout jeune. »

— « Vous faites erreur, » reprit-elle. « Optat était fils unique, je le sais bien. J'ai été élevée avec lui. »

Je comprends aujourd'hui pourquoi M. Viple

ne voulait pas passer sur la place où se trouvaient les prisonniers autrichiens. C'était lui l'enfant qui avait vengé son père outragé, lui le vieil universitaire, qui depuis lors n'avait peut-être jamais touché une arme. Quels étranges mystères se cachent parfois dans les plus paisibles et les plus humbles destinées!

Paris, avril 1889.

II

MARCEL

(EXTRAIT DU JOURNAL DE FRANÇOIS VERNANTES)

J'AI déjà donné ailleurs, sous le titre de *Madame Bressuire* (voir la première série des *Pastels*), un fragment choisi parmi les papiers que m'a légués mon aimable ami, feu François Vernantes. Quelques personnes ayant été intéressées par ces pages, je crois répondre à leur désir en détachant d'un autre cahier un souvenir d'enfance de ce même ami. Elles y retrouveront ce goût de raffiner sur ses propres émotions qui n'a guère réussi à ce malheureux homme. J'ai expliqué pourquoi, dans les quelques lignes où j'ai raconté sa courte biographie et que je ne rappellerai pas davantage ici, ce petit préambule n'ayant d'autre prétention que de mettre sous son vrai jour de confidence personnelle ce court récit dont tout l'intérêt, s'il en a un, réside dans l'étude, trop rarement essayée, d'une nuance de sensibilité d'enfant.

———

Paris, septembre 187...

... C'est une étrange chose, et malgré tout inexplicable, que la place occupée dans la mémoire de notre cœur par certaines amitiés d'enfance qui durèrent une saison à peine et contre lesquelles rien ne prévaut, — ni les séparations de la vie, ni les passions nouvelles et les plus sincères, ni même de retrouver si autres, si différents d'eux-mêmes et de notre souvenir ceux qui nous furent tellement chers dans ces années lointaines. Ils ont changé, eux, mais non pas la tendresse qu'ils surent nous inspirer autrefois, et elle demeure empreinte dans un pli mystérieux de notre être intime, au point que nous continuons de les aimer dans ce qu'ils étaient et qu'ils ne sont plus, dans ce que nous étions et que nous avons cessé d'être, — pareils à ces soldats mutilés, qui souffrent encore au bras qu'on leur a coupé. Peut-être l'enfance, avec son désintéressement et son ingénuité, avec la candeur de ses puissances affectives qui n'ont pas subi l'âcre empoisonnement des sens, avec sa force d'illusion et son ignorance de l'avenir, est-elle à l'amitié ce que la première puberté est à l'amour. Plus avancé dans la vie, on a des amis dont on sait mieux pourquoi on les aime, comme on a des maîtresses auxquelles on s'attache avec le sérieux presque tragique de l'âge mûr. Mais il y a du passé derrière ces amitiés et derrière ces amours, de ce passé qui nous contraint à comparer, à regretter parfois, — même dans le bonheur. Notre âme, dépouillée de son élasticité native, ne marche plus sur les nouvelles routes avec cet élan qui n'imagine pas un terme aux beaux chemins. Elle en a tant suivi, de ces sentiers du sentiment qui semblaient si longs et qui furent si courts, qui promettaient la joie et qui conduisirent à la douleur! Et elle recommence pourtant d'aller. Oui, elle recommence. Autrefois, elle commençait simplement. Il n'y a qu'une syllabe de différence entre ces deux mots, et c'est un infini qui les sépare.

Ces réflexions, je m'en rends trop compte, n'offrent rien de très original, — mais qu'y a-t-il d'original à être fils, frère, amant ou père, à vieillir et à se sentir vieillir, enfin, à être homme dans ce que notre humanité comporte d'éternellement simple, triste et tendre? Je les consigne pourtant, — *per sfogarmi,* comme disait mon cher Stendhal, — au retour d'un petit voyage dans une vieille ville de l'Ile-de-France, où je me promettais d'aller, depuis combien de temps! Et j'y ai passé six semaines seulement, en 1855... Elle est située, cette ville grise et solitaire, au bord d'une grande forêt. Une rivière la traverse et deux canaux. Pourquoi écrire son nom, même ici? Tout inconnues que doivent rester ces pages, elles peuvent tomber sous des yeux indifférents, et de penser à une curiosité possible me dégoûterait de les noircir. J'avais gardé, de cette cité en décadence et des journées de vacances qu'il me fut donné d'y vivre, un délicieux souvenir d'eaux paresseuses et transparentes, épanchées sur des lits d'herbes vertes à peine courbées. Ce nom, dont je m'interdis de tracer les lettres, évoquait pour moi, quand je le rencontrais dans un journal, sur un indicateur de chemins de fer, au hasard d'un livre, des profils de maisons anciennes avec des toits bruns, et, surplombant le canal ou la rivière, d'antiques balcons de bois brunâtre garnis de fleurs. Je revoyais la roue noire d'un moulin, en train de tourner d'un mouvement doux, et, à chaque fois, ses palettes secouaient une pluie de gouttes, brillantes comme des diamants. La tour à demi détruite du château, les débris des remparts couronnés de jardins, le clocher à jour de l'église et sa flèche inachevée, que j'ai souvent contemplé en pensée ces détails, et le paysage à l'entour, avec sa couleur d'été, — c'est le seul mot qui rende pour moi l'impression que m'ont laissée les champs de blé à demi moissonnés, la luxuriance des herbes et des feuillages, l'haleine chaude qui sortait de la terre et le lumineux apaisement qui tombait du ciel! C'est encore là un effet de cette virginité de sensation propre à l'enfance. J'ai traversé depuis tant de contrées, passé tant d'étés à fuir Paris au bord de la mer, sur les montagnes, dans des coins isolés d'Angleterre ou d'Italie. Pourtant, l'été, c'est toujours, quand j'y songe, ces six semaines de séjour dans la vieille ville si française, près des canaux, de la rivière et de la forêt, — premières semaines d'une libre vie pour un enfant emprisonné jusque-là dans un appartement de la rue Saint-Honoré, — semaines enchantées par la rencontre d'une de ces amitiés d'adolescence que l'on n'oublie plus. Et voilà pourquoi je débarquais l'autre jour sur le quai de la gare, dans cette ville perdue, pour y retrouver et le paysage d'autrefois et l'ami que j'y avais laissé, s'il vivait encore, — et ma jeune âme!

Il convient d'ajouter que cette amitié de ces six semaines, presque aussitôt interrompue que nouée, fut marquée par un drame intime, dont les scènes diverses me reviennent en ce moment avec un détail si précis qu'aucun de mes souvenirs d'hier ne l'est davantage. Au fond, c'est pour me raconter à moi-même ce petit drame que j'ai pris la plume, bien plus que pour philosopher sur la mémoire du cœur, sa puissance et ses déceptions. Il faut profiter, à partir de trente ans, des heures de *souvenirs vivants* pour en fixer les images, si vite redevenues vagues et flottantes. Et vivant, il l'est à un tel degré durant cette minute, le souvenir de Marcel,

— c'était le nom de mon petit ami de 1855. — Je m'aperçois, comme on voit son *double* dans les contes de sorcellerie, marchant avec le cousin chez lequel on m'envoyait passer les vacances, vers la maison où j'allais rencontrer ce premier véritable ami que j'aie eu. Pourquoi mon père et ma mère s'étaient-ils décidés à se séparer de moi au lieu de m'emmener aux eaux avec eux? C'est une question que je ne me posais même pas alors et que je résous aujourd'hui, je dois l'avouer, par la plus intéressée des combinaisons bourgeoises. Mon cousin n'était pas marié, il avait servi dans la marine avec un grade qui ne justifiait pas le sobriquet d' « amiral » dont on le décorait dans ma famille, mais assez élevé cependant pour contenter toute son ambition, et sa retraite du service coïncidant avec un bel héritage, donnaient beaucoup à faire à l'imagination de mes parents.

— « A moins qu'il ne jette son argent dans la rivière, » avais-je entendu dire cent fois autour de moi, « il doit en avoir un fier magot! Notre oncle lui a laissé vingt mille francs de rente. Sa pension, sa croix... Dans cette petite ville de province il ne dépense pas six mille francs par an et il y a quinze ans qu'il mène cette vie-là. »

On se taisait d'ordinaire après ces phrases. Je ne doute pas aujourd'hui que l'espérance de m'assurer une bonne place sur le testament du cousin Henry n'ait contribué pour beaucoup à mon envoi chez lui. Et, de son côté, je comprends qu'il voulut payer en une fois par cette hospitalité les prévenances dont le comblaient les miens. Il descendait toujours chez nous lors de ses voyages à Paris. Cet ancien marin aux prunelles grises, d'un regard si fin entre des paupières plissées, n'était pas sans avoir deviné le secret calcul de mes parents. J'imagine qu'il le leur pardonnait, comme je pardonne à ceux de mes cousins qui cultivent en moi, dans le personnage de quarante ans, touché au foie et décidément célibataire, un codicille probable dans mon testament. Puissent-ils, eux, me pardonner, plus tard, de les avoir frustrés, comme je fais si volontiers pour l'amiral, qui a disposé de ses huit cent mille francs en faveur d'un hôpital maritime. J'aurais cet argent aujourd'hui. A quoi bon, et de quoi me servirait-il ? En revanche, il ne m'aurait sans doute pas invité dans sa maison du bord de l'eau, et je n'aurais pas connu Marcel. Une liasse d'obligations vaudra-t-elle jamais le souvenir d'un chaud enthousiasme de cœur ?

Je l'éprouvai, cet enthousiasme, dès cette première après-midi où je fus conduit par mon cousin à la maison de Mme Amélie. C'est ainsi que l'amiral appelait la grand'mère de mon nouveau camarade. Qu'elle était ombreuse, l'allée d'acacias que nous suivions pour y arriver, et comme le feuillage se faisait intense sur le bleu du ciel de ce jour-là! Je respire encore l'arome sucré des fleurs qui tremblaient en grappes toutes roses ou blanches dans ce feuillage, les dernières de la saison. Mon cousin Henry m'expliquait, tout en marchant, l'histoire de Marcel et de sa grand'mère. Le petit n'avait plus qu'elle au monde, il était orphelin depuis six mois. Mais ce que l'amiral n'ajoutait pas, c'était d'abord que lui-même avait voulu épouser autrefois Mme Amélie. Sans doute il lui gardait ce romanesque dévouement qu'inspirent de très honnêtes femmes sur le tard de leur vie à ceux qui les ont aimées toutes jeunes. Ils leur restent si reconnaissants de ce qu'elles ont, par une existence irréprochable, respecté l'Idéal qu'ils s'étaient formé d'elles. Il est si dur de voir s'avilir celle dont on a rêvé à vingt-cinq ans de se faire une compagne de toute sa destinée! — Il ne me racontait pas non plus, le cousin Henry, que

Mme Amélie et son mari, mort depuis quelques années à peine, s'étaient brouillés à ne jamais le revoir avec leur fils unique à l'époque de son mariage. Ce garçon avait donné leur nom et le sien, contre leur volonté, à une créature, rencontrée à Paris, et qui était justement la mère de Marcel. Des divers personnages autour desquels s'était jouée cette tragédie domestique, le petit-fils et la grand'mère survivaient seuls. La sévérité de la veuve isolée contre cet indigne mariage n'avait pu tenir devant l'idée d'abandonner à des étrangers l'enfant dans les veines duquel il coulait un peu de son sang. Mais il y coulait aussi du sang de l'*autre,* de cette fille qu'elle et son mari avaient tant maudite, et j'allais assister, sans me rendre compte de la cause, aux terribles effets de cette rancune d'après la mort, — de tous les mauvais sentiments du cœur, le plus inexpiable, le plus dur. A ceux qui ne sont plus, nous devons cet oubli des offenses, qui est la grande piété humaine, la communion dans la misère de notre pauvre nature! Et Mme Amélie était pieuse de toutes manières; mais dix ans de souffrances endurées pesaient sur elle, et cela ne pouvait pas plus s'effacer que les rides de son mince visage jauni où brillaient deux yeux bruns d'un si vif éclat. Les bandeaux gris dont s'encadrait ce front creusé aux tempes, la nerveuse crispation de sa bouche triste, la maigreur de ses doigts que des mitaines de dentelle noire faisaient paraître plus desséchés encore et plus décolorés, la minceur ascétique de sa taille, la sévérité de ses vêtements de deuil, tout contribuait à transformer cette digne et respectable veuve d'un simple notaire en une apparition de mélancolie. Je me rappelle le frisson d'effroi qui me saisit à la voir s'avancer vers nous sur la terrasse de la maison où elle logeait. Des tilleuls aux branches émondées et taillées en couvert arrondissaient au-dessus de cette austère figure un dôme de feuillages remplis de soleil. La maison apparaissait, toute basse et revêtue d'une vigne en espalier. Il y avait un contraste à la fois et une harmonie entre cette veuve douloureuse et ce cadre d'apaisement : un contraste, car elle symbolisait trop bien les troubles de l'âme dans ce décor d'heureuse nature; une harmonie, car une atmosphère claustrale émanait de ces charmilles immobiles et de cette façade close, d'où sortit, à l'appel de la vieille dame, criant par trois fois : « Marcel ! » un garçon de mon âge, mais si chétif et si pâle lui-même, avec une gracilité si souffreteuse de ses pauvres membres, qu'il paraissait mon cadet de plusieurs années. Ses beaux yeux, trop grands et d'un bleu comme noyé, lançaient un regard qui disait la précoce expérience de la douleur morale. Il n'avait de blanc sur lui que le linge de son col et de ses manchettes. Je le vois s'avancer vers nous sans courir, à la voix de sa grand'mère, et j'entends cette dernière lui dire d'un accent dur :

— « Où étiez-vous donc ? »

— « Je lisais dans le salon, » répondit l'enfant.

— « Vous savez bien que je vous ai défendu de lire après votre déjeuner. Vous vous faites du mal. Voilà M. Henry ; vous ne lui dites pas bonjour ? »

— « Bonjour, monsieur, » fit l'enfant.

— « Et voilà son cousin, François Vernantes, avec qui vous allez jouer. »

— « Oui, madame, » fit encore l'enfant.

Elle lui disait *vous* — et elle était sa grand'mère ! — Il l'appelait *madame!*... Tout en cheminant avec mon nouveau camarade du côté du jardin, qu'il m'avait aussitôt et fort gracieusement offert de me montrer, je me souviens que je m'abîmai en réflexions sur cette circonstance, pour moi inexplicable. J'étais si gâté par mes deux bonnes mamans, si habitué à rencontrer chez elles la divine indulgence d'une affection sans une gronderie ! Ma curiosité fut si fort éveillée que je n'y tins pas, et après une demi-heure durant laquelle nous avions tour à tour frayé connaissance avec les rosiers du rond-point et les lapins de la basse-cour, avec l'allée des arbres à fruits et les marches disposées près du canal pour y laver le linge, avec les aboiements du chien de garde enchaîné et le roucoulement des pigeons dans le colombier, je demandai brusquement à Marcel :

— « Mme Amélie était bien fâchée tout à l'heure ? »

— « Elle est toujours comme cela, » répondit-il.

— « Elle vous dit toujours *vous* ? » lui demandai-je.

— « Toujours, » reprit-il.

— « Et vous, Madame ?... »

— « Oui, » fit-il.

— « C'est drôle..., » insistai-je.

Tout d'un coup, et tandis que je prononçais cette enfantine remarque, je vis avec stupeur le front de Marcel se plisser, ses lèvres trembler, un flot de sang empourprer ses joues. Deux grosses larmes jaillirent de ses yeux :

— « Ah ! » me dit-il avec un sanglot, « pourquoi êtes-vous méchant, vous aussi ? Pourquoi me parlez-vous de cela ?.... Je ne veux plus que vous restiez avec moi. Allez-vous-en ! Allez-vous-en !... »

Je me souviens. Nous étions, lorsque la bouche frémissante de mon petit compagnon me lança ces phrases de colère, dans le fond du jardin, au pied d'un épicéa gigantesque, à la base duquel s'étalait un tapis de fines aiguilles séchées. Il en tombait cette chaude odeur de résine que je n'ai jamais respirée depuis sans que cette étrange scène me redevînt présente, et l'irraisonné, le naïf élan de pitié par lequel je me pris à pleurer à mon tour. Et je tenais les mains de Marcel, je le suppliais de ne pas m'en vouloir, je lui jurais que j'avais parlé sans intention, je lui promettais de ne pas recommencer. Encore à présent, et quand je cherche à comprendre, avec mon expérience d'homme fait, ce qui se passa en moi à cette seconde, je ne trouve qu'une explication à cette violence soudaine de ma sympathie pour le petit-fils de Mme Amélie. Évidemment il se produisit dans mon cœur de onze ans un coup de foudre d'amitié, — comme des coups de foudre d'amour éclatent dans des cœurs de vingt ans. Ce fut une frénésie de pure affection qui déborda sans doute en phrases d'une sincérité touchante, car le pauvre enfant cessa de sangloter. Un sourire de douceur revint à ses lèvres fines. Son visage aux traits minces s'anima d'un rayon de reconnaissance. Il avait si mal à toute l'âme, cet orphelin aux yeux trop profonds, que cet élan de généreuse affection lui fut une douceur infinie! Il me parla, lui aussi, avec une sympathie émue, et juste une demi-heure après qu'il s'était déchaîné si furieusement contre moi, nous étions assis de nouveau sous le grand arbre, moi à lui dire :

— « Voulez-vous être mon ami?... »

Et lui à répondre :

— « Je veux bien, mais vous n'en aurez pas d'autre... »

Nous nous embrassâmes pour le sceller, ce pacte d'amitié subite, et aussitôt, avec l'incroyable rapidité de sensation propre à cet âge trop vibrant, nous voilà tous deux à fixer des arrangements pour l'avenir. Nous convînmes de nous tutoyer, de n'avoir pas de secrets entre nous, de nous défendre à chaque occasion, de nous voir tous les jours et de ne voir que nous, pendant les vacances. Enfin ce fut une de ces subites entrées dans une idylle de fraternité élective, comme nous en avons tous connu dans cette nouveauté de tout notre cœur... Dieu ! Qu'il est cruel et qu'il est juste, ce mot d'un célèbre écrivain, quand il parle de son âme *déveloutée* de cinquante ans ! De cinquante ans ? C'est à quinze ans, nous autres enfants du milieu du siècle, et grâce à de coupables lectures, que le velours de notre être intime commença de se faner pour ne plus repousser jamais. Comme l'usure chez moi est arrivée vite !

J'ai parlé de fraternité. Je n'avais, en effet, pas de frère. Aussi donnai-je presque tout de suite ce beau titre à mon ami, et avec ce titre la part d'affection que j'eusse vouée à un frère, mais plus jeune et plus petit, et qu'il fallût envelopper d'une chaude tendresse protectrice. Ce fils d'un père et d'une mère morts si jeunes, apportait aux exercices physiques qui constituent pour des garçons le fond de tous les jeux, des muscles trop délicats et comme une indigence de vie corporelle. Durant les six heureuses semaines où l'on nous laissa errer l'un et l'autre, comme deux inoffensifs animaux en liberté, entre le jardin de Mme Amélie et le parc de mon cousin l'amiral, c'était moi toujours qui mettais mon orgueil à lui épargner tout effort trop rude; moi qui soulevais les lourdes pierres quand il s'agissait de construire une digue dans quelque ruisselet; moi qui maniais les rames quand nous glissions en bateau sur le canal, malgré les défenses répétées du cousin et de la grand'mère; moi qui grimpais aux arbres pour cueillir des fruits ou détacher un nid abandonné; moi qui escaladais les rochers pour rapporter une touffe de fleurs sauvages. Je triomphais de ma vigueur, et dans les chimères d'aventures lointaines que nous ébauchions d'après de mauvais livres de voyages reçus en prix, c'était moi encore qui devais subvenir, par mon industrie, aux besoins de la communauté :

— « Nous vivrons de ma chasse, » disais-je à Marcel.

— « Quel bonheur ! » répondait-il. « Quand ce temps arrivera-t-il ? Je souffre tant ici. »

Et c'était vrai que cet enfant trop frêle souffrait, dans cette maison et auprès de sa grand'mère, d'une de ces souffrances subtiles dont la première jeunesse semble incapable. A mon humble avis, elle en est au contraire plus capable que les autres âges, lorsque son effrénée puissance d'imagination se tourne en torture. Durant les interminables causeries qui marquaient l'intervalle de nos jeux, Marcel retrouvait sur moi sa supériorité, qui résidait dans cet art prématuré de sentir, auquel l'avait initié sa délicatesse morbide. Que d'heures nous avons passées, étendus à l'ombre d'un plongeon, ou tapis sur les marches de l'escalier de pierre qui descendait au canal et regardant l'eau paresseuse, lui, à me raconter ses misères, et moi, à les écouter! Elles procédaient toutes d'un attachement passionné qu'il gardait à sa mère, morte quand il avait neuf ans, juste quatorze mois avant son père. Il me disait la chambre de la malade, — elle avait succombé à une consomption de poitrine, — ses longues séances, à lui, d'un silencieux amusement dans cette chambre fermée, pour ne pas la réveiller quand elle sommeillait. Il me l'évoquait si pâle, ne sortant plus de son lit, et toussant, toussant toujours. Il disait les larmes de son père, et comment il avait surpris, lui, Marcel, une conversation entre les bonnes, qui prétendaient savoir du médecin que la mourante n'en avait plus que pour huit jours. Il se décrivait, le front appuyé aux carreaux, et regardant la rue, — une des rues de ce Paris que je connaissais aussi, bruyantes d'ordinaire et bien vivantes; mais il y avait une jonchée de paille sur les pavés pour que les voitures, en passant, ne troublassent pas le repos de la malheureuse. Avec quelle tristesse il me faisait assister ensuite à sa veillée devant le lit de la morte, et aux détails du funèbre convoi! J'ai lu depuis par centaines des récits analogues, avec mon goût passionné des mémoires intimes et des correspondances. Aucun ne m'a touché comme les simples phrases que trouvait mon petit ami pour me peindre cette agonie, dont ses yeux bleus fixaient dans l'espace les mélancoliques images. Puis c'étaient les dîners d'après la mort, en tête-à-tête avec le père qui soudain se prenait à pleurer en le regardant et qui, parfois, venait l'embrasser dans la nuit avec ces mots : « Ah! pauvre, pauvre Marcel! »

— « Oui, » disait cet étrange enfant, « pauvre Marcel! Quand papa aussi fut mort et que ma grand'mère est venue, tu ne sais pas comme je tremblais? Si souvent j'avais entendu maman parler d'elle et répéter que jamais grand'mère ne m'aimerait. — Elle me déteste tant! — disait-elle. Pourquoi? Si tu avais connu maman, et comme elle était belle, même très malade, avec ses cheveux d'or si longs, si longs, et ses yeux si bleus, si bleus, tu n'aurais jamais pensé qu'on pût la haïr... Hé bien! c'est vrai, ma grand'mère la déteste même maintenant, et moi aussi, parce que je lui ressemble... Vois-tu, dès le premier jour, et quand elle a dit : — Enlevez ces portraits ! — au domestique, en montrant les photographies de ma pauvre maman sur une table, j'ai compris cela... Et à cause de ce mot, jamais je ne pourrai lui dire merci, de bon cœur, jamais je n'ai pu... Elle est bonne pour moi, je le sais, très, très bonne. Mais, quand elle me regarde, lorsque nous sommes seuls, je sens qu'elle voit maman, et j'ai froid. Ah! Comme j'ai froid!... Et j'ai envie de me sauver, d'aller à Paris, voir le cimetière où ils l'ont mise... Mon père n'est pas avec elle, ils l'ont porté ici. — C'est ma grand'mère qui l'a voulu, et je suis sûr qu'il revient la nuit pour le lui reprocher, car elle ne peut pas reposer... Elle vient dans ma chambre. Elle croit que je dors. J'ai si peur! Je ferme mes yeux. Je sais qu'elle me regarde et je pense qu'elle va entendre mon cœur battre, tant il fait un bruit!... Si tu pouvais voir le jardin qu'il y a sur le tombeau de maman, et les belles roses. Nous y allions deux fois la semaine avec mon père. C'est sur une colline, dans le cimetière du Père-Lachaise. L'as-tu visité? — Oh! que je voudrais y retourner!... »

Il me faut être bien assuré que mon souvenir est exact pour croire que réellement Marcel parlait et sentait ainsi, et il me faut faire appel à toutes mes connaissances sur l'esprit de superstition propre à la jeunesse pour comprendre que de pareilles causeries, renouvelées sans cesse, aient abouti, vers la fin de mon séjour, au projet que nous conçûmes, Marcel et moi. Ou plutôt il le conçut tout seul en m'y associant, comme Oreste associe Pylade, dans la mythologie dont nous étions pleins, à sa résolution d'enlever Iphigénie. La fête de Mme Amélie approchait. Mon petit ami me confia, quelques jours avant cette date, qu'il avait tant, tant prié Dieu de l'aider, et qu'une inspiration lui était venue à la suite d'une de ces prières. — Dois-je ajouter que nous venions tous les deux de faire notre première communion et notre ferveur religieuse était si intense que notre chimère d'aller vivre de notre chasse en Amérique alternait avec celle d'entrer dans un même couvent, sitôt devenus hommes? — Cette inspiration d'en haut ressemblait terriblement à une escapade de gamin en congé, car il ne s'agissait de rien moins que de fuir de la maison, mais pour un but qui n'avait aucun caractère de gaminerie. Nous devions aller à Paris, visiter le cimetière du Père-Lachaise et de façon à être revenus le matin de la fête.

— « Et alors, » ajoutait Marcel, « je rapporterai à ma grand'mère un bouquet de roses cueillies là-bas sur la tombe de maman. Je lui dirai que c'est elle qui le lui envoie et qui lui demande de me rendre ses portraits et de m'aimer. »

— « Oui, je t'accompagnerai, » lui dis-je sans discuter l'efficacité de ce romanesque procédé qui m'enthousiasma. Marcel avait-il davantage discuté ma résolution de le suivre? Et nous voilà tous les deux à calculer le moyen pratique de nous sauver hors de la vieille ville pour gagner Paris. Il y avait vingt lieues à franchir. En ce temps-là le service était fait par une diligence jaune attelée de quatre chevaux. Nous la voyions filer dans la poussière chaque matin avec son impériale garnie de paysans en blouse bleue et les bourgeois de son coupé ou de son intérieur. Nous ne songeâmes pas à prendre cette antique patache, d'abord parce que le conducteur connaissait nos parents, et puis nous ne possédions pas à nous deux plus de quatre francs. Nous étions des petits garçons trop honnêtes pour penser, ne fût-ce qu'une minute, à nous procurer de l'argent par des moyens illicites. Je soumis donc à Marcel, toutes réflexions faites, un raisonnement qui nous parut irréfutable.

— « Nous mettons une heure à faire une lieue, n'est-ce pas? Nous avons essayé l'autre jour. Il nous faut donc vingt heures pour faire vingt lieues. Par conséquent, si nous partons le soir à neuf heures, nous serons à Paris le lendemain dans l'après-midi. Tu fais ton bouquet. Nous allons coucher chez nous. Il n'y a que ma vieille bonne Augustine qui ne nous chassera pas. Nous repartons, bien reposés, à deux heures, après avoir déjeuné, et nous sommes ici pour le matin de la fête de ta grand'mère... »

Je ne crois pas avoir, de ma vie, éprouvé une exaltation comparable à celle qui soulevait mon jeune courage par cette nuit de septembre, chaude et douce, où je me glissai hors de mon lit, puis de la maison, puis du parc de l'amiral, pour rejoindre mon complice. Je le trouvai assis sur une borne kilométrique, choisie comme point de rendez-vous. Nous nous prîmes la main sans parler et nous partîmes. La lune éclairait le vaste paysage de cet éclat presque surnaturel qui découpe avec relief les sombres contours des objets. En toute autre circonstance, mon compagnon et moi-même, nous n'aurions pas été très rassurés de cheminer seuls ainsi à travers la grande forêt qu'il fallait traverser et qu'un vent très doux, mais ininterrompu, remplissait d'un murmure de mystère. Les voituriers attardés et les piétons que nous croisions, nous eussent paru des brigands prêts à nous attaquer. Même en plein jour, nous n'étions ni l'un ni l'autre très braves en présence d'un chien rencontré dans la rue, et nous en vîmes plus de dix qui couraient, le nez à terre, cherchant pâture. Mais il s'agissait bien de fantômes, de voleurs ou de bêtes méchantes. Nous ne voyions que notre but, et pendant les premières heures, c'est-à-dire jusque vers l'aube, nous tînmes fidèlement notre programme, au point que, dans la première lueur blafarde du jour, je pus lire sur un poteau indicateur que soixante kilomètres seulement nous séparaient de Paris. Ce ne fut pas, en effet, une rencontre dangereuse qui nous arrêta sur cette route grise dont le long ruban se déroulait maintenant devant nos regards. Nous avions compté sans l'immense fatigue dont cette nuit sans sommeil et cette marche forcée devaient nous accabler tous les deux. Encore quatre kilomètres, et nous étions contraints de nous asseoir sur un tas de foin. Encore quatre autres, et nos jambes de onze ans nous refusaient le service. Je nous vois, affaissés de nouveau l'un auprès de l'autre, et Marcel sanglotant de désespoir. Mais à quoi bon raconter les ridicules déboires de cette épopée qui se termina, comme la célèbre première sortie de l'ingénieux hidalgo, le chevalier à la Triste Figure, et de son fidèle écuyer, par un retour vers la vieille ville, — et vers le châtiment, — dans une des voitures envoyées à notre recherche dès le matin par l'amiral quand notre absence avait été découverte? Comme ils nous effrayaient maintenant, ces inconnus de la route qui nous laissaient si calmes, cette nuit! Il nous semblait qu'ils savaient notre histoire, et comment donner la vraie raison de notre fuite, nous que ce tilbury de louage, conduit par un cocher narquois, ramenait comme des voleurs? Cette émotion pourtant n'était rien, comparée à l'attente de notre entrevue avec Mme Amélie et avec mon cousin. Lorsque je fus, moi, en face de ce dernier et que je l'entendis me dire:

— « M'expliqueras-tu ta conduite, avant que je te renvoie à ton père?... » Je devins lâche, si lâche que, pour la première et heureusement la dernière fois de ma vie, cette lâcheté me conduisit à la trahison. Oui, je trahis mon ami. Je lui avais juré solennellement de ne jamais révéler à personne ses confidences sur ses relations avec sa grand'mère. Je les révélai pourtant, et nos conversations sur la morte et sur le mort, et le secret de notre départ, et notre projet de retour après la visite au cimetière. Le visage de mon juge, — ce rude et bronzé visage où il tenait vingt-cinq ans de mer, — exprimait, en m'écoutant, un étonnement ému qui m'encouragea à le supplier:

— « Que Mme Amélie pardonne à Marcel, » implorais-je, « dites-lui que j'ai tout fait, trouvez un prétexte, je vous en conjure, mon cousin, et qu'elle ne sache rien de tout cela! J'ai promis à Marcel, et elle lui en voudrait davantage encore... Et moi, punissez-moi autant que vous voudrez, mais ne me renvoyez pas à Paris. Ne me séparez pas de lui maintenant. Laissez-moi finir mes vacances avec lui. Il n'a que moi... »

— « Je ferai ce que bon me semblera, » dit l'amiral d'une voix adoucie où je voulus saisir une promesse d'indulgence. Aussi, quand je fus retiré dans ma chambre, et couché dans mon lit, après un repas auquel mon appétit de marcheur fatigué fit honneur malgré mon angoisse, je m'endormis plus apaisé. Mais quel réveil lorsque au lendemain matin les premiers rais de lumière, filtrant par l'interstice des rideaux, me rappelèrent à la conscience de ma double faute : celle envers mon cousin, dont j'avais fui la maison, — et l'autre, la plus grave, envers mon ami dont j'avais vendu le secret ! Mon imagination, qui, dans la vie, m'a toujours infligé la pire vue des événements, avait, quand je me retrouvai vers les dix heures en face de l'amiral, épuisé tous les possibles. Oui, j'avais tout prévu, excepté toutefois ce qui m'attendait.

— « Allons, » me dit mon cousin Henry après avoir, suivant son habitude, caressé de sa main cordée de muscles ma tête tondue, « tu vas courir chez Mme Amélie prendre des nouvelles de Marcel. »

— « Il est malade ? » m'écriai-je.

— « Ce n'est rien, » répondit-il, « un peu de lassitude. Il y a de quoi, garnement... Vas-y vite, il t'espère... »

Et de notre escapade, pas un traître mot. De la

punition à subir, pas un mot non plus. J'eus l'explication de ce mystère quand j'entrai dans la chambre de mon petit ami, au chevet duquel était assise Mme Amélie, mais une Mme Amélie transfigurée, avec un sourire de pitié sur ses lèvres pâles, avec une lueur d'attendrissement dans ses yeux bruns, avec une douceur dans le geste par lequel elle flattait les joues de l'enfant, et elle lui disait :

— « Tu te sens mieux ? »

— « Oui, grand'mère, » répondit-il.

Et il regardait, avec extase, un portrait placé sur le drap de son lit, un de ces portraits au daguerréotype, comme nous en retrouvons tous parmi nos reliques de famille, qui brillent et s'effacent à la fois dans le plein jour. Une expression de joie indicible et de piété illuminait cette physionomie souffrante. Tous les deux, la grand'-mère et le petit-fils étaient si occupés, elle à toucher ces pauvres joues amaigries, lui à contempler le portrait, qu'ils ne m'avaient pas entendu entrer. Mais avais-je besoin de leurs confidences pour deviner que l'amiral avait tout raconté de mon récit à la grand'mère, que dans ce cœur de vieille femme la vue des muettes douleurs de cet enfant jugé jusque-là si ingrat l'avait emporté sur la haine impie envers la morte, et ce petit portrait au daguerréotype, posé sur le drap, c'était l'image de cette morte et le gage de la réconciliation suprême.

... Et voilà quels souvenirs j'allais chercher après tant d'années dans cette vieille ville de l'Ile-de-France dont pas une pierre n'a changé. Le petit fleuve roule toujours son eau claire où tournent les poissons noirs entre les berges gazonnées. Les deux canaux s'en vont toujours aussi paisibles entre les chemins de halage, et les chalands, avec leur maison de bois intime et basse dont les fenêtres garnies de géraniums nous faisaient tant rêver, les descendent toujours, ces canaux monotones, de leur même mouvement sans hâte. J'ai pu, dès la gare, — la seule nouvelle construction de cette cité perdue, mais heureusement hors des murs, — revoir la tour du château, le clocher à jour de l'église, et puis c'est le pont et c'est la maison du cousin, et c'est l'autre maison, celle de Mme Amélie. A qui sont ces demeures aujourd'hui? De celle où l'amiral abrita ses dernières années, je suis sûr qu'elle a passé en des mains étrangères. L'excellent homme mourut quatre mois après mon départ de chez lui, douloureux départ qui nous fit verser tant de larmes, à Marcel et à moi, et échanger tant de promesses d'une correspondance qui n'a pas duré un an! Je ne l'ai jamais revu, mon ami de ces six semaines; et les mois ont passé, puis les années, sans que j'aie reçu de lui ou que je lui aie donné un signe d'existence. Vit-il encore? Est-ce lui qui habite la maison de Mme Amélie dont je vois les volets toujours peints en gris par delà le couvert de tilleuls toujours bien taillés? Et s'il vit, qu'est-il devenu? Que reste-t-il en lui de son âme romanesque de onze ans qui me l'a rendu si profondément cher dès la première heure? J'ai tant changé, moi, depuis cette époque, — tant changé en noir, en triste, en moindre, pour tout avouer. — Au lieu de tirer la sonnette à la grille fermée, je me suis assis sur un banc au bord du canal d'où je voyais la terrasse, notre terrasse d'autrefois, l'eau couler, — comme a coulé la vie, — en courbant à peine les herbes, notre eau et nos herbes! Et puis, je suis parti sans avoir cherché à savoir ni si Marcel est encore de ce monde, ni s'il habite là, ni rien de sa personne d'aujourd'hui. A quoi bon rencontrer là où j'ai laissé un charmant enfant, quelque bourgeois de province rongé de manies?

A quoi bon me démontrer que le plus délicat des poëtes a trop raison lorsqu'il dit :

> . . . .
> *Je redoute l'adieu moqueur*
> *Que font les hommes de mon âge*
> *Aux premiers rêves de leur cœur?*

C'est une triste loi, mais bien vraie, qu'en amitié comme en amour, il ne faut pas se souvenir à deux quand on veut se souvenir tendrement!

Nemours, juillet 1830.

IX

Corsègues

A FRÉDÉRIC DE ROBERTO.

CORSÈGUES

SOUVENIR DE NOËL

Il existe à Paris, et surtout dans un certain monde, des traditions de plaisir auxquelles nous nous obstinons tous, vous comme moi, même quand ces traditions nous représentent presque avec certitude la pire des corvées : celle de l'amusement avorté. C'est ainsi que je me trouvais cette nuit-là, qui était celle de Noël, réveillonner en nombreuse compagnie dans un salon d'un restaurant à la mode. Je désignerai assez l'endroit aux connaisseurs en géographie boulevardière, quand j'aurai dit qu'un petit groupe de monarchistes intransigeants s'y réunit d'habitude. Aussi le propriétaire du restaurant ne cède-t-il que rarement et aux personnes de sa clientèle préférée cette pièce, d'ailleurs étroite, et tour à tour étouffante ou glacée, que préside un buste de monseigneur le comte de Chambord placé en permanence sur la cheminée. Durant la nuit dont je parle et qui ne remonte pas à beaucoup d'années, ce marbre, sculpté à l'effigie mélancolique du plus pur et du plus inefficace des princes, contemplait un spectacle moins pur mais aussi mélancolique, certes, que lui : — un souper triste! Nous avions tous été priés par une excellente fille, la petite Marguerite Percy, qui gagne aujourd'hui ses quarante mille francs par mois, à courir les théâtres des États-Unis. Elle se contentait alors d'être au Palais-Royal la plus gamine des divettes, une vraie comédienne, capable de jouer tous les rôles et tous avec un je ne sais quoi très à elle, et les tendres et les moqueurs et les spirituels et les bouffons. Elle venait de remporter un de ces triomphes, comme on en remporte à Paris, aussitôt oubliés mais retentissants comme un scandale, en mimant, dans une Revue de fin d'année, l'*Armée du Salut*. Vous la rappelez-vous avec son visage où il y a du gavroche et du songe triste, avec l'ombre d'un grand chapeau fermé sur ce visage, et sa robe blanche de souple étoffe qui moulait son corps d'éphèbe, et sur cette robe blanche l'effet des gants noirs et ses fines jambes prises dans leurs bas noirs et la sveltesse de ses pieds dans leurs souliers vernis, — et cette gigue qu'elle dansait avec une espèce de furie froide? C'était bien la plus délicieuse parodie de l'Anglaise que l'on ait jamais vue. Il y avait foule dans la petite loge où elle rentrait au sortir de ce frénétique exercice, morte de fatigue, trempée de sueur, le cœur défaillant, pâle sous son rouge à effrayer. Mais la vanité de la comédienne la soutenait et elle répondait par un sourire aux compliments, par une malice aux épigrammes. Voilà pourquoi elle avait, dans les derniers huit jours, prié à ce réveillon non pas vingt personnes, mais cinquante, cent peut-être, elle n'en savait plus rien elle-même, à peu près toutes celles qui étaient venues dans cette loge depuis le jour où elle avait dit à son amant :

— « Veux-tu, mon vieux Gustave? Si nous faisions une fête avec les camarades, pour Noël, on mangerait du boudin blanc, ça porte bonheur pour toute l'année, et on rirait! »

L'a-t-elle prononcée de fois durant la semaine,

cette dernière phrase! Les camarades! C'est d'abord pour elle la rivale, la petite comédienne des *Variétés*, des *Bouffes* ou des *Nouveautés*, qui n'a pu y tenir et qui s'est échappée de son théâtre, entre le un où elle joue et le quatre où elle reparaît, pour venir voir Percy danser son pas :

— « Étonnante, Margot, tu es étonnante... Tu sais, moi, je suis franche, je ne t'aimais pas dans la pièce d'avant... Mais cette fois, ça y est, et en plein... »

— « Tu es gentille, toi, » répond Marguerite, d'un air moitié figue et moitié raisin. Puis un coup de griffe pour ne pas être en retard : « Est-ce que c'est vrai qu'Alfred se marie? » — Alfred est l'ancien amant, toujours aimé, de la petite actrice. — Puis un remords de cette question méchante : » Qu'est-ce que tu fais de ton soir de Noël? Viens donc réveillonner avec nous. On mangera du boudin blanc et on rira avec les camarades !... »

Les camarades? C'est encore le clubman, plus ou moins lié avec Gustave, qui débarque dans la loge, le bouquet à la boutonnière, astiqué, lustré, cosmétiqué, mais le chapeau en arrière et roulant un peu pour avoir bu à dîner une bouteille de léoville en trop. C'est le journaliste auquel on sourit pour obtenir un nouvel « écho » très aimable. C'est un écrivain auquel on voudrait beaucoup extorquer un rôle. C'est un ancien « caprice. » C'est un véritable ami, de ceux qui demeurent, comment ? pourquoi ? dévoués à ces bohémiennes sans leur avoir jamais baisé le bout du doigt. Et c'est la connaissance de hasard comme moi. Et c'est l'amant possible de demain, quand Gustave n'aura plus assez d'argent pour suffire à la maison. — « Il faut bien qu'on vive, n'est-ce pas ?... » Et à tous, elle débite la même phrase modulée avec d'autres nuances, ici gaiement, là coquettement, «... le soir de Noël..., du boudin blanc... On rira... » Sur les cinquante qui ont promis, vingt ont eu la naïveté ou la faiblesse de tenir. On mange bien du boudin blanc, mais de rire, c'est une autre affaire! Les bougies électriques qui simulent d'étranges pistils, dans les calices de cristal du lustre, éclairent d'un jour dur les physionomies rongées de ces forçats de Paris, pressés autour de cette table où les fleurs trop ouvertes vont se faner, où les bouteilles d'eau minérale montrent leur étiquette pharmaceutique à côté des carafes de tisane frappée. — Truffe et Vichy, c'est la vraie devise du « fêtard » moderne. — Marguerite Percy, elle, est de la couleur de la nappe. Elle a joué deux fois depuis vingt-quatre heures, en matinée d'abord, puis le soir, et joué, comme elle joue, avec tous ses nerfs. Elle tient bon pourtant, mais on dirait qu'il ne lui coule plus une goutte de sang dans les veines, tant elle reste pâle, même en se versant verres de champagne sur verres de champagne. Gustave Verdet, qui lui fait face, mordille sa moustache noire, défrisée d'un côté, avec l'air d'un homme qui a subi, avant le souper, un gros coup de perte au poker. Cinq ou six petites grues d'actrices, venues dans l'espérance d'une rencontre fructueuse, ne cachent guère leur déception : elles n'ont autour d'elles que des vétérans de la presse ou des coulisses, ou des messieurs aussi peu lancés dans la fête que le père Ebstein, le changeur, pourquoi diable est-il ici, celui-là ? — Noirot, le médecin de Marguerite, pourquoi encore ? — Machault, l'escrimeur, pourquoi toujours ?... C'est autour de ce repas des silences glacés où partent des rires faux, presque un souper de théâtre, tant c'est lugubre, jusqu'à ce qu'un des convives, le musicien Rochette, a l'idée délicieuse de se mettre au piano et d'entonner une chanson :

> *« Dans l' courant d' la s'main' prochaine,*
> *Si le temps est beau,*
> *Nous partirons pour Fontaine-*
> *bleau... »*

Le bruit de la musique supprime du moins les inutiles efforts vers une conversation générale, et elle permet aux apartés de naître. Le souper s'anime un peu, tous commençant de causer à mi voix de leurs affaires particulières. On n'entend plus la voix fatiguée de Marguerite interpeller tour à tour les convives. « Dis donc, Machault, raconte-nous donc ton duel avec Figon, c'était si drôle. — Dites donc, père Ebstein, racontez-nous l'histoire de l'Alsacien qui avait mal à l'estomac, c'est à mourir. » Et puis, l'interpellé s'exécute et personne ne rit... Avec l'accompagnement tour à tour tintamarresque et sentimental du piano et de la voix qui chante, les soupeurs fatigués se raniment. D'autres femmes arrivent, des comédiennes qui réveillonnaient, elles aussi, dans un autre salon. Ayant appris que Percy est là, elles ont quitté une table où elles s'ennuyaient sans doute autant que nous. Il n'est pas jusqu'à la fumée des cigarettes et des cigares enfin allumés qui ne contribue à réchauffer la fin de cette fête si mal commencée, en ouatant d'une atmosphère bleuâtre et transparente la clarté crue de l'électricité. Malheureusement, il est plus d'une heure, et les gens qui ont à travailler le lendemain matin, — j'en suis, hélas! — profitent du petit tumulte produit par l'entrée des nouvelles venues pour s'esquiver sans être aperçus de Marguerite. Au vestiaire, et tandis que j'attends mon pardessus, je me heurte au docteur Noirot qui s'échappe aussi, et, comme nous descendons l'escalier de compagnie, je ne peux me retenir de soulager ma mauvaise humeur :

— « Ah! docteur, » lui dis-je, « penser que c'est vous la cause de cet absurde souper! Était-il assez raté, l'était-il ! »

— « Moi la cause ? » demanda-t-il, étonné.

— « Mais oui. Mais oui... Voyons, vous êtes le médecin de la petite Percy, et vous lui permettez de passer les nuits, et vous vous faites son complice en venant souper à côté d'elle, avec la mine qu'elle a! C'était une morte ce soir, positivement une morte... »

— « C'est vrai, » répondit Noirot en hochant la tête. » Je n'étais guère à ma place, mais elle avait l'air de tant y tenir! Elle me l'a demandé si gentiment; et puis, elle est malade, c'est encore vrai, mais si on changeait quoi que ce soit à son existence actuelle, savez-vous le résultat ? Elle mourrait du coup. Ces habitudes parisiennes, c'est comme la morphine. Cela tue à la longue, mais supprimez-les, et crac ! C'est la fin... Être malade, c'est toujours une façon de vivre. »

— « Je vous vois venir, » repris-je en riant, « vous êtes le médecin qui conseille l'eau-de-vie à l'ivrogne, le tabac au fumeur, les femmes au débauché... »

— « Pas tout à fait, » répondit-il sérieusement, « mais presque... Le proverbe n'a pas si tort : une habitude est ce qui ressemble le plus à une nature... Il en vaudrait mieux de bonnes. Les mauvaises sont encore une force qui soutient la bête. »

— « Au moins, vous êtes un original, vous, » lui dis-je. « J'ai mis du temps à m'en apercevoir, mais aujourd'hui j'aime beaucoup à causer avec vous. »

Nous étions sur le boulevard, comme je lui servais ce maladroit compliment, exprimé, pour comble de gaucherie, avec une brusquerie équivoque. Ni ma phrase ni mon ton ne parurent lui plaire, car, à la lumière du bec de gaz sous lequel nous nous préparions à prendre congé l'un de l'autre, je vis un froissement de susceptibilité courir sur son visage : ses sourcils trop fournis se contractèrent un peu, sa bouche rasée aux lèvres longues se serra, et ses yeux d'un gris si vif me fixèrent. Ce ne fut qu'un passage, mais, pour ne pas quitter cet homme que j'estime vraiment de toutes manières sur une aussi déplaisante impression, je lui pris le bras, et, marchant avec lui, le long des boutiques maintenant fermées, dont le 1ᵉʳ janvier tout proche garnissait le boulevard :

— « Oui, » insistai-je, « vous êtes un original. Voyons, un médecin qui n'a jamais voulu être décoré, qui n'essaie les remèdes nouveaux que lorsqu'il en est sûr, qui soigne des comédiennes sans jamais accepter un coupon de loges, ni toucher ses honoraires en nature, et qui ose proférer devant un profane les théories que vous venez d'énoncer!... — C'est-à-dire que vous êtes une bonne fortune pour un romancier... Vous n'y échapperez pas, je vous le promets... » Et, par un retour involontaire sur la fête manquée de laquelle nous sortions : « Savez-vous, docteur, que c'est là ce qui nous manque aujourd'hui, des êtres vraiment personnels à peindre, des individus qui soient des individus, de petits univers à part?... On trouve encore du tempérament de-ci de-là, de la grosse fougue instinctive qui se prend pour de la nature. Mais des caractères qui aient une saveur intense, c'est comme du bordeaux authentique, on n'en fait plus... Tout se banalise, jusqu'à la débauche. Les viveurs, tous les mêmes. Les filles, toutes les mêmes. Les amours d'aujourd'hui, tous les mêmes. Voyez les joujoux que l'on vendra demain dans ces baraques. La veille du jour de l'an, vingt mille petits Parisiens s'amuseront avec le même pantin... Ce monde contemporain, quelle usine à médiocrités!... »

— « Vous avez eu tort de manger du foie gras, » répondit le docteur avec flegme : « Vous ne le digérez pas... Au lieu de rentrer chez vous en voiture, voulez-vous que nous marchions, puisque nous sommes à peu près voisins?... Cela vous permettra de dormir sans trop de cauchemars... D'ailleurs vous venez de toucher là, chez moi, une corde sensible... J'ai le regret d'être d'un avis absolument contraire au vôtre et de croire que les passions fortes sont tout aussi fortes, davantage peut-être, j'irai jusque-là, dans nos races soi-disant épuisées, les caractères tranchés aussi tranchés, les personnalités vives aussi vives et les tragédies privées aussi fréquentes qu'aux temps préconisés par votre romantisme et celui de vos amis. Seulement, il y a plus de tenue et plus de silence sur tout ce qui s'étalait autrefois au grand jour... Si vous saviez combien vous en coudoyez de ces drames vivants auprès desquels vos drames imaginés sont des enfantillages, et vous ne les soupçonnez pas!... »

Quand un homme qui n'est pas de la profession laisse tomber une phrase pareille, gare à l'anecdote et au « sujet de roman ! » Il se ménage d'ordinaire son petit récit, lequel est, quatre-vingt-dix-neuf fois sur cent, d'une redoutable insignifiance. Mais avec son masque de sorcier à lunettes, tout en os, en maxillaires, en menton et en nez, le docteur Noirot m'a paru depuis longtemps un de ces physiologistes qui savent voir l'animal humain tel qu'il est. Je lui ai dû, à diverses reprises, des notes précieuses, et je l'encourageai au « document. »

— « Vous n'êtes pas le premier médecin à qui j'entends tenir un pareil discours, » insinuai-je, « puis, quand il s'agit de vous détailler un de ces drames extraordinaires, plus personne... »

— « Et le secret professionnel? » dit Noirot. « Pourtant, » ajouta-t-il après une pose dont je ne devinai pas si elle était sincère et s'il réfléchissait, ou jouée et s'il amorçait ma curiosité, « il y en a un, parmi ces drames de la vie réelle, que j'ai l'envie de vous conter. C'est sans doute l'anniversaire qui veut cela. Je n'ai que cette histoire dans la tête depuis quelques heures. C'est un peu pour ne pas y penser que j'étais venu à ce souper. Et voilà que je vous en parle. Vous souriez de cette logique... Vous sourirez moins tout à l'heure... N'avez-vous jamais rencontré de par le monde un certain baron de Corsègues? »

— « Comment donc? » répondis-je, « un petit, l'air mauvais, couleur de cigare, toujours rageur, un pilier de tripot avec cela... Nous avons même failli nous brouiller parce qu'à une partie au cercle, où je me trouvais auprès de lui, je me permis de plaisanter à haute voix. Il prétendit que j'avais porté la guigne au tableau. Nous échangeâmes quelques mots aigres, et puis Machault justement m'expliqua qu'il était devenu tout à fait braque depuis une atroce aventure : une jeune femme qu'il adorait, dont la sortie de bal avait pris feu et qui fut brûlée toute vive... Je suis renseigné, vous voyez... »

— « En effet, » reprit le docteur avec ironie; « et vous n'avez rien déchiffré d'autre dans le personnage, ô psychologue !... Peut-être savez-vous aussi que Corsègues est mort l'an dernier d'une maladie de foie? Et voilà enterré un des hommes les plus sinistrement passionnés que j'aie connus et dont je suis sûr, vous entendez, sûr, comme vous êtes là, qu'il avait deux meurtres sur la conscience, pas un de moins. »

— « Vous n'allez pas me raconter qu'il avait mis le feu lui-même à la robe de bal de sa femme, » m'écriai-je.

— « Vous en jugerez, » dit Noirot, sans répondre directement à ma question. » Il y a de cela quinze années. C'est long, quinze années de clientèle à Paris, et l'on en voit des misères !... Pourtant, je n'oublierai jamais comme j'eus le cœur serré lorsque, par une nuit toute pareille à celle-ci, un domestique vint de l'hôtel Corsègues pour m'emmener tout de suite et qu'il me raconta le terrible accident. La jeune baronne avait donné ce soir-là une fête intime à ses deux petites filles et à leurs amies. Vers onze heures, et son monde

parti, elle avait distraitement passé près de l'arbre de Noël, dressé au milieu du grand salon, afin d'éteindre une des bougies. Sa robe de dentelles s'était enflammée à une des bougies qui descendaient jusqu'à terre. En une minute, le feu l'avait enveloppée et maintenant elle était à l'agonie. Oui, voilà ce que me raconta cet homme dans le coupé qui nous emportait. Je l'avais fait monter avec moi pour avoir tous ces détails, que vous auriez pu lire dans les journaux de l'époque, et sur lesquels, à cet instant, il ne me vint pas un doute. — « Et les enfants ? » demandai-je. — « Ils dorment, » répondit le domestique. — « Et M. de Corsègues ? » — « Mon-
« sieur ne quitte pas la chambre de Madame. Il
« est debout à la cheminée. Il ne dit pas un mot.
« Je ne serais pas étonné s'il devenait fou... » Pour vous faire comprendre quelles émotions soulevaient en moi ces quelques phrases, il faut vous avertir que j'avais toujours été un peu amoureux de la baronne Alice, — c'était son nom, — depuis le jour où le docteur Chargebras, mon maître, m'avait envoyé chez eux, comme tout jeune médecin... Quand je dis amoureux ! Ce sentiment d'un ex-interne à peine sorti de la salle de garde avait surtout consisté dans une admi-

ration intimidée pour cette grande dame aux yeux d'un bleu si clair dans un visage si fin, et joli, et des mains comme fragiles, et une grâce même dans cette demi-familiarité des indispositions, si peu propice à la grâce! Et puis, je l'avais plainte, la pauvre femme, d'être mariée à ce mari. Non qu'il fût mauvais pour elle; au contraire, il semblait l'aimer... Vous me comprendrez, trop l'aimer, et c'était justement le genre d'hommes qu'il ne faut pas unir à ce genre de femmes. Lui, vous l'avez connu, brun, velu comme un ours, l'haleine âcre, un fauve. Elle, vous allez rire de mon vieux mot : une sensitive. Je ne sais pas, entre parenthèses, de comparaison plus scientifiquement exacte que celle de cette plante qui frémit au moindre contact avec ces créatures si nerveuses et qu'un geste brusque, un son de voix dur, une brutalité quelconque remuent des pieds à la tête. Les paupières battent, les lèvres tressaillent, une pâleur subite décolore le visage. Le mari ne le remarque même pas, mais nous autres médecins, nous savons qu'en ce moment toute la circulation de la pauvre femme est arrêtée, que son cœur lui fait mal, que sa gorge se serre à l'étouffer, et il a suffi de cette interpellation du même mari :

« Ah! docteur, vous arrivez bien... Vous allez me « gronder cette malade-là... »

— « C'est délicieux à fréquenter, des femmes de cette espèce, » dis-je en riant...

— « Ah! si vous aviez connu la baronne Alice! « reprit Noirot. » Si vous l'aviez vue marcher légère dans la chambre d'une de ses petites filles quand l'enfant était malade, et si vous l'aviez retrouvée, comme je la retrouvai, par la nuit de Noël dont je vous parle, tordant son pauvre corps dans les souffrances de la plus atroce des agonies! Cette chambre, où les moindres détails attestaient le raffinement d'une existence comblée, étalait maintenant le désordre des heures de panique. Les lambeaux de la toilette que la mourante avait portée dans la soirée gisaient çà et là, arrachés par des mains affolées, et une odeur d'étoffe brûlée me saisit à la gorge aussitôt entré. Plus rien des pudeurs coquettes dont la femme élégante entourait ses moindres bobos. Le corset coupé avec des ciseaux traînait dans un coin, les bas de soie déchirés dans un autre. On l'avait enveloppée de linges pour étouffer l'incendie, puis aussitôt dévêtue au milieu des cris terribles que l'atrocité des brûlures dont elle était couverte avait dû lui arracher. Ses heures étaient comptées. On ne pouvait plus que lui adoucir sa mort!... Tandis que je vaquais à ce devoir avec l'espèce de tremblement intérieur qui nous remue plus souvent que vous ne le croiriez, devant certaines extrémités de douleur humaine, je fus saisi d'une seconde impression, très différente de la première, mais peut-être aussi tragique. Je sentis que le drame matériel et visible, ce drame d'agonie où j'étais acteur, se doublait d'un autre, et que cette femme si effroyablement atteinte dans sa chair, était la victime d'une épouvantable crise intérieure. C'est l'*a b c* du diagnostic, de discerner dans un malade la force de réaction morale. Mme de Corsègues était secrètement en proie à une lutte de sentiments si violente que même l'angoisse physique la plus affreuse qui soit n'en triomphait pas. Quelle lutte? Quels sentiments? Que son mari s'y trouvât mêlé, je n'en pouvais douter à voir l'expression de ses regards, lorsqu'elle rencontrait les yeux du baron qui, debout contre la cheminée, et tel que l'avait décrit le domestique, semblait immobilisé dans une attitude de sombre attente. Il m'avait dit à peine deux mots quand j'étais arrivé, et d'une voix si sourde qu'elle n'avait plus d'accent. Il continuait de se taire, les bras croisés, la face comme durcie et serrée. Non, ce n'était pas l'homme que j'avais vu à mes autres visites, lorsqu'il me faisait venir pour une simple migraine de la jeune femme, toujours brusque, toujours quinteux, mais montrant une sollicitude bonasse et grondeuse, et si inquiet qu'il en était gênant. Il voulait, il exigeait que je lui expliquasse l'effet des moindres remèdes. La foudroyante soudaineté de la catastrophe l'avait-elle en effet bouleversé au point de lui donner un de ces accès de stupeur, espèce de coma momentané qui s'observe dans certaines crises? J'ai ainsi entendu un de mes amis, — vous l'avez bien connu, ce pauvre Chazel, le grand mathématicien, — qui avait perdu en trois jours une femme idolâtrée, ne prononcer qu'une phrase, toujours la même : « On enterre Hélène demain matin... C'est « extraordinaire... » Mais non, les prunelles de Corsègues, ces prunelles si noires dans ce teint bistré que vous vous rappelez, brillaient d'un sauvage éclat qui, à de certaines secondes, ressemblait à du défi, à du triomphe! La baronne avait demandé un prêtre qui tardait à venir; par instants elle le nommait encore. A la première de ces demandes, Corsègues avait rompu le silence dont il était comme enveloppé pour me dire, de sa même voix sourde : « Il a fait répondre qu'il « venait... » Et il n'avait pas bougé, lui que je savais pratiquant, presque dévot. Cela me parut prodigieux qu'il vît sa femme si mal et qu'il ne se souciât pas davantage de lui assurer les derniers secours... Cependant, l'agitation de la mourante augmentait à mesure que les narcotiques dont j'avais fait usage pour la calmer commençaient leur œuvre. Elle luttait contre eux, je le sentais. Je sentais aussi qu'elle voulait parler, qu'elle avait besoin de crier une certaine phrase et je l'entendais qui retombait sur son lit en disant : « Je ne peux pas... » Ce que je vous raconte aujourd'hui dans ce détail, je ne le saisis pas ainsi dans cette sinistre veillée. J'étais trop occupé par des soins immédiats pour que ma sensation aboutît à un raisonnement très net. Les narcotiques, d'ailleurs, gagnaient du terrain. L'anxiété affolée de cette âme cédait comme la douleur du corps, et la pauvre femme s'assoupissait peu à peu. Je vous passe la description de ses dernières heures, durant lesquelles elle ne reprit pas connaissance. Je lui évitai du moins le retour des tortures auxquelles je l'avais trouvée en proie. J'aimerais mon métier, voyez-vous, quand il n'aurait pour lui que cela, d'adoucir l'horreur du suprême passage, dans les circonstances désespérées... »

— « Je comprends, » lui dis-je. Comme de raison, ce que j'apercevais surtout dans son histoire, c'était l'acte, cet acte féroce qu'il avait prêtée au baron, et je l'y ramenais pour qu'il ne s'en écartât pas, sous l'influence d'une crise de sentimentalisme professionnel, « dans son délire, elle a dénoncé son mari qui l'avait brûlée par vengeance... »

— « Vous n'y êtes pas, » reprit Noirot. « Lorsque je quittai l'hôtel, cette nuit-là, et que je passai dans le grand salon devant l'arbre de Noël, maintenant éteint, auquel la robe de la malheureuse femme avait pris feu, pas un seul mot ne s'était échappé de sa bouche qui pût me mettre sur la voie de la vérité. Je ne la soupçonnais même pas, cette vérité. Je me disais : « Ce « ménage allait mal. Elle aimait sans doute quel-« qu'un. Elle avait un amant, le baron le savait « et le supportait à cause des petites filles. Il « s'est vengé en empêchant qu'elle ne revît cet « homme avant de mourir ou qu'elle ne lui fît « tenir un adieu. » Puis, je repoussais même cette idée. Bien qu'un ancien carabin ne doive guère nourrir de préjugés sur la vertu des femmes, j'avais trop profondément respecté Mme de Corsègues, pour admettre ainsi, sans preuves, qu'elle se fût donnée à quelqu'un. Que voulez-vous? Précisément, parce que nous ne nous payons pas de phrases, nous autres, et que ce grand mot: l'Amour, nous représente l'acte physiologique dans sa simplicité animale, nous éprouvons devant ce que vous appelez, vous, du nom magnifique de passion, de ces dégoûts qui vous étonnent. Mais ce que j'ai pensé ou senti à la suite de cette cruelle agonie, n'intéresse pas la suite de mon histoire. Soyez patient. J'y arrive... Pas beaucoup de temps après la mort tragique de Mme de Corsègues, je commençai de voir venir assez assidûment à mes consultations un client qui m'avait été envoyé par le baron lui-même, six ou sept mois auparavant. Il n'eut pas besoin de me rappeler ce détail. Son nom m'avait frappé, par un air de rareté. Vous savez, on dit: «Tiens, un nom de héros de roman...,» et puis, neuf fois sur dix, on se trouve en présence d'un gros et lourd garçon, qui vous fait penser à une bouchère qui porterait comme prénom Yseult!...»

— « J'ai bien connu, » l'interrompis-je, « chez un sculpteur, une bonne à tout faire qui s'appelait Yolande Rosemonde, et une patronne de brasserie, à Montmartre, qui répondait au nom de Paule Meure... »

— « Mon client était moins poétiquement baptisé, » reprit le docteur. « Il s'appelait Pierre de Créance, et, quoiqu'il ne portât pas de titre, il appartenait à une assez vieille famille dont Montluc parle dans ses mémoires. C'est lui-même qui me raconta cela, je ne me souviens plus dans quelle occasion, au cours des causeries que nous commençâmes aussitôt d'avoir ensemble. Voici comment. M. de Créance arriva donc un jour, dans mon cabinet, le dernier de toute ma consultation. Je vous le répète, il n'y avait pas deux semaines que Mme de Corsègues était morte. Il ne me fallut pas un grand effort pour reconnaître que sa visite était presque inutile. Il venait m'interroger sur des troubles nerveux que je jugeai imaginaires d'abord, puis simulés quand je le vis traîner un peu une fois la consultation finie... J'étais un peu pressé cette après-midi-là, et je me rappelle mon impatience devant son obstination à rester, jusqu'au moment où il prononça le nom de la baronne Alice. Dans l'éclair d'une intuition irrésistible, je compris alors qu'il n'était venu que pour cela, poussé par quel sentiment ? Toutes les imaginations qui m'avaient traversé la tête depuis ma veillée au chevet de la mourante, me saisirent de nouveau devant la curiosité de ce jeune homme. Je le regardais tandis qu'il me parlait de cette tragédie où je m'étais trouvé mêlé, un peu comme les chœurs de théâtre, — mais mêlé tout de même. Avec sa nature si évidemment fine et un peu appauvrie, avec ses manières délicates, sa voix douce, avec le charme féminin qui émanait de tout son être, avec ses yeux bleus dans un visage au teint fragile, à la barbe rare, il aurait presque pu être un frère, un cousin au moins de la pauvre morte. C'était physiquement le mâle de cette femelle, une créature qu'elle devait aimer d'instinct, comme elle devait d'instinct haïr Corsègues. A des systèmes nerveux comme avait été le sien, il faut plus de caresse que de force, plus de tendresse que de désir, enfin, un mari ou un amant doit être un peu un ami, presque une amie. Mme de Corsègues avait-elle eu un roman avec M. de Créance? Ce roman avait-il été innocent ou coupable? La première visite du jeune homme et surtout celles qui suivirent n'étaient explicables que s'il l'avait, lui, aimée? Mais je me heurtai tout de suite à un fait qui ne me permettait pas de mettre ensemble mes diverses hypothèses. J'avais diagnostiqué, dans la chambre de l'agonisante, un mystère de vengeance entre elle et son mari. Puis ce que je savais des éléments de divorce cachés dans l'animalité de ce ménage, m'avait conduit à supposer un amour défendu chez la jeune femme et la connaissance de cet amour chez le mari. M. de Créance venait de m'apparaître comme le troisième personnage de ce drame, — et tel que mon induction l'eût supposé si j'avais dû dépeindre l'amant de Mme de Corsègues. Je comprenais qu'il avait besoin, oui, besoin, comme on a faim et comme on a soif, de savoir jusqu'aux plus petites circonstances de cette mort affreuse. Mais s'il y avait eu un véritable drame, s'il avait été, lui, soit l'amant, soit l'ami passionnément aimé de la morte, et si le mari l'avait su, comment continuait-il, une fois la femme morte, d'être le familier de la maison, l'ami intime du mari? Je le constatais à chacun de nos entretiens. Car je vous répète que, tantôt sous un prétexte et tantôt sous un autre, il arrivait sans cesse à mes consultations. Sans cesse aussi il essayait de m'attirer, par quelque politesse que mon existence de travail ne me permettait guère d'accepter : c'était une invitation à dîner, une loge au théâtre, des gracieusetés à ma vieille mère qui vivait encore, enfin tout le manège d'un homme qui rêve de s'introduire dans l'amitié d'un autre, et vous pensez bien que je n'avais pas la naïveté de croire ces gentillesses d'attentions désintéressées... »

— « Vous aviez peut-être tort, » lui dis-je; « un homme qui a aimé une femme et qui l'a perdue, est quelquefois sincère dans ses effusions pour ceux qui la lui rappellent. Et ç'aurait pu être là une explication encore pour l'amitié qui unissait ce Pierre de Créance à Corsègues. Un de mes confrères, le plus sensitif des humoristes, Henri Lavedan, a fait une nouvelle délicieuse avec ce culte de deux hommes pour la même morte. Cela s'appelle, je crois, *les Inconsolables*... »

— « Soit, » dit le docteur, « mais un de ces deux inconsolables-là n'était pas Corsègues. J'ai su depuis que cette face noire ne mentait pas. Il y avait du Maure dans son affaire. Son grand-père, officier de l'Empereur, avait épousé une Andalouse, d'une famille originaire de Grenade, et l'atavisme, voyez-vous, n'est pas un mensonge, quoique les romanciers en aient abusé au point que vous-même vous n'oseriez plus vous en servir. La nature aura toujours ceci de supérieur à l'art qu'elle ne raffine pas sur les moyens et qu'elle emploie les mêmes indéfiniment... Un matin donc, je reçois un mot de M. de Créance qui me disait qu'étant très souffrant il me priait de passer chez lui le plus tôt possible. L'écriture très tremblée du billet me donna une appréhension. Je m'intéressais à ce jeune homme. Son amitié pour moi, quoiqu'elle eût un mobile tout autre que moi-même, m'avait touché. Il avait su être gracieux pour ma pauvre maman. J'aimais aussi le culte discret et douloureux que je sentais si vivant en lui pour la baronne Alice. Mettez qu'il y eût, par-dessus le marché, dans mon cas, un intérêt d'observateur. Il me représentait ma seule chance d'avoir le fin mot de cette sinistre énigme. Bref, je commence mes visites par lui. J'arrive et je le trouve couché dans son lit, et pâle, pâle! Vous parliez de la pâleur de la petite Percy, tout à l'heure. Vous n'avez pas vu ce visage! Nous ne fûmes pas plutôt seuls qu'il rejeta son drap sans rien me dire. Il avait là, entre les deux côtes, une affreuse blessure. Il avait reçu une balle tirée dans la direction du cœur et qui l'aurait tué sur place si, par bonheur, ou par malheur, un tout petit détail ne l'avait sauvé, qui ne ferait pas bien dans un livre, mais c'est ainsi. Le jeune homme portait des bretelles anglaises d'un cuir assez épais qui avait légèrement détourné le coup. L'hémorragie avait dû être extrêmement abondante, car le pauvre garçon avait à peine la force de me parler. On a beau avoir été, pendant la guerre, aide-major dans une ambulance, comme les camarades, et servi de médecin dans quelques duels, dont un suivi de mort, celui de Paul Durieu, — je vous le raconterai un autre jour, — on ne peut pas voir sans émotion une plaie comme celle-là, et sans une demande que vous devinez : « Qu'est-il « arrivé ? Expliquez-moi... » Le jeune homme mit son doigt sur sa bouche par un mouvement qui lui fut très pénible, car sa bouche se contracta plus douloureusement encore. Ses yeux se tournèrent vers la porte, pour m'indiquer qu'il avait peur d'être écouté : « Plus près... Venez plus « près..., » dit-il, et c'est là, penché sur son lit, que je l'entendis me parler d'une voix qui n'était presque qu'un souffle : « Pour tout le monde, je « dois être simplement malade... Pour mon valet « de chambre, j'ai été blessé en duel... Pouvez-« vous me donner votre parole que si je vous dis « la vérité, à vous, vous ne dénoncerez per-« sonne ?... » — « S'il y a assassinat, c'est impos-« sible, » lui dis-je. — « Ah ! » fit-il, avec un

râle que j'entends encore, « impossible... Je
« mourrai donc sans avoir pu confier l'enfant
« au seul homme qui l'aurait défendue... » Vous
pensez si cette étrange phrase, prononcée d'un
accent de douleur, me remua jusqu'aux entrailles.
Je voulus, en ce moment, donner un dérivatif à
l'état d'exaltation où je le voyais et procéder
au pansement de sa blessure. Il eut l'énergie de
me repousser : « Non, » gémissait-il, « laissez-
« moi mourir... » Il fallut tout essayer pour le
sauver; je lui donnai cette parole qu'il m'avait
demandée... — Tenez, » ajouta le docteur,
« permettez-moi cette parenthèse. Voilà un des
cas de conscience de notre métier. Qu'auriez-
vous fait à ma place? »

— « Comme vous, » lui dis-je. « Mais c'est
ensuite que la difficulté morale aurait commencé
pour moi. Doit-on tenir une parole ainsi donnée,
quand il s'agit d'un crime? Et si c'est Corsègues
qui, après avoir brûlé sa femme, avait encore
voulu tuer le jeune homme. Franchement, cette
bête sauvage de jaloux méritait les assises... »

— « Oui, » répondit le docteur avec un accent qui me prouva combien, en me racontant
cette histoire, sous un prétexte plus ou moins
philosophique, il avait surtout cédé au besoin de

soulager d'anciennes et toujours douloureuses anxiétés de conscience. « Oui, » répéta-t-il, « Corsègues méritait les assises. Mais les enfants? Pensez qu'il y avait deux filles, deux petites filles que j'avais vues hautes comme cela. Pensez que leurs jolis yeux bleus, de la couleur de ceux de la mère, m'avaient regardé tour à tour avec tristesse, avec sympathie, avec malice, quand elles étaient malades, convalescentes ou guéries. Pensez que je les savais si frêles de santé, si peu capables de vivre parmi des soins mercenaires. Et cette bête sauvage les aimait à la passion, comme un barbare qu'il était sous sa redingote de civilisé. Que de fois il m'avait répondu lorsque je lui reprochais de trop les gâter: « Je suis jaloux de ceux qui les épou- « seront, je veux qu'elles regrettent toujours la « maison... » Si vous vous les étiez représentées comme moi, couchées dans leur lit de bois de rose, si vous aviez vu en pensée leur chambre à coucher tendue d'une étoffe de nuance bleu-pâle, qui était déjà une chambre à coucher de jeunes filles avec mille brimborions épars et les pièces d'argent de leur toilette qui attestaient cette gâterie, — enfin, si vous les aviez senties si heureuses, je vous le jure, vous auriez tenu votre parole à ce bonheur-là, comme j'ai tenu la mienne... Songez aux révélations irréparables que de parler seulement faisait éclater sur ces deux pauvres têtes innocentes : oui, Pierre de Créance avait été l'amant de leur mère. Oui, mes divinations avaient eu raison, une tragédie effrayante se jouait au chevet du lit de la baronne mourante. Corsègues avait acquis la preuve de la trahison de sa femme, comment? Par une lettre surprise? Par une dénonciation de domestique ou d'envieux? Par un hasard? Par un espionnage? L'amant l'ignorait lui-même. Tant il y a que, décidé à se venger et ne voulant à aucun prix que les enfants soupçonnassent la vérité, cet homme à face d'Arabe avait imaginé cette infernale combinaison : au sortir de cette fête de Noël, et après s'être montré à tous, à l'amant lui-même, qui y avait assisté, père joyeux, époux attentif, hôte empressé, il avait en quelques mots écrasé sa femme devant l'évidence de sa faute, puis, avec sa force de toréro, — c'était un de ces corps noués de muscles sur des os où il n'y a pas un kilo de chair, — il l'avait saisie et portée vers cet arbre de Noël jusqu'à ce que la robe de dentelles de la malheureuse fût tout en flammes, et puis il lui avait dit: « Dénoncez-

« moi, maintenant, que vos filles sachent qui
« vous êtes... »

— « Mais comment Créance a-t-il su cette scène, car ce n'est que de lui que vous la tenez? » interrogeai-je, *empoigné* par ce récit, pour employer ce mot si banal, mais si juste, au point de ne pouvoir supporter le silence où le docteur était tombé tout d'un coup. Il ne cherchait point à piquer mon attention par cette suspension, je le sentis. Mais l'image de la baronne Alice, comme il l'appelait avec une tendresse cachée, venait sans doute de s'emparer de lui et elle lui faisait un peu de mal.

— « Comment? » répondit-il. « Ne devinez-vous pas que la vengeance de Corsègues n'était pas complète tant qu'il ne l'avait pas dite à l'amant de sa femme. Voilà le mot du problème auquel je m'étais heurté naïvement, niaisement : pourquoi ces deux hommes se fréquentent-ils? Je manquais de la donnée première. On n'imagine pas des férocités de cet ordre chez un personnage que l'on voit aller et venir dans les rues, vêtu comme vous et comme moi, parlant de la politique, des valeurs étrangères, de la pièce en vogue, du froid ou du chaud qu'il fait, comme vous et moi. On a tort, je vous le répète, il n'y a ni comme vous ni comme moi qui tiennent. Il y a des passions aussi violentes, aussi effrénées, aussi implacables, qu'aux temps où les grands singes des cavernes dont nous descendons se faisaient sauter la cervelle les uns aux autres à coups de troncs d'arbres pour les beaux yeux d'une guenuche en train de manger des noix de coco en haut d'un arbre, pendant ce temps-là... »

— « Oh! docteur, vous redevenez par trop docteur..., » fis-je en riant.

— « Enfin, » reprit-il sans me répondre, « les six mois qui suivirent la mort de sa femme furent soigneusement employés par Corsègues à bien convaincre le pauvre Créance de son parfait aveuglement. Il avait son idée, le sombre personnage. L'hiver avait passé, puis le printemps. On était au milieu de l'été. Le veuf était venu prendre l'autre pour dîner ensemble à la campagne dans un coin quelconque. La nuit était divinement belle. Il propose à son compagnon de revenir à pied. Il fallait traverser tout le bois de Boulogne pour rentrer. Et là, dans une allée perdue, il saisit à la gorge ce garçon sans défense, et, acculé contre un tronc d'arbre, il le força d'entendre le récit de tout ce que je viens de vous dire avant de lui tirer en pleine poitrine le coup de pistolet qui devait l'étendre raide mort et faire croire à une agression de rôdeurs. Et voulez-vous savoir ce que c'est que la race tout de même, le pouvoir d'un sang de gentilhomme transmis par des ancêtres qui ont été des soldats? Ce frêle Pierre de Créance, ce jeune homme qui n'était qu'un souffle, trouva l'énergie, n'étant pas mort sur le coup et revenu à lui, de se relever, de gagner une allée où il put héler un fiacre, et il se fit conduire à son appartement, où il raconta cette histoire de duel, pour que même l'ombre d'un soupçon ne pût atteindre son assassin et à travers cet assassin la morte qu'il avait aimée. »

— « Permettez, » lui dis-je, « pourquoi vous a-t-il parlé, alors? »

— « Pourquoi? » fit Noirot. « Parce que la seconde des petites filles était la sienne, et il voulait lui léguer un protecteur au cas où le mari étendrait la cruauté de sa vengeance jusqu'à l'enfant? Il est mort tranquille sur ma promesse que j'ouvrirais les yeux et qu'au moindre signe, j'agirais... Et je suis resté le médecin de cet assassin quand je savais ce double crime, et je suis retourné dans cette maison, et c'est moi qui étais là quand il a passé. — Dieu, souffrait-il! — Mais je n'ai pas eu à m'acquitter de la mission que m'avait donnée le jeune homme. Jamais Corsègues n'a soupçonné le secret de la naissance de cette enfant; il la préférait à l'autre. Quelle ironie! »

— « Mais, » fis-je à mon tour, » peut-être l'a-t-il soupçonné, ce secret, et a-t-il considéré sa bonté pour cette fille qui n'était pas la sienne comme une expiation. Car, enfin, il avait bel et bien commis deux crimes, comme vous dites, et si la vengeance d'une heure d'affolement a son excuse, cette vengeance-là, si féroce et si calculée, est une scélératesse tout simplement. »

— « Lui, des remords! » reprit Noirot. « S'il avait pensé que la fille fût de Créance, il aurait plutôt coupé cette petite en morceaux que de lui pardonner... Je vous répète qu'il ne s'est pas défié. Par quelle contradiction singulière?... Je n'en sais rien. Vous le regretterez peut-être pour la beauté du drame, mais, tel qu'il est, ce drame, direz-vous encore que les docteurs vous promettent toujours des récits tragiques et qu'ils ne tiennent pas leur engagement?... »

Palerme, décembre 1890.

Achevé d'imprimer

le cinq mai mil huit cent quatre-vingt-onze

PAR

ALPHONSE LEMERRE

25, RUE DES GRANDS-AUGUSTINS, 25

A PARIS

TABLE

I.	Un Saint	1
II.	Monsieur Legrimaudet	91
III.	Maurice Olivier	199
IV.	Un Joueur	310
V.	Autre Joueur	331
VI.	Jacques Molan	365
VII.	Un Humble	395
VIII.	Deux petits Garçons	405
	I. Le frère de M. Viple	407
	II. Marcel	429
IX.	Corsègues	461

Table

www.ingramcontent.com/pod-product-compliance
Lightning Source LLC
Chambersburg PA
CBHW050557230426
43670CB00009B/1166